James Rhodes

Instrumental

Título original: *Instrumental. A Memoir of Madness,
Medication and Music*

Diseño de colección y cubierta: Setanta
www.setanta.es
© de la ilustración de cubierta: David de las Heras

© del texto: James Rhodes, 2014
Publicado según acuerdo con Canongate Books, Ltd
© de la traducción: Ismael Attrache, 2015
© de la edición: Blackie Books S.L.U.
Calle Església, 4-10
08024, Barcelona
www.blackiebooks.org
info@blackiebooks.org

Maquetación: David Anglès
Impresión: Liberdúplex
Impreso en España

Primera edición en esta colección: junio de 2024
ISBN: 978-84-10025-38-7
Depósito legal: B 7337-2024

MIXTO
Papel procedente de
fuentes responsables
FSC
www.fsc.org   FSC® C109440

Prólogo

James Rhodes

Cuando me pidieron que escribiese este libro, mi reacción inicial fue negarme rotundamente. No solo porque las autobiografías sean el género de la gente que ha logrado algo en la vida, sino porque sabía que si lo hacía tendría que incluir ciertas cosas que prefería no tener que poner nunca sobre un papel.

Una de las terribles constantes en los abusos sexuales es que las víctimas son siempre amenazadas, muchas veces de distintas maneras, con que si hablan les sucederán cosas terribles.

Mis miedos se vieron confirmados desde el principio. Necesitamos dieciocho meses y llegar a la Corte Suprema de Reino Unido para conseguir el permiso de publicación del manuscrito final. Esta lucha casi acaba conmigo, lo único que se repetía en mi cabeza era: «lo ves: tenían razón». Esas cosas terribles de las que me había advertido estaban sucediendo.

Pero, como suele pasar, con el tiempo las cosas cambiaron. En el Reino Unido, y más aún en España, mi nuevo hogar, surgió una corriente de respuestas positivas. Empezaron a llegarme correos electrónicos, cartas, mensajes y conversaciones a corazón abierto de personas que habían leído el libro y les había tocado de alguna manera. Ya fuese la música, la paternidad, la violación o el amor, los temas de este libro se habían revelado universales.

Cuando empecé a venir a España con motivo de algún concierto o alguna entrevista, me pasaron las cosas más asombrosas (aparte de comer bien por primera vez en mi vida, tras décadas de alimentación británica). Mientras me entrevistaban en la radio RAC1, por ejemplo, empezaron a entrar llamadas de personas que también habían sido violadas de niñas. Una mujer me contó en directo su historia y me dijo que era la primera vez que se la contaba a nadie.

Di una conferencia para Save the Children en Madrid, donde conocí a Andrés Conde, su CEO. Aquella conferencia fue el germen de una nueva ley en España, que después de casi tres años batallando fue aprobada en abril de 2021. Gracias a esto España se convirtió en el país número uno del mundo en protección de la infancia. Ya solo por eso, el dolor y todo lo que me costó escribir este libro merecieron la pena. Aquellos que destruyen la vida de los niños no tendrán ya tantos escondites: no les será tan fácil esconderse ya en la Iglesia, en colegios como Los Maristas, en clubes deportivos o, quizás el lugar más oscuro de todos, en casa.

Instrumental sacudió mi vida y la ha cambiado por completo.

Encontré un nuevo hogar, una paz y una aceptación nuevas e inimaginables en mi vida anterior.

Y lo mejor de todo: he descubierto esa inmensa gratitud que todavía hoy en día me deja sin palabras. La empatía y generosidad que he recibido a raíz de estas memorias me han ayudado a recordar que, aunque a veces se esfuerce por ocultarlo, este mundo también es capaz de cosas buenas.

Gracias por leerlo. Y, aunque lamento profundamente si te identificas con las partes más oscuras de este libro, que sepas que siempre estaremos caminando el uno junto al otro.

Para mi hijo

«Si atribuimos a los traumas el carácter de un fetiche inco-
municable, los supervivientes quedan atrapados, no se les
permite sentir que los conocen de verdad... No supone una
muestra de respeto decirle a alguien: "No puedo ni imagi-
narme por lo que has pasado". Hay que escuchar la historia
de estas personas y tratar de imaginar lo que es vivirla, por
difícil o incómodo que resulte.»

PHIL KLAY, veterano del Cuerpo de
Marines de Estados Unidos

Índice

Preludio

La música clásica me la pone dura.

Ya sé que para algunas personas ésta no será una frase muy prometedora. Pero si quitáis la palabra «clásica», a lo mejor ya no está tan mal. Puede incluso que entonces pase a ser comprensible. Porque entonces, gracias a la palabra «música», tendremos algo universal, algo emocionante, algo intangible e inmortal.

Vosotros y yo estamos conectados de forma inmediata a través de la música. Yo la escucho. Vosotros la escucháis. La música ha empapado nuestras vidas y ha influido en ellas tanto como la naturaleza, la literatura, el arte, el deporte, la religión, la filosofía y la televisión. Es la gran unificadora, la droga preferida de los adolescentes de todo el mundo. Brinda consuelo, sabiduría, esperanza y calidez; lleva haciéndolo miles de años. Es medicina para el alma. Hay ochenta y ocho teclas en un piano y, dentro de ellas, un universo entero.

Y, sin embargo...

Mi trabajo se denomina «concertista de piano», de modo que, inevitablemente, hay mucho sobre música clásica en este libro. No me sorprendería en absoluto que ciertos miembros de la prensa, cuando esto se publique, intenten obviar este hecho con todas sus fuerzas. Lo harán porque la música clásica pura nunca vende, y muchos consideran que es prácticamente irrelevante. Y también porque todo lo relacionado con ella, desde los propios músicos hasta su presentación como producto, las discográficas, la representación artística (todas las actitudes propias de este sector y los principios éticos vinculados a él), todo eso está prácticamente desprovisto de rasgos positivos.

Pero es un hecho irrefutable que la música me ha salvado la vida de una forma muy literal, y creo que también la de un montón de personas más. Ofrece compañía cuando no la hay, comprensión cuando reina el desconcierto, consuelo cuando se siente angustia, y una energía pura y sin contaminar cuando lo que queda es una cáscara vacía de destrucción y agotamiento.

Por eso, en todos los sitios y en todos los momentos en que surge esa tentación universal e irracional de poner los ojos en blanco y dejar de prestar atención cuando se oye o se lee la expresión «música clásica», me acuerdo de los tremendos errores que he cometido en el pasado al dejarme llevar perezosamente por los prejuicios, en vez de ponerme a investigar algo. A aquellos que tengáis esa reacción, os ruego, os suplico, que esperéis un minuto y os hagáis la siguiente pregunta:

Si existiera algo que no estuviera producido por el Gobierno, ni por fábricas en que se explota a los trabajadores, ni por Apple o las grandes empresas farmacéuticas, y que pudiera de forma automática, constante y segura añadir algo más de emoción, brillo, profundidad y fuerza a vuestra vida, ¿no os entraría curiosidad por conocerlo?

Algo que no tuviera efectos secundarios, para lo que no fuese necesario adquirir un compromiso, ni tener conocimientos previos ni dinero, solo cierto tiempo y quizá unos auriculares decentes.

¿Os interesaría?

Todos tenemos una banda sonora de nuestra vida. Muchos de nosotros nos hemos vuelto insensibles a ella, nos hemos ex puesto en exceso, nos hemos cansado y nos hemos desilusionado. La música nos asalta en el cine, en los programas de televisión, en los centros comerciales, en las llamadas de teléfono, en los ascensores y en los anuncios. Hace mucho la cantidad superó a la calidad. Por lo visto, tener más de todo es lo mejor. Y menudo precio estamos pagando por ello. Por cada grupo de rock, banda sonora cinematográfica o compositor contemporáneo verdaderamente emocionantes, hay miles de montones de mierda que nos obligan a tragarnos en cuanto nos descuidamos. La industria del sector nos trata con casi nada de respeto y aún menos confianza. El éxito, más que ganarse, se compra, se paga, se degrada, y se nos obliga a consumirlo de forma manipuladora y tramposa.

Entre otras cosas, quiero que este libro proponga soluciones a esta degradación descafeinada e interesada de la industria de la música clásica que nos han forzado a aceptar en contra de nuestra voluntad. También espero mostrar en él que los problemas y las posibles soluciones dentro de ese mundo clásico pueden también aplicarse a muchísimos más ámbitos parecidos, que afectan a nuestra cultura en general y a las artes en particular.

E intercalada en medio de todo esto va a estar la historia de mi vida. Porque es una historia que demuestra que la música es la respuesta a aquello que no la tiene. Estoy convencido de ello porque yo no existiría, menos aún de una forma productiva, sólida (y, de vez en cuando, feliz), sin música.

Muchos pensarán que es prontísimo para ponerme a escribir mi autobiografía. Tengo treinta y ocho años (en el momento de la redacción del libro); plantearse escribir unas memorias con esta edad puede parecer algo indulgente y vanidoso. Pero poder escribir sobre aquello en lo que creo, aquello que me ha dado fuerza para vivir, poder desarrollar ideas que tengo desde hace un montón de años, responder a las críticas y proponer soluciones para algo que es inquietante y urgente, creo que constituye una labor que tiene sentido.

Estoy cualificado para escribir esto porque he sobrevivido a ciertas experiencias que quizá otras personas no habrían superado. Y al haber salido vivo de ello (hasta ahora) y, según la editora que le vendió la idea de este proyecto a su jefe, haber logrado «llegar a ser alguien», se me ha brindado la oportunidad de escribir un libro. Lo cual hace que me parta de risa, porque, como veréis a lo largo de las próximas ochenta mil palabras, vivo inmerso en una locura inherente a mí mismo, tengo un concepto de la integridad bastante retorcido, pocas relaciones que valgan la pena, aún menos amigos y, lo digo sin la menor compasión por mí mismo, soy bastante gilipollas.

Me odio, tengo demasiados tics, suelo decir lo que menos conviene, me rasco el culo cuando no toca (y luego me olisqueo los dedos), no me puedo mirar al espejo sin que me entren ganas de morirme. Soy un imbécil vanidoso, egocéntrico, superficial, narcisista, manipulador, degenerado, pelota, quejica, lleno de carencias, con tendencia al exceso, agresivo, frío y autodestructivo.

Os voy a poner un ejemplo.

Esta mañana me he despertado un pelín antes de las cuatro de la mañana.

En cualquier período de veinticuatro horas no hay momento peor que las cuatro de la mañana. La verdad es que la hora que va entre las 3:30 y las 4:30 es una putísima mierda. A partir de las 4:30 el tema ya no es tan grave, puedes dedicarte a dar vueltas en la cama hasta las 5:00 y después levantarte con la seguridad de que hay personas que están haciendo lo mismo. Para hacer *running* como idiotas antes de ir al trabajo, para no llegar tarde al primer turno laboral, para meditar, para hacer yoga o para disponer de cuarenta y cinco minutos de felicidad en los que no pensar en los niños ni en la hipoteca.

O para no pensar.

Yo qué sé.

Pero si te levantas antes de esa hora, está claro que algo falla en ti.

Tiene que fallar.

He empezado a escribir esto a las 3:47.

Algo falla en mí.

He visto suficientes veces las cuatro de la madrugada en mi Rolex (falso), en la base de mi iPhone, en mi IWC (auténtico), en relojes de pie, de pared, en un reproductor de CD, en una radio FM, en otro reproductor de casetes *auto-reverse*, en un reloj Casio y en otro de Mickey Mouse (cito los aparatos en orden inverso), tantas, que con ellas se podría llenar varias vidas. Siempre se produce el inevitable fogonazo mental, como si se pulsara un interruptor, ese momento de «a tomar por culo», cuando decides levantarte y asumir la situación. Ponerte en pie y salir al mundo. Sabiendo que va a doler. Que el día se te va a hacer muy largo.

Sé, por ejemplo, que ya habré acabado las cuatro horas de ensayo de piano, me habré fumado catorce pitillos, me habré tomado una cafetera entera, me habré duchado, habré leído el periódico, revisado el correo electrónico y puesto gasolina al coche a las 9:00 de hoy. Mi día entero y todo lo que tengo que hacer en él habrá terminado a las 9:00. ¿Se puede saber qué hago yo luego? ¿A qué cojones me dedico entre las 9:00 y las 23:00, que es lo más pronto que puedo apagar la luz e intentar dormirme sin sentir que soy un fracasado y un perturbado mental?

Sé por qué suelo levantarme tan temprano.

Todo es por culpa de mi cabeza. El enemigo. Lo que me acabará matando; una mina antipersona, una bomba con el cronómetro activado, Moriarty. Mi puta cabeza que me hace llorar y gritar y aullar y frotarme los ojos de pura frustración. Siempre presente, constante solo en su inconstancia, rabiosa, echada a perder, espantosa, retorcida, errada, aguda, afilada, depredadora. He aquí lo que ha pasado esta mañana:

La Tête

Breve pieza teatral de un solo acto, de James Rhodes

PERSONAJES:

Un hombre desaliñado, nervioso, con barba de tres días, flaco.
Una mujer atractiva, rubia, demasiado buena para él.

El hombre está tendido en la cama al lado de su novia. Los ojos se le abren de par en par junto a la mujer.
Ella duerme. Él está despierto e inquieto.
El reloj marca las 3:30.
Con su rostro sumamente expresivo, el hombre muestra que no debería estar con alguien tan extraordinario como ella. No debería estar compartiendo la cama con nadie. Coño, es que esa situación no tendría que ser tan normal, peligrosamente íntima, cotidiana.
La chica es demasiado guapa, buena, generosa.
El hombre la abraza. Ella no se mueve.
Él extiende el brazo y le aparta el pelo de los ojos.

HOMBRE: Cariño, te quiero muchísimo. Te echo de menos. Te deseo.
MUJER *(con la voz ronca y aún medio dormida)*: Yo también te quiero, precioso. Todo va bien, tesoro. Te lo prometo.

La joven se vuelve a dormir.
El hombre empieza a acariciarle el pecho derecho y le besa el cuello. Lo hace de forma torpe, desesperada. Da mal rollo.

MUJER: Mmm. ¿Puedes dejarme dormir un poco más, cielo? Eres muy *sexy*. Todavía es prontísimo.

La mujer vuelve a dormirse.
El hombre sale de la cama con dificultad y una actitud pasivo-agresi-va, se viste ruidosamente y da un portazo.
Entra en la cocina y enciende la cafetera.

HOMBRE *(imitándola)*: «Todavía es prontísimo»... Hay que joderse.

Una pausa que recuerda a Pinter.

HOMBRE *(paseándose de un lado a otro con una rabieta, dirigiéndose al público)*: Joder, es que me odia. A cualquier otro se lo estaría follando a base de bien. Durante mogollón de rato. Seguramente ahora se está masturbando mientras piensa en algún gilipollas del gimnasio. En alguien que no es inseguro ni quejica. Uno de esos imbéciles llenos de aplomo y seguridad en sí mismos. Que puede decir la palabra «tronco» sin que le quede mal. También hablar de fútbol y resultar convincente. Encontrar y accionar una llave de paso.

Se sienta delante del ordenador con el café.
Abre un programa, enciende un pitillo y empieza a teclear.

HOMBRE *(hablando mientras teclea)*: Cariño:
Estás en la cama tocándote y pensando en alguno de tus ex o en tu jefe o en algún otro mamarracho fornido y guapo mientras yo escribo esto. Lo sé. Así que tengo que castigarte desde el cuarto de al lado, utilizando solo la mente.

Da un sorbo al café.

Sé que ellos son todo lo que yo no soy. En mi imaginación los he convertido a todos, de forma mágica y sin esfuerzo, en personas dotadas de «un pollón y una genialidad absoluta». Me parece increíble que me estés haciendo esto. Estoy rabioso contigo. Tanto que estoy temblando. La adrenalina corre por mis venas. Los pulmones me van a estallar. Estoy colocado por tener demasiado oxígeno, o demasiado poco. No sé cuál de las dos cosas. Yo tengo razón y tú te equivocas. Sé en qué piensas de verdad y a quién y qué deseas de veras, y yo nunca seré nada de eso. En la vida. Gracias por dejármelo tan claro. Ahora, de nuevo, en mi mundo, las cosas encajan. El orden ha sido restablecido y las mariposas pueden revolotear a gusto y con impunidad. Otra vez, todo lo que amenazaba con alejarme del papel de víctima, con convertirme en alguien un poco feliz, satisfecho, humano, se ha desestimado y resuelto. Y ni siquiera son las cuatro y diez. Esto es por tu culpa, zorra cruel y despiadada.

El hombre mueve levemente la pantalla del ordenador. Abre el cajón de la cocina, saca un cuchillo y se rebana el cuello.

FIN

Esta escena, esta puta obra maestra brechtiana (si no contamos la última frase, porque soy demasiado cobarde para llevarla a cabo), me ha venido a la cabeza esta mañana. Absolutamente todos los días se desarrolla de mil formas parecidas, y en ella aparecen casi todas las personas con las que me relaciono. Así es como funciona mi cabeza, como ha funcionado y como seguramente funcionará siempre. Normalmente consigo esconderlo con cierta eficacia. Otras veces aparece de forma tangencial. Pero siempre está ahí. Y por eso me resulta imposible no tener la sensación de que soy un fracasado y un perturbado mental.

Una rápida advertencia antes de que sigáis leyendo: es muy probable que este libro os remueva bastante si habéis vivido episodios de abusos sexuales, autolesiones, ingresos en algún hospital psiquiátrico, consumo de drogas o «*ideación suicida*» (la expresión médica extrañamente encantadora que se utiliza para describir la obsesión actual, o pasada, de querer quitarse la vida). Sé que esta clase de aviso suele ser un método cínico y morboso para lograr que sigáis leyendo, y, si soy sincero, hay una parte de mí que lo ha incluido precisamente para eso. Pero no leáis esto para después haceros cortes en los brazos, para perder los estribos al pensar en lo que os pasó en la infancia, o para automedicaros, o emprenderla a golpes contra vuestra mujer | perro | cara, y luego me echéis la culpa. Si sois personas así, no cabe duda de que os habréis pasado toda la puta vida echándoles la culpa a otros cuando hacéis esas cosas, así que os ruego que no proyectéis en mí el odio que sentís por vosotros mismos. Yo, de vez en cuando, he hecho precisamente eso, y es algo que resulta tan errado como ridículo.

La mejor parte de mí ni siquiera quiere que leáis este libro. Aspira al anonimato, a la soledad, a la humildad, al espacio privado y a la intimidad. Pero esa parte mejor constituye una fracción minúscula del todo, y el voto de la mayoría dice que lo compréis, lo leáis, reaccionéis a él, habléis de él, me queráis, me perdonéis, y consigáis algo especial gracias a él.

Como ya he comentado, en ciertas partes de este libro se va a hablar de música clásica. Si este detalle os inquieta, haced una cosa antes de tirar este ejemplar o devolverlo a la estantería. Comprad, robad o escuchad en *streaming* estos tres discos: La *Sinfonía n.º 3* y la *Sinfonía n.º 7* de Beethoven (podéis comprar en iTunes las nueve, interpretadas por la Orquesta Sinfónica de Londres, por 5,99 libras); las *Variaciones Goldberg* de Bach (interpretadas al piano por Glenn Gould, idealmente en la grabación de 1981, que está en iTunes por menos de 5 libras); los

17

Conciertos para piano 2 y 3 de Rajmáninov (con Andrei Gavrilov al piano, 6,99 libras). En el peor de los casos, los habréis pagado, los odiaréis y os habréis quedado sin el dinero que os habría costado comer fuera de casa. Decidme que soy gilipollas por Twitter y pasad a otra cosa. En el mejor de los casos, le habréis abierto la puerta a algo que os dejará anonadados, encantados, emocionados y conmocionados durante del resto de vuestra vida.

En mis conciertos hablo de las piezas que interpreto, cuento por qué las he elegido, qué importancia tienen para mí, en qué contexto se compusieron. Y, llevado por el mismo espíritu, voy a ponerle una banda sonora a este libro. De igual modo que los restaurantes elegantes proponen vinos con que acompañar cada plato, habrá composiciones musicales para acompañar cada capítulo. Podéis encontrarlas en Internet, en la página http://bit.do/instrumental. Son gratis, importantes y las he elegido con mucho cuidado. Espero que os gusten.

Tema 1

Bach, *Variaciones Goldberg*, Aria

GLENN GOULD, PIANO

En *1741*, un acaudalado conde (o algo parecido) tenía problemas de salud y de insomnio. Como solía hacerse en la época, contrató a un músico para que viviera en su casa y tocara el clavicordio mientras él pasaba la noche en vela, enfrentándose a sus demonios. Aquello era el equivalente barroco a los programas de debates radiofónicos.

El músico se llamaba Goldberg, y el conde lo llevó a ver a J. S. Bach para que éste le diera clases. Al término de una de esas sesiones, el noble comentó que le gustaría que Goldberg pudiera tocarle algunos temas nuevos, para ver si lo animaban un poco a las tres de la madrugada. El Trankimazin todavía no había sido inventado.

A raíz de esto, Bach compuso una de las piezas de música para teclado más imperecederas y potentes que se han creado jamás, que acabó denominándose Variaciones Goldberg: un aria a la que siguen treinta variaciones que terminan, cerrando el círculo, con una repetición de esa primera aria. El concepto del tema y las variaciones se parece al que se observa en un libro de relatos cortos basados en una idea unificadora: el primer cuento describe un tema en concreto, y cada uno de los siguientes guarda cierta relación con dicho tema.

Para un pianista, éstas son las composiciones musicales más frustrantes, difíciles, abrumadoras, trascendentes, traicioneras e intemporales. Como oyente, en mí tienen un efecto que solo logran los medi-

camentos más punteros. Son clases magistrales sobre Lo Maravilloso, y contienen todo lo que una persona podría querer saber a lo largo de su vida.

En 1955, un joven, brillante e iconoclasta pianista canadiense llamado Glenn Gould se convirtió en uno de los primeros músicos que las interpretó y las grabó al piano, en vez de hacerlo al clavicordio. Decidió incluirlas en su primer disco, lo que espantó a los ejecutivos de la discográfica, que querían algo más convencional. El álbum pasó a ser uno de los más vendidos de todos los tiempos dentro de su género, y hoy en día sigue siendo una referencia para los demás pianistas. Ninguno logra igualarlo.

Estoy sentado en mi piso de Maida Vale, situado en la parte chunga cerca de Hollow Road, en la que la gente grita a los niños y el alcohol y el *crack* son tan comunes como los zumos Tropicana y los cereales del desayuno. Perdí mi preciosa casa en la parte pija de esa zona (Randolph Avenue, distrito W9, ahí es nada) cuando terminó mi matrimonio: esa vivienda tenía ciento ochenta y cinco metros cuadrados, un flamante piano de cola Steinway, un jardín grande, cuatro cuartos de baño (ni se os ocurra comentar nada), dos plantas y el obligatorio frigorífico Smeg.

La verdad es que en esa casa también había manchas de sangre en la moqueta, gritos de rabia atrapados en las paredes y un hedor a tedio perpetuo que no se iba ni con ambientador Febreze. Mi vivienda actual es pequeña pero de formas perfectas, solo tiene un aseo, no hay jardín, dispongo de un piano vertical cutre y japonés, y reina el olor infinitamente más agradable de la esperanza y la posible redención.

Rodeado por un grupo de directores, productores, miembros del equipo técnico, ejecutivos de Channel 4 y qué sé yo, estoy junto a Hattie, mi novia; Georgina, mi madre; Denis, mi mánager; y Matthew, mi mejor amigo. Estas cuatro personas han estado conmigo desde el principio, mi madre de forma literal; los otros, de manera cósmica, o al menos me acompañan desde hace unos cuantos años.

Estos individuos son mi pilar. Mi Todo. Al margen de mi hijo, cuya notable ausencia me resulta desgarradora, ellos son las fuerzas que me guían e iluminan en la vida, y representan el motivo más poderoso posible para sobrevivir (suena a letra de canción) en las épocas oscuras.

Nos encontramos en mi salón, hay cajas de pizza desper-digadas por el suelo y estamos a punto de ver mi primer pro-grama de televisión en Channel 4: *James Rhodes: Notes from the Inside* ['James Rhodes: Notas desde el interior']. Se trata de un momento muy importante para mí. Supongo que lo sería para cualquiera. Pero en mi caso, que soy una persona que ni siquie-ra tendría que estar donde estoy, esto representa algo que va mucho más allá de esa enfermedad venérea del «mírame, sal-go por la tele» que los programas de telerrealidad con famosos, *Gran Hermano* y el presentador Piers Morgan, nos han conta-giado, dándonos por culo sin parar a través de todos los medios de comunicación en todas partes.

Han pasado casi seis años desde que me dieron el alta en una institución psiquiátrica.

Salí de mi último hospital mental en 2007, hasta las trancas de medicamentos, sin carrera profesional, sin mánager, sin dis-cos, sin conciertos, sin dinero y sin dignidad. Ahora estoy a pun-to de aparecer ante un público estimado en más de un millón de personas, en un documental de Channel 4 en cuyo título aparece mi nombre, y en horario de máxima audiencia. De modo que sí: por mucho que ponga la obligatoria mueca indignada de vícti-ma asqueada con el mundo, esto es algo muy importante.

Más aún si tenemos en cuenta que habría sido muy fácil que yo acabara saliendo en un documental de Channel 5 que se titulase: *Me he comido mi propio pene para que los extraterrestres dejaran de decirme cosas. Otra vez.* Habría sido igual de fácil que apareciera en las secuencias grabadas con cámaras de vigilancia de un episodio de *Crimewatch*. Pero no es el caso. Esta situación es maravillosa, auténtica, torpe e incómoda. Como una primera cita en la que cuentas demasiadas cosas de ti (y quiero decir *demasiadas*) aunque te da igual porque la chica es preciosa y te entran ganas de acurrucarte junto a ella y de morirte desde el primer instante en que la ves.

La idea que subyace tras la grabación que hemos creado es que la música cura, que ofrece una posibilidad de redención. Se trata de una de las pocas cosas (que no sea de índole química) que puede llegar a los últimos recovecos de nuestro corazón y nuestra mente y tener un efecto verdaderamente positivo. De modo que llevo un gigantesco Steinway modelo D (el mejor que existe, de 120.000 libras de precio y 545 kilos de peso) a un pabellón psiquiátrico cerrado, me reúno con cuatro pacientes esquizofrénicos y, después de hablar con ellos, toco el instrumento ante cada uno de forma individual. Ellos se sienten mejor, yo ofrezco un aspecto melancólico, todos nos embarcamos en un viaje de descubrimiento personal y llegamos a un lugar mejor.

Hasta aquí, un buen ejemplo de la fantasía que más cachondo pondría a un ejecutivo televisivo. Qué cosa tan vomitiva.

Pero se trata de una cinta potente. Lo más destacado del día en todos los periódicos, un documento que hace saltar las lágrimas sin recurrir a la manipulación típica de la cadena ITV. Lo que convierte a este documental en algo especial a ojos de la prensa es el detalle de que no solo lo presento y toco el piano en él, sino que además resulta especialmente conmovedor (es la palabra que utilizan) porque a mí también me ingresaron y pasé varios meses en pabellones psiquiátricos de seguridad. Se vuelven locos con el rollo ese de la víctima que acaba triunfando. La situación me encanta. Voy a promocionarlo todo lo posible. A aparecer en el mayor número de entrevistas de radio y de tele, de reportajes a doble página y fotos de revistas.

A medida que las cosas vayan avanzando, pienso utilizar mis antecedentes y mi ínfimo talento para promocionar discos, ayudar a asociaciones benéficas, hacer giras, salir más por la tele e intentar cambiar en algo las vidas de aquellos que no tienen voz, de quienes se enfrentan a los síntomas y circunstancias más oscuros y desesperados, de aquellos a quienes nadie presta atención: los ignorados, ninguneados, solos, aislados, perdidos. Aquellos a quienes veis arrastrando los pies por la calle, inmersos en su pequeño mundo, con la cabeza gacha, la mirada perdida, despreciados y arrinconados en una esquina terrible y muda.

Pero también voy a utilizar todo esto para que se produzca un cambio en mi vida. Para ganar dinero y comprarme chorradas que no me hacen falta, todas mejores que las que tengo ahora. Para convertirme en alguien visible, en el centro de todas las miradas. Mi cabeza me dice que lo necesito. Que lo anhelo. Porque en cierto sentido creo que existe la pequeña posibilidad de que el éxito (comercial), unido a la atención recibida, acabe arreglando lo que falla en mí.

Y si esto no sucede, me iré a Las Vegas, me gastaré una disparatada cantidad de dinero en un lapso de tiempo aún más disparatadamente corto, y después me volaré la tapa de los sesos.

Todos vemos el programa. Me siento incómodo y expuesto. Como si hubiera estado escuchando mi voz en un contestador durante una hora delante de una sala llena de gente. Desnudo. No hay nada como ver que tu nombre se ha convertido en *trending topic* de Twitter, que hay literalmente miles de comentarios, mensajes, tuits y actualizaciones de Facebook sobre ti, para que te entren muchísimas ganas de gozar del aislamiento y la seguridad de una celda acolchada. Es el lado malo de ser un gilipollas que aspira a llamar la atención: te dedicas a gritar «¡mírame!» durante un montón de tiempo y, cuando la gente lo hace, te quedas aturullado y perplejo y te quejas. Si te pones a analizar cualquier cosa que haya surgido de un motivo turbio, esa cosa tiende a esconderse avergonzada.

Todo discurre de maravilla en mi desordenado saloncito. Como no podía ser de otro modo. Comemos. Ellos hacen comentarios simpáticos porque eso es lo propio de la gente que no es socialmente retrasada, despido a todos menos a Hattie y me voy a la cama.

Solo puedo pensar en lo mamarracho que parezco en la pequeña pantalla, con unos vaqueros que no son de mi talla, un peinado ridículo, una destreza pianística cutre y una voz de pelota. En que tendría que haberme preparado mejor, en si conseguiré o no sentirme importante cuando me reconozcan mañana en el metro. Y después me aburro y me enfado conmigo mismo y me obligo a pensar en los seis conciertos que tengo programados para los próximos diez días. Llevo a cabo mi habitual rutina nocturna y, mentalmente, empiezo a repasar todas las piezas que voy a interpretar, compás por compás. Reviso todos los ingredientes clave que forman parte de un concierto: la memoria (en mi cabeza, ¿puedo verme tocando, observar cómo mis manos pulsan las notas adecuadas?), la estructura (qué relación existe entre las diversas secciones, dónde están los cambios y giros destacados, qué unifica y relaciona las partes del conjunto), el diálogo (cuál es la historia que se cuenta y cuál la mejor manera de expresarla), la estructura de los acordes (en un pasaje en el que hay distintas melodías ocultas entre las notas, ¿elijo la más obvia o busco voces internas que digan algo nuevo?), etcétera, etcétera. Es como tener en la cabeza un tocadiscos jodido, con un crítico musical incorporado que va haciendo comentarios: empiezo por el inicio de cada pieza y en cuanto cometo un error o percibo un leve fallo de memoria, tengo que volver al principio. Lo cual, tratándose de un concierto con un programa de setenta y cinco minutos, puede llevar un buen rato. Pero esto me resulta útil y me impide pensar en otras cosas que, si no ando con cuidado, me llevarán por un camino que solo conduce al desastre.

Consigo dormir tres horas. Y, en cuanto me despierto, lo vuelvo a notar. Eso que casi siempre me acompaña de forma permanente.

Se trata de una adicción que resulta más destructiva y peligrosa que cualquier droga, que casi nunca se reconoce, de la que se habla aún menos. Algo insidioso, generalizado, que ha alcanzado niveles de epidemia. Es la principal causa de esa actitud de creerse con derecho a todo, de la pereza y la depresión en la que estamos inmersos. Es todo un arte, una identidad, un estilo de vida que te brinda una infinita e inagotable capacidad de sufrimiento.

Es el Victimismo.

Cuando uno se hace la víctima, tras un período de tiempo extraordinariamente corto se cumplen sus peores pronósticos. Como he pasado largas etapas dejándome llevar por esa actitud, logra adueñarse de mí de ciertas maneras que consiguen instalarme con mayor firmeza en ese infierno construido por uno mismo que es el papel de víctima.

De pequeño me pasaron cosas, me hicieron cosas que me llevaron a gestionar mi vida desde una posición según la cual yo, y solo yo, soy culpable de todo lo que desprecio de mi interior. Era evidente que una persona solo podía hacerme cosas así si yo ya era intrínsecamente malo a nivel celular. Y todo el conocimiento, la comprensión y la amabilidad del mundo no bastarán para cambiar, jamás, el hecho de que ésa es mi verdad. Que siempre lo ha sido. Que siempre lo será.

Preguntádselo a cualquiera a quien hayan violado. Si dicen otra cosa, mienten.

Las víctimas solo alcanzamos un final feliz en destartalados salones de masaje de Camden. No logramos pasar al otro lado. Sentimos vergüenza, rabia, asco. Y la culpa es nuestra.

Aquella noche de miércoles, en mi enano saloncito de los cojones, mientras me veía por la tele convertido en un tremendo y odioso gilipollas, me di cuenta de que nada había cambiado. En el fondo, como la mayoría de nosotros, incluso ahora con treinta y ocho años, tengo un agujero negro en mi interior que nada ni nadie parece poder llenar. Digo como la mayoría porque..., bueno, echad un vistazo a vuestro alrededor. Nuestra sociedad, nuestras empresas, nuestras estructuras sociales, costumbres, entretenimientos, adicciones y distracciones se apoyan en enormes y endémicos niveles de vacío e insatisfacción. Yo lo llamo sentir odio por uno mismo.

Odio quien fui, quien soy, en quien me he convertido y, tal como nos han enseñado, me castigo continuamente por las cosas que digo y hago. Son tales los niveles globales de intolerancia, codicia y disfuncionalidad, es tal la sensación de que uno lo merece todo porque sí, que esto no sucede únicamente en una pequeña y dañada parte de la sociedad. Todos vivimos en un mundo de dolor. Si en algún momento del pasado dicho mundo fue distinto, a estas alturas, desde luego, lo que describo ya se ha normalizado. Y esto me inspira tanta rabia como mi pasado.

Hay una rabia que fluye por debajo de todo, que nutre mi vida y que alimenta al animal de mi interior. Una rabia que siempre, siempre, me impide, por mucho que me esfuerce, convertirme en una versión mejor de mí mismo. Da la impresión de que mi maldita cabeza está dotada de vida propia, que no la puedo controlar en absoluto, que es incapaz de razonar, de negociar o de sentir compasión. Me lanza gritos desde las profundidades. Cuando era pequeño, no entendía sus palabras. De adulto, me espera al pie de la cama y se pone a hablar un par de horas antes de que me despierte, para que, cuando yo abra los ojos, ella ya haya entrado en modo rabia total, para que me diga entre aullidos de mierda lo contenta que está de que me haya despertado al fin, lo jodido que estoy hoy, que me va a faltar tiempo, que la voy a cagar en todo, que mis amigos han organizado un complot contra mí, que no confíe en nadie, que tengo que hacer todo lo posible por proteger lo que tengo en la vida, por mucho que sepa que es una causa perdida. Estoy siempre agotado. Esta voz es una especie de YO tóxico: corrosivo, invasivo, nocivo, negativo, todos los -ivos malos.

La noto ahora en mi interior. No me había dado cuenta de lo jodidamente cabreado que estaba hasta que he empezado a escribir este libro. Qué cortina de humo tan estupenda pueden crear algo de dinero, la atención y los medios de comunicación. Qué bien se le da a Beethoven distraerte. ¿Por qué tantos triunfadores siguen avanzando sin detenerse, intentan superar sus demonios mediante la acumulación de más cosas, más distracciones, más ruido, hasta que se caen de bruces y se autodestruyen? Porque nadie puede dejar atrás los motivos de una rabia tan potente como ésa.

Con toda facilidad y tranquilidad puedo fijarme en el exterior para encontrar las razones de mi dolor interior. Puedo argumentar de forma convincente por qué todas las personas de mi vida, todos los acontecimientos, todas las situaciones, individuos, sitios y cosas son en parte responsables de que yo sea, casi siempre, un cabrón enfadado y amargado.

Y también puedo, de una forma igualmente convincente, mirar hacia dentro, iluminarme a mí con el foco, y pasármelo pipa con ese horror incesante que es culpabilizarse a uno mismo.

Y todo esto es irrelevante, intrascendente e inútil.

Me dedico con demasiada frecuencia a echarles la culpa a todos y a todo. A veces me invade tal rabia psicótica que apenas puedo respirar. Me resulta imposible escapar de eso y nada puede aliviarlo, al margen de algunos colocones caros y peligrosos. Esa rabia es la recompensa por ser una víctima: todas las adicciones requieren un premio, y la rabia y la culpabilización son las recompensas que me sostienen y me dan fuerzas cada día.

Creedme: esta mezcla tan excesivamente indulgente de odio por mí mismo y quejicosa autocompasión en la que parezco estar atrapado no es quien quiero ser.

Eso lo sé.

¿Quién querría ser así? Y menos aún reconocerlo.

Me gustaría ser superhumilde. Prestar un servicio a la música, al mundo, a aquellos que tienen menos suerte que yo. Erigirme en ejemplo de que los horrores pueden soportarse y superarse. Ayudar, dar, crecer, florecer. Sentirme liviano y libre y equilibrado y sonreír un montón.

Pero tengo más posibilidades de tirarme a Rihanna.

En última instancia, el motivo por el que siento tanta rabia es que sé que no hay nada ni nadie en este mundo que pueda ayudarme a superar esto del todo. Ni familiares, ni mujeres, ni novias, ni psicólogos, ni iPads, ni pastillas, ni amigos. Las violaciones infantiles son el Everest de los traumas. ¿Cómo no iban a serlo?

Me utilizaron, me follaron, me destrozaron, me manipularon y me violaron desde los seis años. Una y otra vez durante años y años.

Y así fue como pasó.

Tema 2

Prokófiev, *Concierto para piano n.º 2*, final

Evgeny Kissin, piano

Serguéi Prokófiev fue uno de los grandes revolucionarios de la música. Compuso su primera ópera con nueve años y, de adolescente, mientras estudiaba en el conservatorio de San Petersburgo, ya era considerado uno de los grandes enfants terribles *de la música; se dedicaba a componer piezas de virtuoso, de lo más disonantes, que destrozaban las convenciones existentes en lo relativo a la tonalidad, y gracias a las cuales la música emprendió bruscamente un rumbo nuevo.*

Yo lo quiero aún más porque recibió críticas como ésta del The New York Times*: «Los límites que imponen las relaciones habituales entre las teclas quedan abolidos. Prokófiev es un psicólogo de las emociones más infames. El odio, el desdén, la rabia (sobre todo, la rabia), el asco, la desesperación, la burla y la rebeldía se erigen en modelos legítimos de los estados de ánimo».*

Mola.

Entre 1912 y 1913, el ruso compuso un concierto para piano en memoria de un amigo suyo que le había mandado una carta de despedida y se había suicidado. La pieza resulta tan chirriante, destila tanta rabia y una locura tan abrumadora que, cuando la estrenó, muchos miembros del público creyeron que se estaba burlando de ellos. Sigue siendo una de las piezas musicales más difíciles de todo el repertorio, y solo hay unos pocos pianistas lo bastante valientes

*como para interpretarla. Uno de ellos se rompió un dedo mientras la
ejecutaba en directo.*

*Es la representación musical más certera de la locura desatada
que he escuchado en mi vida.*

Estoy en el colegio y me siento un poco frágil. Al fin y al cabo,
se trata de un «colegio importante». Soy un chaval nervioso. Tímido, complaciente y con ganas de caer bien. Menudo y guapo, y tengo cierta pinta de chica. El sitio es pijo, caro, está en la
misma calle que nuestra casa y resulta, a mis minúsculos ojos,
enorme. Tengo cinco años y pocos amigos, aunque la verdad
es que me da igual. Soy «sensible», aunque no retrasado, y algo
torpe. Un poco distinto, nada más. Me gusta bailar y también
la música, y tengo mucha imaginación. No me agobian las gilipolleces que asfixian a los adultos, como debe ser en esa época.
Mi pequeño mundo va creciendo y desarrollándose ante mí, y
en el colegio hay mucho que explorar. También como debe ser.

Un día (iba a decir «un martes», pero han pasado más de
treinta años y no tengo ni puta idea de qué día de la semana
era), voy al gimnasio con el resto de la clase. La primera clase de gimnasia me da miedo. Da la impresión de que los otros
niños saben qué hacer. Saben trepar por cuerdas, abalanzarse
sobre los balones y aullar de placer. Yo soy más bien uno de esos
chicos que se dedican a observar a cierta distancia. Aunque parece que al señor Lee, nuestro profesor, eso no le molesta. No
deja de lanzarme amables miradas de ánimo. Como si fuera
consciente de que soy algo tímido pero estuviera de mi lado y
no le importara en absoluto. Nada de eso se expresa con palabras, pero el hombre me transmite una sensación de pureza, de
definición, de seguridad.

Sin darme cuenta, empiezo a mirarlo cada vez más durante
la clase. Y, como era de esperar, cada vez que alzo la vista mi

mirada se cruza con la suya, y en sus ojos aparece cierta chispa. Me sonríe de una forma que ninguno de los otros niños nota, y sé a un nivel profundo e intocable que esa sonrisa es solo para mí. Siento que el ruido y el bullicio y el gentío se desvanecen cuando me mira, y aparece un foco de color arcoíris que me ilumina, y que solo él y yo podemos ver.

Esto pasa siempre que tengo clase con él. La dosis justa de atención para que me sienta algo especial, no lo bastante grande para que se note. Pero basta para que la clase de gimnasia me haga ilusión, lo cual es un logro de dimensiones épicas. Me paso el rato intentando caerle bien para que me haga un poco más de caso. Hago preguntas y también las contesto, me esfuerzo más al correr, al trepar, nunca me quejo, me cerciora de que mi equipo de gimnasia esté limpio y bonito. Sé que algún día él acabará dando el paso. Efectivamente: al cabo de pocas semanas me pide que me quede después de clase para ayudarlo a guardar las cosas. Me da la impresión de que he ganado una lotería en la que la autoestima es el premio gordo, uno especial con el que se me dice: «Eres el mejor niño, el más mono, el más adorable y brillante del que jamás he sido profesor y ahora vas a recoger los frutos de toda tu paciencia». Noto el pecho henchido de orgullo y vida.

Así que lo ordenamos todo y hablamos. Como hablan los mayores. Yo intento actuar como si nada, como si estas cosas me pasaran todos los días, como si todos mis amigos tuvieran ciento treinta años y fueran adultos. Y entonces me dice: «James, tengo un regalo para ti», y el corazón se me para durante un segundo. Me lleva al cuarto sin ventanas del gimnasio en el que guardan todo el equipo, donde tiene un escritorio y una silla; empieza a hurgar en los cajones de este escritorio. Entonces me quedo a cuadros al ver que saca una caja de cerillas. Que vienen en un estuche de un color rojo fuerte. Sé perfectamente que no me dejan tocar las cerillas. Sin embargo, ahí tengo a ese hombre (que tantísimo mola) que me está regalando una caja y que me dice que no pasa nada de nada si enciendo unas cuantas.

Los niños son tontos del culo; por eso son niños. Ese hombre estaba gordo, calvo, tenía al menos cuarenta años, y era demasiado peludo. Sin embargo, con cinco años a mí me parecía un tío cachas, fuerte, simpático, guapo, elegantísimo y totalmente mágico. Vaya usted a saber por qué.

Le pregunto si está seguro de que no pasa nada; me repite que no me corte y que encienda una. De modo que eso es lo que hago. Enciendo una y me preparo para que empiecen los problemas, los gritos, el drama. Y, como no pasa nada, como queda claro que no hay ninguna trampa, me desmeleno. Me río, enciendo una tras otra con los ojos muy abiertos y brillantes, me llega el olor del azufre, oigo el chasquido de la llama, noto el calor en los deditos.

Un consejo para padres: si queréis media hora de tranquilidad para echar una cabezada, dadle a vuestro hijo pequeño una caja de cerillas. Se quedará embelesado.

Son los mejores treinta minutos de mi corta vida. Me siento como todos los chicos de pocos años anhelan sentirse: invencible, adulto, de un metro ochenta. Alguien en quien se fijan.

Esta situación se prolonga. Durante semanas. Sonrisas, guiños, ánimos, navajas, mecheros, pegatinas, chocolatinas, Action Men. Cuando cumplo seis años, un Zippo. Regalos secretos, gestos especiales y una invitación para unirme al club de boxeo extraescolar.

Que es donde todo se va al garete.

Ahora es importante reconocer que yo decido ir a las clases de boxeo. Me lo proponen y digo que sí. Fue una elección muy consciente, no algo que me impusieran. Ese tío, esa estrella de cine a la que yo quería acercarme porque le caía bien, porque él lograba que me sintiera especial, me invitó a hacer una actividad con él después del colegio, y yo accedí.

Podríais pensar que mi mente de cinco años no es del todo fiable. Que todavía no estaba formada del todo, que aún no podía albergar recuerdos precisos. Así que voy a dejar que hable la directora de aquella escuela primaria. De este modo sabréis que es totalmente cierto. Estas palabras proceden de una denuncia que le presentó a la policía en 2010, y no se ha alterado ni una coma.

En septiembre de 1980 me nombraron directora de la escuela primaria de Arnold House, un colegio privado para chicos situado en St. John's Wood. Fue en él donde conocí a James Rhodes. Era un niño adorable, de pelo oscuro y movimientos ágiles, que tenía una sonrisa que desarmaba. Era brillante, se expresaba muy bien y demostraba una gran confianza en sí mismo para tener cinco años. Desde una edad muy temprana resultó evidente que tenía talento para la música. Con seis años, en torno a 1981 y 1982, estuvo en mi clase (en aquella época yo era jefa de estudios). Sus padres eran personas encantadoras, grandes triunfadores, y vivían en la misma calle en la que estaba el colegio. Aunque reconocían el talento musical de James, sospecho que querían que el niño gozara de una educación lo más completa posible, en la que debían incluirse las actividades deportivas. Lo apuntaron a unas clases de boxeo extraescolares. Había que pagarlas y, cuando el alumno ya estaba inscrito, los padres se comprometían a que el niño acudiera a los entrenamientos al menos durante un año entero.

El boxeo era una actividad popular entre los chicos. La había incluido en el plan de estudios el anterior dueño de colegio, George Smart. En la entrega de premios anual se otorgaban muchas copas de plata brillantes por méritos en el boxeo. Como en esa época no teníamos un verdadero programa de educación física y tampoco contábamos con pistas deportivas, dado que estábamos en medio de St. John's Wood, a principios de los años 80 el boxeo era la única actividad física que se ofrecía y muchos padres la eligieron para sus hijos.

El entrenador de boxeo era un hombre llamado Peter Lee; creo que trabajó en el colegio a tiempo parcial a finales de los años 70. Procedía de la zona de Margate del condado de Kent. Era un hombre robusto, aunque no muy alto, y en aquel momento seguramente andaría por los cuarenta y muchos. ¡A mí me parecía muy «viejo»! En 1981 se inauguró el nuevo gimnasio; Peter estaba en su elemento. Aseguraba haber participado durante toda su vida en clubes deportivos para chicos, y recuerdo claramente que alardeaba de su amistad con Jackie Pallo, quien deduje que era un boxeador famoso.

A bastantes de los niños de mi escuela primaria los mandaron a las clases de boxeo de Peter Lee. Daba la impresión de que algunos se lo pasaban muy bien con esta actividad, y recuerdo muy bien que, al principio, a James le pasaba lo mismo. Sin embargo, poco después de empezar dichas clases, noté un cambio en la actitud de James. Comenzó a mostrarse introvertido y parecía estar perdiendo la chispa. Los chicos que iban a boxeo se ponían unos pantalones cortos de color blanco y unas camisetas del colegio de varios colores. Se cambiaban de ropa en su aula, yo después los acompañaba al gimnasio y los recogía al cabo de cuarenta minutos.

Vi con claridad que James empezaba a mostrarse reacio a ir a esta clase. Tardaba una eternidad en cambiarse y muchas veces obligaba al resto del grupo a esperarlo. Recuerdo con nitidez una ocasión en que me pidió que me quedara con él en el gimnasio. No lo hice. Pensé que se estaba comportando como un blandengue. Sin embargo, cada vez que tocaba esa actividad, James se ponía a dar guerra, y me di cuenta de que no quería ir en absoluto. Muchas veces me quedé con él. Yo detestaba aquella situación. A esos niños tan pequeños se los estaba animando a ser agresivos sin reparos. James era un chiquillo flaco y resultaba evidente que se sentía muy incómodo. En aquel momento, cuando el señor Lee le pidió al niño que se quedara con él para ayudarlo a recoger el equipo, pensé que el entrenador trataba de lograr que el chico se sintiera especial. Cuando yo me llevaba al resto del grupo para que se cambiase, siempre era James quien tenía que irse con el señor Lee para ayudarlo a recoger. Permití que esto sucediera en muchas ocasiones. Aquello ocurrió hace más de veinticinco años, mucho antes de que empezara a hablarse de la protección a la infancia. Entre colegas parecía darse cierta dosis de confianza, y la verdad es que a nadie le extrañaba que un niño estuviera solo con un adulto.

Un día, James volvió al aula para cambiarse tras haber estado con Peter Lee y tenía sangre en la cara. Cuando le pregunté qué había pasado, se echó a llorar; me dirigí enseguida al gimnasio para interrogar al señor Lee, quien me dijo que el niño se había caído. A esas alturas ya no me lo creí, y sospeché que el hombre estaba ejerciendo algún tipo de violencia contra James. Al día siguiente, le conté mis inquietudes a un colega, el director que se ocupaba del ala de enseñanza secundaria. Le hablé de los cambios en la personalidad de James, le comenté que parecía resistirse a ir a las clases de boxeo, y que me preocupaba que el señor Lee estuviera asustando al niño de un modo u otro. Él me dijo que exageraba y que al pequeño Rhodes había que enseñarlo a ser más fuerte.

No recuerdo exactamente cuánto tiempo siguió yendo James a esas clases, pero sí que más de una vez me suplicó que no lo mandara al gimnasio. Y también recuerdo haberle explicado que, como sus padres habían elegido esa actividad de pago, no podía sacarlo de ella sin su permiso. Hablé con la madre del niño sobre este tema; ella también había notado que estaba algo «raro» y que en casa se mostraba poco comunicativo. Era una mujer estupenda que adoraba a sus dos hijos, pero no recuerdo que lo sacaran de la clase. Estuve quedándome en el gimnasio semana tras semana; creía que así lo protegía. Un día regresó a clase después de haber ayudado a recoger al señor Lee y vino con sangre en las piernas. Le pregunté qué había pasado, pero él no soltó palabra, se limitó a llorar en silencio. Ese día lo llevé a casa y estuvimos tocando el piano juntos.

James dejó de estar bajo mi cuidado en julio para entrar en la secundaria. Ya no me tenía para protegerlo. Se veía mal que las profesoras «hicieran de madres» de los niños de más de siete años. Vi cómo ese niño, antes feliz y lleno de confianza, iba palideciendo a medida que pasaba el tiempo. Era muy desgraciado y no continuó hasta acabar el

ciclo a los trece años, sino que lo cambiaron a otro colegio cuando ron-
daba los nueve o los diez. Mis colegas de la escuela secundaria se limi-
taron a decir que era muy infeliz, que ése era el motivo de su marcha.

La siguiente vez que vi a James era alumno de la Harrow School y
estaba participando en un concurso de piano. Mi ahijado también par-
ticipaba. Me dio la impresión de que James era un joven muy angus-
tiado. Después me contaron que había sufrido una especie de crisis ner-
viosa. Hace poco leí un artículo en el Sunday Times *sobre James, que*
se ha convertido en un exitoso concertista de piano. Me quedé horro-
rizada al leer en la entrevista que había sufrido graves abusos por par-
te de un profesor de su escuela primaria.

Al recordarlo sentí náuseas. Me consume la culpa por no haberme
dado cuenta del tormento que James debía de estar padeciendo. Intenté
protegerlo de lo que yo pensaba que era agresividad física. Con toda
ingenuidad, ni se me pasó por la cabeza que estuviera sucediendo algo
de índole sexual. Retomé el contacto con James. Me confirmó que los
abusos sexuales ocurrieron y me pidió que diese el nombre del profesor
que tantísimo daño le causó. Yo recordaba ese nombre.

Desgraciadamente, hoy me doy cuenta de que es posible que James
no fuera la única víctima. Había varios niños que le tenían miedo al
señor Lee y por eso, a finales de ese año, prohibí que mis alumnos de
primaria asistieran a sus clases de boxeo. Mis colegas de sexo masculino
me tildaron de mujer sobreprotectora. Menos mal que lo fui.

Lamento profundamente que James haya sufrido tantísimo y du-
rante tanto tiempo. También me inspira un inmenso orgullo que haya
sobrevivido a todo aquello y que lo haya superado. Se merece el mayor
éxito y la mayor felicidad en la vida. Las cicatrices y las heridas pro-
fundas a veces nos hacen más fuertes.

Escribo todo esto porque sé que tengo que acudir a la policía. Es
posible que el señor Lee siga vivo. Puede que todavía esté rodeado de
niños, quizá incluso tenga nietos. En mi opinión, constituye un peli-
gro para la juventud. En tanto que pastora de la Iglesia de Inglaterra
y capellana de prisiones a tiempo parcial, he visto los efectos que los

graves abusos sexuales pueden causar en las vidas de los jóvenes. Será Dios quien juzgue a estas personas que destrozan la vida de otros.

Chere Hunter

Pues ahí lo tenéis. Mi club de la lucha particular. Tal como Tyler Durden nos ha enseñado, la primera regla del club de la lucha es que nadie habla sobre el club de la lucha. Y yo no lo hice. Durante casi treinta años. Pero ahora sí. Y si sois de las personas que creen que no debería hacerlo, que os den por culo.

Hay mucho que aclarar acerca de la declaración policial de arriba. En ella se observan muchas insinuaciones pero no encontramos datos reales sobre los abusos. Abusos. Menuda palabra. Violación es mejor. Abusar es tratar mal a alguien. Que un hombre de cuarenta años le meta la polla por el culo y a la fuerza a un niño de seis años no se puede considerar abuso. Es muchísimo más que un abuso. Es una violación con ensañamiento, que provoca múltiples operaciones, cicatrices (internas y externas), tics, trastorno obsesivo-compulsivo, depresión, ideación suicida, enérgicos episodios de autolesiones, alcoholismo, drogadicción, los complejos sexuales más chungos, confusión de género («pareces una chica, ¿estás seguro de que no eres una niña?»), confusión sexual, paranoia, desconfianza, una tendencia compulsiva a mentir, desórdenes alimenticios, síndrome de estrés postraumático, trastorno disociativo de la personalidad (un nombre algo más bonito que le han puesto al síndrome de personalidad múltiple), etcétera, etcétera, etcétera.

De un día para otro, literalmente, pasé de ser un niño lleno de vida que bailaba, que daba vueltas, que reía, que disfrutaba de la seguridad y las aventuras que le brindaban un colegio nuevo, a ser un autómata aislado, de pies de cemento, apagado. Aquello fue una conmoción inmediata, como ir caminando tranquilamente por un camino soleado y que de pronto se abra una trampilla y caigas a un lago helado.

¿Queréis saber cómo arrebatar a un niño todo lo que le hace ser niño? Folláoslo.

Folláoslo de forma continuada. Pegadle. Dejadlo inmovilizado contra el suelo y metedle cosas en el interior del cuerpo. Contadle cosas de sí mismo que solo pueden ser ciertas en las mentes más jóvenes, antes de que la lógica y la razón se hayan formado del todo; esas cosas se adueñarán de él, y se convertirán en una parte integral e incuestionable de su ser.

Mi madre, pobrecilla, no se dio cuenta o no quiso darse cuenta de que algo fallaba. No la culpo. Era joven e ingenua, la vida la abrumaba y trataba por todos los medios de no venirse abajo, pese a padecer insomnio, ser resistente al Valium y tener una familia a la que cuidar sin un libro de instrucciones. Ya le costaba bastante levantarse por las mañanas, poner la comida en la mesa y seguir de pie hasta las once de la noche. Era y sigue siendo una mujer de una tremenda empatía, generosa y cariñosa, y se enfrentaba a una situación espantosa de la mejor y única manera que conocía.

No voy a describir con detalle los aspectos sexuales. Por varios motivos. Algunos de vosotros podríais leerlo y utilizar esos fragmentos para alimentar vuestras fantasías. Algunos de vosotros podríais juzgarme al saber que cuando aquello pasó se me puso dura (en alguna ocasión). Otros podríais sentir asco e indignación. Pero sobre todo no quiero entrar en detalles porque no creo que pueda mantener la cordura si lo hago, más aún cuando podéis salir a comprar un ejemplar del *Daily Mail* si sentís la necesidad de que os exciten, de que os inspiren asco o indignación. Algo más barato, más rápido y menos traumático para mí.

El sentido de difundir estas palabras pegajosas y tóxicas es el siguiente: ese primer incidente ocurrido en el cuarto sin ventanas y cerrado del gimnasio me cambió de forma irreversible y permanente. A partir de ese momento, la mayor y más verdadera parte de mí pasó a ser asquerosa, objetivamente distinta.

Tema 3

Schubert, *Trío para piano n.º 2 en mi bemol,* segundo movimiento

Ashkenazy, Zukerman, Harrell

En 1828, pocos meses antes de morir a los treinta y un años, Schubert terminó un trío para piano, violín y violonchelo de cincuenta minutos de duración. Había tenido una vida corta, desgraciada y accidentada, en la que la música había supuesto el único contrapunto a sus infortunios. Schubert estuvo siempre arruinado y dependía de sus amigos para conseguir comida, alojamiento y dinero. Siempre fue desgraciado en el amor, ámbito en el que no le ayudaba ser bajo, feo e hipersensible a las ofensas, tanto reales como imaginadas. Sin embargo, pese a ser un absoluto desastre con patas, también fue salvajemente prolífico: tan solo en su decimoctavo año de vida creó más de veinte mil compases de música, compuso nueve sinfonías (a los treinta y uno, Beethoven solo había hecho una), más de seiscientas canciones, veintiuna sonatas para piano y un sinfín de piezas de música de cámara.

La mayor parte de su producción no se interpretó hasta después de su muerte, pero este trío sí se tocó antes. En los domicilios particulares era mucho más fácil ejecutar música de cámara que música de orquesta, y algunas casas de Viena organizaban schuber-tiadas de forma regular: veladas informales en las que se tocaba su música, se leía poesía y se bailaba. Este trío se ejecutó por primera vez en una de estas veladas (celebrada para conmemorar el compromiso matrimonial de un amigo) el mismo año de su composición.

El lento movimiento retrata a la perfección una vida demasiado corta: es elegíaco y oscuro, está teñido de esperanza y en él se atisban las infinitas posibilidades del genio.

Creada por uno de los escasos compositores posteriores a Mozart que podían idear y componer una obra entera en su cabeza antes de pasarla al papel, ésta es la banda sonora de un hombre tan deprimido que lo primero que empezó a estudiar fue Derecho.

También nos recuerda de forma desgarradora cuánto hemos perdido por culpa de su prematura muerte a los treinta y un años.

Mierda de sífilis.

Lo que (me) resulta más interesante del modo en que aprendí a tragar, y a que me dieran por el culo, es el impacto que ser violado produce en la persona; es como una mancha que nunca desaparece. Todos los días hay mil cosas que me lo recuerdan. Siempre que cago. Que veo la tele. Que observo a un niño. Que lloro. Que le echo un vistazo al periódico. Que escucho las noticias. Que veo una peli. Que me tocan. Que mantengo relaciones sexuales. Que me hago una paja. Que bebo algo inesperadamente caliente o que doy un sorbo demasiado grande. Que toso o me atraganto.

La hipervigilancia es uno de los síntomas más raros del síndrome de estrés postraumático. Cada vez que oigo un ruido fuerte, un estornudo, un estruendo, un chillido, un llanto, un claxon, siempre que noto algo repentino, por ejemplo que me tocan el hombro, o un aviso del móvil, doy un respingo. Es algo incontrolable, involuntariamente gracioso y enloquecedor a la vez. Y especialmente jodido en el caso de la música clásica, en la que todo el rato se producen cambios de volumen (si veis en el metro a un tío algo desaliñado que lleva auriculares y que da un respingo sin moverse del asiento cada pocos minutos, venid a saludar).

También están los tics. Los involuntarios gestos pequeños, y no tan pequeños, que me acompañan desde que comenzaron los abusos. Se me van los ojos, tengo espasmos en las cuerdas vocales, suelto gruñidos y chillidos sin querer y tengo que repetir el sonido hasta que me sale bien. Y, sin salirnos del espectro del trastorno obsesivo-compulsivo y del síndrome de Tourette, tengo que tocar las cosas de una manera determinada, marcar ciertos ritmos de forma impecable en mesas o paredes o piernas, pulsar los interruptores de la luz el número correcto de veces, etcétera.

Cuando estoy tocando en el escenario el tema se vuelve peligroso: si una parte de mi mano izquierda roza las teclas del piano, tengo que reproducir exactamente el mismo roce con la derecha. Tengo que hacerlo. Y enseguida, además. Lo cual no es algo en lo que me convenga estar pensando mientras trato de recordar las treinta mil notas de una sonata de Beethoven. También me veo obligado a olisquearme las manos en ciertos momentos mientras toco (una gran putada). Intento (sin lograrlo) presentar todo esto como un elemento del «temperamento artístico», para que la gente no se dé cuenta. También intento esperar a estar interpretando un fragmento muy sonoro para soltar un chillido y que el público no me oiga. Trato, improvisadamente, de cambiar la digitación que he pasado cientos de horas memorizando para poder doblar las manos hacia dentro y rozar el borde de las teclas, y de ese modo llevar a cabo esa peculiar manía. Y más vale que no vea un pelo en una tecla. En ese caso, tengo que sacar el tiempo necesario para quitarlo, en medio de la ejecución, y lograr que todo esté limpio. Son muchas cosas en que pensar, me da la impresión de que no controlo la situación en absoluto, y no existe una explicación satisfactoria que pueda convencer a los críticos si eso afecta de forma negativa a mi interpretación.

Los tics mentales son mucho más fastidiosos. Me resulta

imposible detener mis pensamientos, porque si lo hago sucederán cosas espantosas. De modo que cuando estoy de los nervios, pensando en algo malo, quizá que mi novia está ligando
a saco con otro tío, o quizá lo que sentiría si me autolesionara
(otra variación del mismo tema), tengo que desarrollar la idea
para quedarme tranquilo. Por eso, cuando alguna psicóloga
bienintencionada me aconseja que me distraiga y que frene ese
pensamiento, me entra la risa y pienso: «Ni de coña, y la verdad
es que debería agradecerme que no lo haga, porque si lo hago
acabará usted pagando el precio y sufrirá un terrible accidente,
se quedará sin trabajo y sin marido, acabará arruinada y disca-
pacitada y también le hará falta un psicólogo al que no podrá
pagar, así que morirá sola sin que nadie se entere, triste y asus-
tada. No hay de qué».

Luego están las cosas que dan vergüenza de verdad. Por
ejemplo, tengo una erección cada vez que lloro. De un modo
u otro, el cuerpo lo recuerda todo y asocia las lágrimas con la
excitación sexual. Yo lloraba mientras él me la chupaba. Pero
la fisiología es la fisiología, mi polla hacía lo que tenía que
hacer y se ponía dura. E incluso hoy, cuando lloro, ella piensa:
«Ay, ¡de esto me acuerdo! ¡Venga, arriba!».

El sexo también es un tema genial. La vergüenza monumental del orgasmo, en la que quieres que se te trague la tierra.
Las imágenes que te pasan de un lado a otro de los párpados
cerrados mientras follas, que te obligan a mover la cabeza de
derecha a izquierda para tratar de que desaparezcan. Los con-
tinuos recordatorios de que te tocaron en este sitio, en este otro
y en el de más allá, lo que significó en su momento y, por tanto,
lo que debe de significar ahora. El constante horror de creer en
el fondo que tu novia, mujer o prometida está en cierto sentido
manchada, destrozada, que es asquerosa y mala porque mantuvo relaciones sexuales de adolescente. Por mucho que sepas lo
ridícula, lo estúpida y lo ilógica que resulta esta idea. Yo man-

tuve relaciones sexuales cuando era muy joven. Fue algo malo. Yo soy malo. Tú también las has tenido muy joven, así que eres mala. Por tanto, no podemos estar juntos, no te puedo respetar. Joder, qué asquerosa eres. Cásate conmigo. Te quiero. Sucia puta de los cojones. Anda, me ha salido el texto de una tarjeta de aniversario.

Tuve fantasías sexuales en las que era el único superviviente de un holocausto nuclear, en las que deambulaba por las calles, sacaba a las mujeres de los coches y les hacía cosas innombrables, me excitaba al imaginar que me dejaban inmovilizado y que tenía que rogar que no me matasen, y todo un abanico de fetiches raros y estupendos en los que aparecían la tortura, el control, el dolor y vaya usted a saber qué más. Todo esto antes de los nueve años.

Y también están los estallidos de rabia. Una rabia corrosiva y abrumadora dirigida contra todos en el mundo entero. Rabia que me inspiran las familias felices de los cojones, las familias rotas, las familias a secas, el sexo, el éxito, el fracaso, la enfermedad, los niños, las embarazadas, la policía, los médicos, los abogados, los profesores, los colegios, los hospitales, los psicólogos, las cerraduras, las colchonetas de gimnasia, la autoridad, las drogas, la abstinencia, los amigos, los enemigos, fumar, no fumar, todo y todos, siempre.

Lo que más rabia me da es saber perfectísimamente que jamás podré lograr que lo que pasó desaparezca del todo. Es como una de esas espantosas marcas de nacimiento que algunos tienen en la cara, que los niños se quedan mirando y de las que los adultos apartan la vista. Lo noto todo el tiempo y nada de lo que hago puede ni podrá borrarlo. Y puedo esforzarme todo lo que quiera por convertirlo en mi «seña de identidad», el motivo por el que soy especial, una coartada para comportarme como me dé la gana y para creerme un chalado aspirante a Holden Caulfield incluso a los treinta y ocho años, pero soy consciente todo el rato, todos los días, de que no puedo transformar esto en nada, de que me resulta imposible estructurarlo o reestructurarlo, no puedo hacer nada con ello para convertirlo en algo más soportable o aceptable.

Llevamos en la mente un mecanismo incorporado que nos ayuda en estos temas: la disociación. El más grave y duradero de todos los síntomas del abuso sexual. La verdad es que funciona superbién. Todo empezó en el gimnasio, hace tantísimos años.

Él está dentro de mí, y me duele. Eso supone una tremenda conmoción a todos los niveles. Y sé que no está bien. No puede estarlo. De modo que salgo de mi cuerpo, floto por encima de él y subo al techo, desde el que me observo hasta que la situación me supera incluso desde ahí, y entonces me marcho volando del cuarto, atravieso las puertas cerradas y llego a un lugar seguro. Esa sensación fue inexplicablemente maravillosa. ¿Qué niño no quiere poder volar? Y notar que lo hace de forma completamente real. Yo estaba volando, a todos los efectos, de forma literal. Desprovisto de peso, independiente, libre. Siempre me pasaba y jamás me pregunté el motivo; agradecía sin más ese alivio temporal, esa experiencia, ese subidón gratuito.

Y desde entonces, como un perro de Pávlov, en cuanto un sentimiento o una situación amenazan con abrumarme, dejo de estar. Existo físicamente y funciono con el piloto automático (supongo), pero de forma consciente no hay nadie en el interior de mi mente. Se podría decir que «se me va la pinza». De niño esto era un desastre porque no lo podía controlar en absoluto, me pasaba todo el rato, e implicaba que me consideraran un chaval atontado, difícil, lerdo, completamente ido. Vivía instalado en la indefinición y siempre estaba ausente. Me mandaban a una tienda para hacer un recado y tardaba horas en volver. Cuando llegaba, me quedaba perplejo al ver el pánico y la preocupación que había causado. Daba la impresión de que el tiempo desaparecía, y yo acababa pasando el rato con algún desconocido con el que me había cruzado, o me iba a otro sitio totalmente distinto al que me quería dirigir.

Hoy, por ejemplo, puedo estar charlando con mi mejor amigo y comentando de forma detallada qué planes tiene para Navidades y, a los cinco minutos, decirle: «Bueno, ¿y qué planes tienes para Navidades?». Y no es que charlar con un amigo sobre chorradas mundanas me resulte amenazante. Este mecanismo es algo que tengo tan integrado que ha pasado a formar parte de mí hasta tal punto que suelo desaparecer, sin siquiera darme cuenta, al notar el menor atisbo de una amenaza, como la posibilidad de tener que comprometerme a quedar con alguien en Navidad cuando estamos todavía en noviembre y puede que entonces me haya muerto, o esté de vacaciones, u ocupado, o con ganas de estar solo y a salvo.

Por culpa de eso, hay momentos esenciales de mi vida de los que no me acuerdo. Miro el pasaporte y sé que he estado en ciertos sitios. Veo a gente que asegura conocerme, a veces conocerme muy bien. Voy a restaurantes y se alegran de que haya vuelto, cuento anécdotas y hay personas que me recuerdan con tacto que ya se las he contado, o que estaban conmigo cuando sucedieron, y yo nada..., ni puta idea.

El lado positivo es que puedo ver la misma peli y el mismo programa de televisión varias veces sin darme cuenta; el lado negativo es que los demás me perciben como una persona maleducada, desconsiderada y un poco estúpida. Y es un puto coñazo no poder acordarme de casi nada, hasta el punto de que tardo varios minutos en recordar qué he desayunado, por qué he salido de casa, en qué día, mes y año estoy.

Lo cual hace que sea aún más raro que pueda recordar más de cien mil notas en un recital de piano, y mucho más maravilloso que estar sentado delante de un piano sea una de las pocas ocasiones en que estoy centrado de veras.

Llevo siendo así desde que tengo uso de razón. De pequeño, la disociación era la única manera de que el mundo me resultara levemente manejable. Si no lo recuerdas, el pasado no puede aterrarte. Nuestras mentes son la puta hostia: se han diseñado para lidiar con cualquier tipo de situación, al menos hasta que se sobrecargan y se parten en dos. Y, sin embargo, incluso entonces suele haber una manera de recuperar algo semejante a la funcionalidad. Mis amigos más íntimos son conscientes de ello y no se enfadan cuando les pregunto dos veces la misma cosa en cuarenta y cinco segundos, o cuando no recuerdo unas vacaciones que hemos pasado juntos pocos meses o años antes. Que es precisamente el motivo por el que son mis amigos más íntimos y por el que puedo contarlos con los dedos de una mano.

Tema 4

Bach y Busoni, *Chacona*

JAMES RHODES, PIANO
(Cerrad el pico, estoy orgulloso de esta pieza)

Bach compuso varios grupos de seis piezas: seis partitas para teclado, seis para violín, seis suites para violonchelo, seis Conciertos de Brandeburgo y muchas más. A los músicos les da por esas
rarezas.

Hubo una composición que Bach creó en torno a 1720 y de la que
Yehudi Menuhin dijo que era «la estructura más grandiosa para un
violín solista que existe». Yo iría mucho más lejos. Si Goethe tenía
razón y la arquitectura es música congelada (¡menuda frasecita!),
esta pieza es la combinación mágica del Taj Mahal, el Louvre y la
catedral de San Pablo. Hablamos del segundo y último movimiento de su segunda (de un total de seis, claro) partita para violín; consiste en unas variaciones (hay sesenta y cuatro, las he contado) que
parten de un tema que nos lleva por todas las emociones que conoce el hombre, y además nos regala algunas más de propina. En este
caso, el tema es el amor, con toda la locura, el esplendor y la obsesión
que éste conlleva.

Brahms lo expresó a la perfección en una carta que le envió a la
mujer de Schumann: «En un pentagrama, para un instrumento pequeño, este hombre consigue crear un mundo entero compuesto por los
pensamientos más profundos y los sentimientos más potentes. Si me
hubiera imaginado capaz de crear, siquiera de idear esta pieza, estoy

segurísimo de que los excesos de la emoción, de esa experiencia tras-
cendental, me habrían hecho perder la razón».

Los abusos sexuales duraron casi cinco años. Cuando me fui de ese colegio, con diez años, me había transformado en un James 2.0. La versión autómata. Podía desempeñar el papel esperado, fingir empatía y responder a las preguntas con las respuestas adecuadas (casi siempre). Pero no sentía nada, ni se me pasaba por la cabeza que existiera la bondad (que es mi definición preferida de la alegría), me habían reseteado de fábrica para albergar una serie de configuraciones jodidas, y era un psicópata en miniatura, con todas las letras.

Pero sucedió algo que me produjo una conmoción en medio de todo aquello y que estoy convencido de que me salvó la vida, que me sigue acompañando en la actualidad y que lo hará mientras viva.

Solo hay dos cosas en la vida que tengo garantizadas: el amor que me inspira mi hijo y el amor que me inspira la música. Y (que entren ahora los violines de historia lacrimógena propios de *Factor X*) lo que apareció en mi existencia cuando tenía siete años fue la música.

Concretamente, la música clásica.

Más concretamente, Johann Sebastian Bach.

Si queréis conocer hasta el último detalle, su chacona para violín solista.

En re menor.

BWV 1004.

La versión para piano que transcribió Busoni. Ferruccio Dante Benvenuto Michelangelo Busoni.

Podría seguir así un ratito. Fechas, versiones grabadas, duración en minutos y segundos, portadas de CD, etcétera, etcétera. No es de extrañar que la música clásica sea tan propia de tarados. Una única pieza musical tiene docenas de datos insignificantes vinculados a ella, ninguno de los cuales tiene la menor importancia para nadie, al margen de mí y de los otros cuatro chalados del piano que están leyendo esto.

La cuestión es la siguiente: en la vida de cualquier persona hay un pequeño número de momentos tipo princesa Diana. Cosas que pasan, que nunca se olvidan y que tienen un impacto significativo en tu vida. Para algunos, es la primera vez que se acuestan con alguien (yo tenía dieciocho años la primera vez que estuve con una mujer, una prostituta llamada Sandy, australiana y buena, que me dejó ver porno mientras lo hacíamos en un semisótano, cerca de Baker Street, por cuarenta libras). A otros les pasa cuando se les muere el padre o la madre, al empezar un nuevo trabajo o con el nacimiento de un hijo.

En mi caso, hasta ahora, ha habido cuatro de esos momentos. En orden cronológico inverso: conocer a Hattie, el nacimiento de mi hijo, la *Chacona* de Bach y Busoni, cuando me violaron por primera vez. Tres de estos momentos han sido una pasada. Y, según la ley de los promedios, tres de cuatro no está mal.

Lo acepto.

Unos cuantos detalles sobre Bach que hay que aclarar.

Si alguien se para a pensar en algún momento en Bach (y ¿por qué iba a hacerlo?), lo más probable es que imagine a un tío tirando a viejo, regordete, de gesto serio, con peluca, adusto, luterano, aburrido, poco romántico y francamente necesitado de echar un polvo. Algunos consideran que su música está anticuada, que es irrelevante, sosa, plana y, al igual que los preciosos edificios de la Plaza de los Vosgos o Regent's Park, que pertenece a otros. A una persona así habría que obligarla a vivir para siempre en un anuncio de puros, en la sala de espera de un dentista o entre un público compuesto por octogenarios en la sala de conciertos Wigmore Hall.

La historia de Bach es asombrosa.

Cuando tiene cuatro años, sus hermanos más próximos mueren. A los nueve fallece su madre, a los diez también su padre y se queda huérfano. Lo mandan a vivir con un hermano mayor que no lo soporta, que lo trata de culo y no le deja centrarse en la música, que tanto le gusta. En el colegio lo acosan de forma tan continuada que acaba faltando más de la mitad de los días para evitar las habituales palizas y otras cosas peores. De adolescente recorre a pie varios cientos de kilómetros para estudiar en la mejor escuela de música que conoce. Se enamora, se casa, tiene veinte hijos. Once de estos vástagos mueren muy pequeños o al nacer. Su mujer muere. La muerte lo rodea, lo atrapa.

Mientras todos sus conocidos fallecen, él compone para la Iglesia y la corte, da clases de órgano, dirige un coro, compone para sí mismo, enseña a componer, toca el órgano, oficia servicios religiosos, da clases de clavicordio y, en general, curra como un auténtico hijo de puta. Compone más de tres mil piezas musicales (se han perdido muchísimas más), la mayor parte de las cuales, trescientos años después, todavía se interpretan, se escuchan y se veneran en todo el mundo. No puede recurrir a programas de doce pasos, psicólogos ni antidepresivos. No se dedica a quejarse como un capullo y a pasarse el día viendo la tele mientras bebe cerveza Special Brew.

Acepta lo que le pasa y vive todo lo bien y creativamente que puede. No para buscar oropeles ni recompensas, sino, según lo expresa él mismo, para honrar a Dios.

Así es el hombre del que estamos hablando. Roto de dolor, con una infancia de enfermedad, pobreza, acoso y muerte a sus espaldas, un tipo muy bebedor, pendenciero, aficionado a follarse a sus *groupies* y adicto al trabajo, a quien también le dio tiempo a ser bondadoso con sus alumnos, pagar las facturas y dejar un legado que queda completamente fuera del alcance de la mayoría de los seres humanos. Beethoven afirmó que Bach era el Dios inmortal de la armonía. Hasta Nina Simone reconoció que fue Bach quien le hizo dedicar su vida a la música. A solucionar su adicción a la heroína y el alcohol no la ayudó mucho, pero qué se le va a hacer.

Está claro que una persona así no podía ser emocionalmente normal. Le obsesionaban los números y las matemáticas de una forma que recuerda alarmantemente al trastorno obsesivo-compulsivo. Convirtió el alfabeto en un código básico en el que a cada letra le corresponde un número (A, B y C equivalen a 1, 2, y 3, etcétera). BACH. B=2, A=1, C=3, H=8. Si lo sumamos, nos sale 14. Si le damos la vuelta, tenemos el 41. Y el 14 y el 41 aparecen continuamente en su obra: en el número de compases, en el número de notas de una frase. Son una secreta rúbrica musical situada en puntos esenciales de sus piezas. Es probable que esto le sirviese para sentir seguridad, de esa forma rara en que la sienten aquellos a los que les da por pulsar interruptores, contar y dar golpecitos de manera compulsiva. Cuando se hace bien.

Con doce años bajaba a escondidas al piso inferior mientras todos dormían, robaba un manuscrito que el gilipollas de su hermano no le dejaba consultar, lo copiaba, lo escondía, a continuación dejaba con cuidado el original en su sitio y volvía a la cama para dormir unas pocas horas antes de levantarse a las seis para ir a clase. Estuvo haciendo eso durante seis meses, hasta que tuvo la partitura completa y pudo estudiarla, fijarse en todos los detalles, empaparse de ella.

Le gustaba tantísimo la armonía que cuando los dedos no le alcanzaban se metía un palo en la boca para pulsar más notas del teclado y así lograr el subidón que buscaba.

Os hacéis una idea.

Volvamos a la chacona. Cuando murió su mujer, el gran amor de su vida, compuso una pieza musical en su memoria. Es para un violín solo y se trata una de las seis partitas (cómo no) que compuso para dicho instrumento. Aunque no solo se trata de una composición. Es una puta catedral musical erigida para recordar a su mujer, la torre Eiffel de las canciones de amor. Y el punto culminante de esta partita lo constituye el último movimiento, la chacona. Quince minutos de desgarradora intensidad en la conmovedora tonalidad de re menor.

Imaginad todo lo que os gustaría decirle a alguien a quien queréis si supierais que va a morir, hasta las cosas que no podéis expresar con palabras. Imaginad que condensarais todos esos sentimientos y emociones en las cuatro cuerdas de un violín, que los concentrarais en quince minutos llevados al límite. Imaginad que de un modo u otro descubrieseis la forma de construir todo el universo de amor y dolor en que existimos, que le dieseis forma musical, que lo pusieseis negro sobre blanco y se lo regalaseis al mundo. Eso es lo que él logró, con creces, y todos los días esta pieza basta para convencerme de que en el mundo existen cosas que son más grandes y mejores que mis demonios.

Bueno, ya me he puesto bastante *hippie*.

Pues en la casa de mi infancia encontré una casete. Y en esa cinta había una grabación en vivo de esta pieza. Este tipo de grabaciones siempre son indiscutiblemente mejores que las de estudio. En ellas se nota cierta electricidad, la sensación de peligro y la intensa emoción de un momento concreto que ha quedado registrado solo para ti, el oyente. Y, evidentemente, los aplausos del final me ponen algo palote porque me van esas cosas. La aprobación, la recompensa, las alabanzas, el baño de ego.

Escuché la cinta en mi viejo y destartalado walkman Sony (con *auto-reverse*; ¿os acordáis de la alegría casi mágica ante esa función?), y en un abrir y cerrar de ojos volví a evadirme. Esta vez no subí volando al techo ni me alejé del dolor físico de lo que me estaba pasando, sino que llegué al interior de mí mismo. Como si estuviera helado y me hubiera metido debajo de un edredón megacaliente e hipnóticamente confortable, sobre uno de esos colchones de tres mil libras diseñados por la NASA. Jamás en mi vida había experimentado algo semejante.

Se trata de una pieza oscura; no cabe duda de que el comienzo es lúgubre, una especie de coral fúnebre, llena de solemnidad, pena y dolor resignado. Variación tras variación, su intensidad va aumentando y disminuyendo, se expande y se repliega sobre sí misma como un agujero negro musical, igual de desconcertante para la mente humana. Algunas de las variaciones están en tonalidad mayor, otras en menor. Algunas resultan audaces y agresivas, otras traslucen resignación y cansancio. Transmiten alternativamente heroísmo, desesperación, alegría, sensación de triunfo y de derrota. Logran que el tiempo se detenga, se acelere, retroceda. No supe qué coño estaba pasando, pero fui incapaz de moverme. Aquello fue como entrar en trance mediante uno de los trucos del mentalista Derren Brown mientras vas puesto de ketamina. La música logró tocar algo en mi interior. Esto me recuerda a esa frase de *Lolita* en la que ella le dice a Humbert que él ha desgarrado algo dentro de ella. Yo tenía algo destrozado en mí, pero esto lo arregló. Sin esfuerzo y al instante. Y supe, del mismo modo que supe en cuanto lo tuve en brazos que dejaría que me atropellara un autobús para salvar a mi hijo, que era aquello en lo que iba a consistir mi vida. Música y más música. La mía iba a ser una existencia dedicada a la música y al piano. Lo supe sin cuestionármelo, feliz, sin el dudoso lujo de poder elegir.

Y sé lo estereotipada que resulta esta afirmación, pero esa pieza se convirtió en mi refugio. Siempre que estaba angustiado (siempre que estaba despierto) se me repetía en la cabeza. Se iban marcando sus ritmos, sus voces se ejecutaban una y otra vez, se alteraban, se sometían a experimentos. Yo me sumergía en su interior como si fuera una especie de laberinto musical y deambulaba por él, perdido y feliz. La pieza determinó mi vida;

sin ella habría muerto hace años, estoy convencido. Junto a las otras piezas musicales que me llevó a descubrir, se convirtió en una especie de campo de fuerza que solo el dolor más tóxico y más brutal podía traspasar.

Imaginad la ayuda que eso supone.

A esas alturas ya había conseguido encontrar una estrategia de salida del colegio en el que me violaban y había solicitado el ingreso en otro que estaba en el campo, que era una puta mierda y provinciano. Me había convertido en una especie de superhéroe de la música clásica: me marché a un internado con diez años, con la música de piano cumpliendo las funciones de capa de invisibilidad e invencibilidad.

Aquello fue un poco como salir de las brasas para caer en una trituradora industrial de carne, porque para entonces ya me había convertido en un niño de lo más raro que tenía tics continuamente, se hacía pis en la cama, estaba ido y parecía extraño. Estuve vomitando sin parar durante el trayecto a aquel sitio, tenía tantísimo miedo que tardé varios días en dirigirle la palabra a alguien, anduve errando por allí como si tuviera estrés postraumático, como el superviviente de un bombardeo que se hubiera quedado con el oído hecho polvo y siguiera oyendo un eco en su cerebro.

También era el único judío del colegio. Tal cual, hasta ese momento jamás habían visto a uno. Yo era como un experimento científico: los niños incluso me tocaban y me clavaban el dedo para ver si «les transmitía una sensación distinta». Y únicamente sabían que era judío porque el gilipollas del director lo había anunciado delante de toda la asamblea escolar la mañana de un día en que yo estaba ausente porque estaba celebrando el Año Nuevo judío. Que cayó más o menos un mes después de que empezara mi primer trimestre.

Pero eso me dio igual. De verdad. Si lo comparaba con todo lo que me estaba pasando, no era nada. Me pegaban con regularidad, les comía la polla a chicos mayores (y a empleados del colegio) a cambio de chocolatinas Mars (en esa época era más inocente: el dinero no significaba nada para mí, el azúcar lo era todo), me dedicaba a torturar animales (tritones, moscas, nada más grande que yo recuerde, por si eso mitiga la indignación de los amantes de los animales que haya entre vosotros), me escondía y pasaba incontables horas en una cabina cerrada de los aseos mientras sangraba o cagaba o follaba y mamaba. Me insinuaba a hombres de cierta edad y a chicos y hacía todo lo que me pedían porque..., bueno, porque era lo que me parecía lógico. Del mismo modo que estrecharle la mano a alguien era saludarlo, ponerte a disposición de un cabrón y un pervertido porque reconoces «esa» mirada (pederastas: que ni se os pase por la cabeza que podéis pasar desapercibidos para alguien que ha vivido esto) era algo absolutamente normal, lo espera-do. Por ejemplo: con diez años, mientras estaba de vacaciones, entré con un tío de cuarenta y tantos (que se encontraba con su familia) en los baños para comerle la polla a cambio de un helado, y ni siquiera hoy considero que fuera un abuso porque yo lo decidí. Yo le hice el gesto con la cabeza. Yo lo conduje. Quería un helado.

Pero ahora tenía la música. Así que todo eso daba igual. Porque al fin contaba con una prueba definitiva de que todo iba bien. De que existía algo en este espantoso mundo de mierda que era solo para mí y que no tenía que compartir ni justifi-car, que era todo mío. Nada más lo era, a excepción de esto.

El colegio tenía un par de salas de ensayo en las que había unos pianos verticales viejos y destartalados. Fueron mi salva-ción. En cuanto tenía un momento libre me iba a tocarlos, me ponía a improvisar y trataba de unir sonidos que significaran algo. Desayunaba lo antes posible, antes que nadie, porque a esas alturas cualquier tipo de interacción social resultaba dema-siado aterradora o revestía demasiado peligro; me sentaba solo

55

y evitaba cualquier tipo de contacto, engullía los Rice Krispies cubiertos de azúcar blanco y luego me largaba a la sala de los instrumentos.

La verdad es que se me daba de culo. No es que importe, pero lo cierto es que lo hacía verdaderamente de pena. Si veis cualquiera de los miles de vídeos de YouTube en que salen niños asiáticos muy pequeños que se dedican a destrozar a Beethoven como si supieran lo que hacen, y después os los imagináis con tres dedos regordetes y el cerebro de una víctima de un derrame cerebral que además tiene alzhéimer, os podéis hacer cierta idea de cuál era mi nivel pianístico. Ahora me entra la risa floja cuando los padres me acercan a empujones a sus hijos, cuando firmo discos después de los conciertos, y me piden que les diga cuántas horas tiene que ensayar el pequeño Tom cada día para poder aprobar y llegar a tocar como un profesional. Suelo responder: «Las que quiera. Si no sonríe y no se lo pasa bien, no se preocupen. Si le ha picado el gusanillo del piano encontrará la forma de lograrlo».

Yo la encontré. Aprendí a leer las partituras; no resulta complicado y es un primer paso fundamental. Aunque, evidentemente, no tenía ni idea de qué eran cosas como la digitación ni cómo había que ensayar exactamente. Qué dedo utilizar en qué nota es, seguramente, la parte más importante para aprenderse una pieza. Si aciertas, tocar te cuesta mucho menos. Si no lo pillas bien, la cosa se te hace muy cuesta arriba y al interpretarla no te llegas a sentir seguro del todo. Hay muchísimos factores que deben tenerse en cuenta. Ahí va uno fácil, por ejemplo: ¿con qué combinación de dedos se logra que la melodía suene más clara, más limpia, más cohesionada y que suene tal como pretendía el compositor, al tiempo que se siguen tocando todos los otros acordes y notas que la rodean? Algunos dedos son más débiles o más fuertes que otros y no hay que recurrir a ellos en ciertos sitios: el pulgar, por ejemplo, es el que más pesa, y hace que cualquier nota que pulsa suene más fuerte que, pongamos por caso, el anular, de forma que esto hay que tenerlo en cuenta. El vínculo físico entre el anular y el meñique es comparativamente muy débil (sobre todo en la mano izquierda), así que al tocar pasajes en los que se incluyen escalas, conviene intentar ir pasando el dedo corazón al meñique, sin utilizar para nada el anular, de modo que queden más equilibrados. El trino (ir alternando superrápido entre dos notas, normalmente adyacentes, para crear un vibrato tembloroso) cuesta menos entre el índice y el corazón, pero a veces esa mano está tocando un acorde al mismo tiempo, y hay que ejecutar el trino con los dedos anular y meñique para que todo fluya de manera natural.

Desgraciadamente, la combinación más fácil desde el punto de vista físico no siempre funciona musicalmente (puede causar un sonido entrecortado o inconexo, desigual o desequilibrado). Cuando una conexión física entre dos notas es imposible (requiere un salto demasiado grande, o directamente no tenemos los dedos suficientes) hay que aprender a utilizar el peso para que la nota de enlace quede perfectamente conectada, aunque en realidad no las estés conectando físicamente. Tienes que ser consciente en todo momento no solo de la nota que estás tocando sino de la relación que ésta guarda con la que iba antes y con la que viene después, y acertar con la digitación es la mejor manera de conseguirlo.

A veces puedes tocar con la mano izquierda una parte de lo que debería ejecutar la derecha, para que te resulte más fácil, y al revés, aunque solo sea una nota de un acorde; pero esto no suele aparecer en la partitura, así que tienes que aprender a detectar las ocasiones de hacerlo, anotarlo en la partitura, recordarlo, tocarlo y cerciorarte de que la línea melódica no ha perdido claridad, que no estás utilizando demasiado los pedales (que sostienen y | o amortiguan las notas), que efectivamente estás tocando *todas* las notas que escribió el compositor, que las carrerillas quedan igualadas y equilibradas, que aplicas el peso adecuado en los acordes (cada dedo individual debe aplicar un peso y una fuerza levemente distintos al tocar un acorde de cinco notas simultáneas), que la velocidad y el volumen están calculados, graduados y ejecutados a la perfección, que el tono (la forma en que utilizas el peso de la mano, los brazos y los dedos para lograr que el acorde que interpretas suene de determinada manera) no resulta demasiado brusco ni demasiado suave, que no tienes las muñecas ni los brazos rígidos en exceso, que respiras bien, que el volumen está medido y es correcto, etcétera. Se parece a un enorme rompecabezas matemático en el que debes utilizar la lógica para resolverlo. Y si no entiendes esa lógica desde el principio, te dedicas a dar palos de ciego.

En el colegio en que estaba había una especie de profesor de piano y me dio unas cuantas clases sueltas, pero él tampoco tenía ni idea. Cómo iba a tenerla: era un maestro de música que hacía de todo, y casualmente sabía tocar el piano de forma muy limitada, así que era el «profesor de piano» del centro. De digitación, tono, respiración o postura sabía tanto como yo.

Y todo esto no es más que la parte mecánica, el procedimiento físico de aprender e interpretar una pieza; ni siquiera hemos entrado en la interpretación musical ni en cómo memorizar dicha pieza. ¡Pero si es que Bach a veces ni siquiera aclaraba en qué instrumento había que tocar determinada composición, menos aún aspectos como la velocidad y el volumen! Empezaron a darse más detalles con Mozart y Beethoven, compositores que empezaron a indicar esas cosas; pero aun así no dejan de ser meras orientaciones. Nunca habrá, ni puede haber, dos interpretaciones idénticas de la misma obra musical, ni siquiera cuando la tocas dos veces tú mismo. Existe una variedad interpretativa infinita, y cada uno tiene una opinión distinta sobre lo que resulta «adecuado», lo que respeta o no al compositor, lo que es válido, lo que es emocionante, lo que es soso, lo que es profundo. Todo es completamente subjetivo.

Y cómo lograr memorizar casi cien mil notas individuales de forma que cuando los móviles se apaguen y los rezagados entren haciendo ruido, si te equivocas al usar un dedo y mandas así a tomar por culo toda la memoria muscular, puedas seguir sintiéndote completamente seguro. Hay personas que visualizan la partitura mentalmente, incluso con las manchas de café y las anotaciones a lápiz. Algunos se apoyan en la memoria muscular. Otros incluso recurren a la partitura (lo cual va muy en contra de las normas en los recitales de un solista, pero no es mala idea si permite llevar a cabo una gran interpretación y quita los nervios paralizantes). Para mí, la mejor forma consiste en ejecutar una pieza de cabo a rabo a una velocidad diez veces inferior a la normal, sin música, porque si consigues acabarla así, no tienes nada de qué preocuparte. Pensad en un actor que ensaya un gigantesco monólogo de una hora, que lo repasa y hace una pausa de tres segundos entre las palabras: si lo consigue, se lo conoce de arriba abajo y la interpretación le saldrá niquelada. Tocar mentalmente, sin mover los dedos, lejos del piano y en una habitación en penumbra también es una gran herramienta mnemotécnica. Imaginar el teclado y cómo mis dedos tocan las notas correctas resulta de una ayuda inestimable.

Por eso, aprender a tocar el piano resulta exasperante, porque es una ciencia tan exacta como inexacta; hay una forma específica y válida de dominar la mecánica necesaria para llevar a cabo la interpretación física (esto depende incluso de atributos físicos como el tamaño de los dedos, su fuerza, hasta dónde abarcan, etcétera), y hay un camino inexacto, etéreo e intangible para encontrar el sentido y la interpretación de una pieza que se está aprendiendo. Y descifrar todo esto cuando eres un niño de diez años algo retrasado, que está completamente solo y emocional y físicamente jodido, no es fácil.

Recuerdo la primera ocasión en que me aprendí una pieza entera: la sensación de éxito, de placer total y absoluto que tuve. No importa que fuese la *Ballade pour Adeline* de Richard Clayderman (bueno, la verdad es que sí que importa un poco, no me queda otra que pedir disculpas), ni tampoco que seguramente me equivocara en mogollón de notas. Había aprendido algo, de memoria, y podía tocarlo hasta el final. Los arpegios quedaban muy rápidos e impresionaban, igual que les quedaban a los tíos que salían en mis cintas, y joder, aquello fue lo mejor que me había pasado en la vida. Madre mía, qué ganas tenía de tocarlo delante de otras personas, pero no había nadie que lo pillase, que lo escuchase y comprendiese lo que significaba. Tuve que guardármelo para mí por mucho que el corazón me estuviera estallando de ilusión, y, en cierto sentido, eso lo volvía aún más especial.

Era un chaval superequilibrado.

Lo único que podía equipararse con mi adoración por todo lo relacionado con el piano era el tabaco. El puto tabaco. Lo mejor que se ha inventado desde que el mundo es mundo. Todo este libro podría ser una carta de amor al tabaco. De pequeño, irme por ahí, esconderme del mundo y fumar era lo único aún mejor que estar solo y tocar el piano. Esos cilindros mágicos con las propiedades medicinales más extraordinarias me brindaban todo lo que me parecía que me faltaba. Conseguirlos era más fácil de lo que cabe pensar, sobre todo en 1985: quiosqueros simpáticos, chicos mayores y, de vez en cuando, algún amable (y salido) profesor. Los cigarrillos Silk Cut eran mis mejores amigos.

Me fijo en mi vida en la actualidad y me doy cuenta de que no han cambiado demasiadas cosas: ahora fumo Marlboro, pero el tabaco y el piano son los elementos centrales de mi vida. Las únicas cosas que jamás me decepcionarán ni pueden hacerlo. Incluso la amenaza del cáncer no sería más que una excusa para ver al fin *Breaking Bad* entero y ponerme de drogas hasta las trancas.

Lo que tiene el tabaco es que no te cuentan lo bien que sirve para ahogar sentimientos. Posteriormente descubrí que en varios de los pabellones psiquiátricos animaban activamente a los pacientes a que fumaran, porque eso les facilitaba mucho el trabajo a los enfermeros. Para una persona que padece una enfermedad mental no hay nada más aterrador que un sentimiento. Positivo o negativo, eso da igual; sigue teniendo la capacidad de volvernos la cabeza completamente del revés sin dar la menor pista de cómo enfrentarnos a él de forma racional o razonable. Tengo al menos un cuarenta y tres por ciento más de posibilidades de suicidarme si no estoy fumando. Así que fumo. Siempre que puedo, todo lo que puedo. Las pocas veces que he intentado dejarlo siempre ha sido para complacer a otros: una chica, la familia, la sociedad. Nunca funciona. Se me da superbién orquestar una crisis gracias a la cual mis allegados vuelven a darme permiso para fumar. Si tenéis delante una pistola cargada (real o imaginada) y un paquete de tabaco, coged siempre el tabaco. Sé que ésta no es una opinión muy convencional. Pero os juro que a mí me funciona de maravilla. La mera idea de que voy a poder fumar en determinado acontecimiento del futuro, ya sea un concierto, una fiesta, una entrevista o un restaurante, me permite mantener cierto equilibrio. Si esto desaparece (en los aeropuertos, por ejemplo), te voy a dar por culo pero bien. Por eso en muchas ocasiones vuelvo a salir por los controles de seguridad para echar un último pitillo y después los paso de nuevo otra vez antes de coger algún vuelo. Compensa mogollón aunque haya que sufrir por enésima vez los abusos de los capullos de la Administración de Seguridad en el Transporte. No me enorgullezco de ello. Sé que por culpa de esto parezco gilipollas. Un esclavo. Un tremendo adicto que niega completamente su problema. Me da igual. Soy todo eso, y siempre les estaré ridículamente agradecido a las grandes empresas tabacaleras.

Así que había, hasta cierto punto y en un día bueno, suficientes cosas positivas que contarrestaban las negativas, y en el internado no fui infeliz del todo. Entraba en un ciclo de terror (acoso, sexo agresivo y no deseado, desconcierto) tras el cual llegaba la tranquilidad del espacio en el que fumar, tocar el piano, escuchar música. Esto me hace pensar en lo que debe de sentir un soldado cuando vuelve a su país de origen durante unos días tras estar en el campo de batalla, para después volver a marcharse. Este ciclo sigue dándose con la misma intensidad hoy en día. Me aterra estar en el escenario, vivir un momento íntimo con Hattie, ir a ver al psiquiatra, estar con mi hijo y experimentar los sentimientos que esto conlleva, estar en situaciones sociales, en circunstancias que no puedo controlar. Y llega el alivio cuando estoy en casa con un piano, la puerta cerrada, un cenicero, programas de televisión estadounidenses, solo, sin que me interrumpan. Tiempo para mí. El Santo Grial.

Tema 5

Beethoven, *Sonata para piano n.º 32, op. 111,* segundo movimiento

GARRICK OHLSSON, PIANO

En 1770 nace un niño en unas circunstancias difíciles, violentas, terribles. En su familia abundan el alcoholismo, la violencia doméstica, los abusos y la crueldad. Las cosas llegan a tal punto de descontrol que a los dieciséis años el chico lleva a su padre a juicio para quitarle la gestión de sus ingresos y que la familia pueda comer.

Con veintitantos años, él solito saca a rastras a la música de la época clásica y la mete de lleno en el Romanticismo: la centra en las emociones, dirige la mirada al interior, se salta las convenciones, guarda una fidelidad constante a sus convicciones, compone para las orquestas del futuro y muestra una decidida indiferencia hacia las opiniones que otros tienen de él.

Totalmente sordo, destrozado por los dolores, emocionalmente jodido, compone su trigésima segunda y última sonata para piano en 1822, pocos años antes de su muerte.

Esta pieza representa la cumbre absoluta de su producción musical para piano.

De dos movimientos, en vez de los habituales tres o cuatro, logra, de un modo u otro, trascender el nivel de la existencia humana en que vivimos y llevarnos a un sitio más elevado, en el que el tiempo se detiene y experimentamos de verdad el concepto de «interioridad», de la que él había hablado, y los mundos internos que

su música representa. Esta pieza no era para Dios ni la corte; iba de
sentimientos, de mirar al interior, de lo humano. e. e. cummings es-
cribió que «ser únicamente quien eres, en un mundo que hace todo lo
posible, continuamente, por convertirte en todos los demás, implica
luchar la batalla más difícil que puede librar cualquier ser humano;
y no dejar nunca de hacerlo». Beethoven vivió eso todos y cada uno
de los días de su puta vida.

Unas palabras sobre el tiempo. Porque es importante. El espacio no es nada sin tiempo. El tiempo es un parachoques. Un
espacio de seguridad entre las cosas que pasan. Realmente, para
mí no hay nada más reconfortante que un día completamente
vacío en mi agenda. Sin reuniones, cenas, cafés con amigos, citas, conciertos. Saber que puedo estar en casa todo el día con
el tiempo suficiente para hacer lo que tenga que hacer. Ése es el
motivo por el que llego estúpidamente pronto a las reuniones,
me presento en Heathrow cinco horas antes de la hora de salida de mi vuelo, por lo que creo que es necesaria una hora para
hacer un trayecto en coche de diez minutos. Si hay tiempo de
sobra me siento seguro. Más o menos necesito seis horas libres
para poder ensayar dos. Lo mismo con todos los ámbitos de
mi vida. En todos los discos que he grabado me han asignado
tres o cuatro días de estudio y he utilizado la mitad. Termina-
ba los exámenes en la mitad del tiempo concedido. Llego a los
plazos de entrega espléndidamente pronto. Hago los recados
en un tercio del plazo necesario. Esto viene muy bien para los
negocios, no tanto para los temas personales. Tus citas no quieren pedir treinta segundos después de que les hayan llevado
el menú, ni haber terminado la cena al cabo de cuarenta y cinco minutos. No quieren estar al lado de una persona que está
constantemente a punto de que le dé un ataque de nervios si
no salen para una fiesta en la calle de al lado dos horas antes de

que empiece, que siempre es la primera en aparecer, de quien saben que, si han quedado a las seis, ya estará esperando a las cuatro y media, apoyando el cuerpo de forma alternativa en una pierna y en la otra como si fuera una suricata ansiosa.

Me impulsan cien mil formas distintas de miedo. Miedo a que me critiquen, a quedarme sin tiempo, a no estar a la altura, a equivocarme, a que se me pase algo, a no poder concentrarme en otras cosas que vayan surgiendo, a defraudar a otros. Se trata de una angustia cambiante, indefinida y crónica, que, con independencia de lo que haga por mitigarla, puede adherirse con facilidad y rapidez a algo nuevo que todavía ni se me ha pasado por la cabeza. Como si estuviera jugando a un juego inspirado en David Lynch en el que tienes que matar a unos bichos, pero cada vez que le das a uno aparecen doce más a tu alrededor. Y te miran con una sonrisita y dicen cosas de lo más espantosas y te recuerdan lo jodido que estás.

Así me despierto. Siempre.

Si existiera una madre judía y meganeurótica, enfarlopada, que fuera peor que mala y a quien la perversidad le mojara las bragas, sería la representación de esa parte de mi mente. Así que me abalanzo sobre el piano de los cojones como si mi vida dependiera de ello. Me entrego al trabajo. Y desde fuera parece que soy como cualquier otro cabronazo trabajador que solo quiere hacerlo lo mejor posible y no decepcionar a los demás. Pero lo cierto es que, si no me entrego a ello acabaré muriéndome, asesinando, desmoronándome de la peor de las maneras. Es una gran suerte que a veces el impulso de supervivencia haga que parezca que tienes una disciplina laboral decente. El miedo, disfrazado de humildad y de compromiso con el trabajo desempeñado, basta para engañar a cualquiera.

Así fue como conseguí acabar el colegio. Deberes terminados gracias al pavor, exámenes estudiados gracias al pánico. Hacía todo lo posible por lograr que el tiempo se expandiese, aumentase y protegiese las cosas para que hubiera, al menos en él, una ilusión de seguridad. También era un niño inteligente. La mayor ventaja de haber sufrido graves abusos de pequeño es que esto te da la capacidad de leer situaciones, mentes, energías. Si me ponían delante de un adulto, sabía al cabo de pocos segundos lo que quería oír y ver para estar cómodo y mostrarse atento conmigo. Funcionaba de maravilla con los profesores; según el tipo de persona que fueran, me mostraba nostálgico, vulnerable, duro, lanzado, mono, ligón, dependiente o independiente. Y así conseguía todo lo que quería. Más tiempo en los exámenes, mejores notas, más chocolate, permiso para no ir a clase de gimnasia, algo de dinero. Lo que fuese. La cuestión es que a los diez años ya había aprendido que podía enfrentarme a cualquier situación y sobrevivir, a veces incluso mejorar, porque tengo los poderes de manipulación de un superhéroe.

Los abusos te convierten en un superviviente de por vida. Cuando esa parte de mí que se disociaba del resto durante las violaciones es la que lleva la batuta, soy capaz de existir sin dinero, sin amigos, sin un sitio en el que vivir, y no solo dar la impresión de que estoy bien, sino de que me va fenomenal. En las épocas oscuras las amistades no significan nada para mí; los humanos pasan a ser únicamente un medio con el que conseguir ciertas cosas: dinero, consuelo, aprobación, un trabajo, sexo; y cuando han cumplido su función, se pasa al siguiente. Los mejores «amigos» son aquellos a los que puedo seguir recurriendo una y otra vez a lo largo de los años. En las empresas se valora sobre todo a los clientes que vuelven, y saben muy bien lo que hacen. Muchas veces, las interacciones son meras transacciones para las víctimas de abusos. Y para los sociópatas. Por eso los diagnósticos son tan jodidos, tan difíciles: el autismo, el síndrome de Asperger, el de estrés postraumático, la bipolaridad, varias psicopatologías, el narcisismo: todos ellos comparten muchos rasgos esenciales en el manual de diagnóstico. Así que podría ser generoso y afirmar que tengo aspérger y que por eso soy muy manipulador y me cuesta sentir empatía, o podría declarar que soy un psicópata incapaz de sentirla. Las dos cosas encajan. Elegid vosotros.

El problema, el gran problema, es el siguiente: aunque esta estrategia cumple una función, aunque crees que te puedes acordar de todas las mentiras, de todos los distintos personajes que tienes que interpretar según con quién estés, al final, después de unos cuantos años, empiezas inevitablemente a perder el hilo. La cosa empieza a pasarte factura. También empiezas a dudar de ti. Y entonces comienzan los problemas. Tienes que acordarte de todo, y, si no puedes, o no estás del todo seguro de si eres una «víctima arruinada y destrozada» para cierta persona, en vez de un «triunfador lleno de iniciativa», todo se viene abajo. Aparecer con un BMW nuevecito para pasar el fin de semana con un amigo que cree que te cuesta llegar a fin de mes requiere muchas explicaciones, más mentiras que recordar, más información que retener. Es algo agotador, aterrador, y puedes correr grandes riesgos.

Uno de mis diagnósticos fue el de trastorno disociativo de la personalidad, según el cual tengo varias «identidades» (trece, por si sentís curiosidad) que, según la situación, se turnan para llevar el timón del barco. En la práctica eso implica que tengo trece personas disponibles como y cuando quiero para llevar a cabo todo lo que tiene que hacer una sola. Esto se parece a una operación militar, y explica en parte los problemas de memoria, porque las distintas personalidades no siempre se comunican bien entre ellas, si es que llegan a hacerlo. Algunas son buenas, otras frías; todas comparten un objetivo común: sobrevivir a toda costa.

Parece que no hay una cura para el trastorno disociativo de la personalidad, pero se puede gestionar. Esas identidades pueden determinarse, reconocerse, se puede hablar y entablar una relación de amistad con ellas. A las menos útiles se les puede pedir que no hagan ruido, a las más provechosas animarlas a que se integren en el todo. Qué bien lo pasé durante esos días con el médico.

Y cuando esto me ha superado y he tenido que alejarme de un amigo, de una pareja o de un colega, cuando la he cagado porque la situación se había complicado demasiado, la verdad es que ha dado igual porque puedo volver a empezar con otra persona; pero perder me frustra. Me molesta pifiarla y fracasar. Tengo que esforzarme más. Se convierte casi en un juego, lo cual resulta triste, en cierto sentido, porque casi todos mis amigos y familiares me quieren de verdad. Creen que conocen a mi «yo» de verdad, y, por mucho que ciertos aspectos de mi comportamiento o mi personalidad les inspiren ciertas dudas, creen de forma muy ingenua aunque encantadora que esas dudas solo son una muestra de inteligencia y empatía por su parte, porque son capaces de ver mis múltiples capas y seguir queriéndome y entendiéndome. Pero existe una complejidad que las personas a las que nadie se ha follado de pequeñas no pueden comprender.

Un ejemplo: una novia me hace una pregunta. Una fácil.

—¿Qué cenamos?

Una persona Normal respondería:

—Pollo.

O quizá:

—Lo que tú quieras, cariño, no tengo manías.

O, si nos ponemos generosos:

—Elige un restaurante, cielo, yo encantado de que vayamos.

Un superviviente (especialmente si sufre estrés postraumático o algo similar) tiene que plantearse las siguientes preguntas *en silencio* y en una milésima de segundo antes de responder:

¿Por qué me lo pregunta?

¿Qué espera que diga?

¿Cómo reaccionará si digo eso?

¿Qué quiere comer?

¿Quiere que sugiera algo que sé que le gusta?

¿Quiere que sugiera que la invite a cenar fuera?

¿Por qué?

¿He hecho algo mal?

¿Tengo que compensarla por algo?

¿Cuál es la respuesta que quiero dar?

¿Por qué?

¿Qué pasará si la doy?

¿Es ésta una pregunta con trampa?

¿Es el aniversario de algo?

¿Qué cenamos ayer?

¿Qué vamos a comer mañana?

¿Qué tenemos en la nevera?

¿Pensará que estoy criticando cómo hace la compra?

¿Qué quiere que conteste?

¿Qué contestaría su hombre ideal?

¿Qué respondería un tío de una peli?

¿Qué respondería una persona normal?

¿Quién quiero ser y quién debo ser al contestar a esto?

¿Qué contestaría él?

¿Resulta aceptable esa respuesta?

¿Concuerda esa respuesta con el «yo» que ella cree conocer?

¿Me satisface esta respuesta?

¿Cuál es la probabilidad de que a ella le satisfaga esta respuesta?

¿Es un porcentaje aceptable?

Si fracaso, ¿cuál es mi estrategia de salida?

¿Puedo dar marcha atrás sin crear demasiados perjuicios?

¿Qué tono debería emplear?

¿Debería formularlo como si fuera una pregunta?

¿Una afirmación?

¿Una orden?

Etcétera, etcétera. En un abrir y cerrar de ojos. En el colegio, los niños que están sufriendo abusos tardan demasiado en responder a preguntas directas y se muestran evasivos y sobresaltados. Los tildarán de «difíciles», «tontos», «aquejados de trastorno por déficit de atención», «rebeldes». No lo son. Los están jodiendo de un modo u otro. Indagad.

A medida que vas cumpliendo años esta costumbre se va arraigando, como respirar. A veces, de forma ocasional, nos pilla por sorpresa. Sobre todo a primera hora de la mañana o cuando nos vence el cansancio. Por eso, por si acaso no podemos estar al cien por cien cuando nos hacen una pregunta, perfeccionamos toda una táctica de distracción: «Madre mía, qué guapa estás», «Coño, me acaba de dar una punzada en la espalda», «Cuánto te quiero», «Me estaba acordando del momento en que... (introducir aquí un recuerdo romántico)», o, más frecuentemente, nos quedamos mirando al infinito, fingiendo estar absortos, no haber oído la pregunta cuando lo cierto es que ya estamos devanándonos los sesos para que se nos ocurra una respuesta aceptable. Cualquier cosa con tal de ganar el tiempo necesario para conseguir la dichosa respuesta aceptable de los cojones.

Somos unos cabrones de pensamiento acelerado, hiperconscientes, de percepción aguzada y entregados a la multitarea. Nos enfrentamos a un ingrato, incesante, infinito torrente de amenazas, de incendios que hay que apagar inmediatamente. Y como el cuerpo y el cerebro no pueden distinguir la diferencia entre el terror real y el imaginado, reaccionan como si estuviéramos en medio de una guerra auténtica.

«Guerra» es la mejor palabra con que describir la vida cotidiana del superviviente de una violación. Hay amenazas por todas partes, jamás te puedes relajar, coges todo lo que puedes, siempre que puedes, porque te da muchísimo miedo que no esté disponible al día siguiente: comida, sexo, atención, dinero, drogas. Y sigues funcionando a base de una mezcla de adrenalina y pavor. Los principios morales se van a tomar viento, las convenciones dejan de existir; sobrevivirás a cualquier precio, caiga quien caiga. Vivir así tiene ciertos efectos colaterales. No os podéis hacer una idea de lo jodidos que son los síntomas físicos del abuso sexual. He pasado años, incluso décadas, casi pegado a un retrete. De pequeño, en el internado, me sentaba en él casi todas las noches, normalmente sobre las tres de la madrugada, en medio de un intenso dolor. Sudando y con náuseas por culpa de ese dolor, con la sensación de que me habían clavado un cuchillo en las tripas y lo estaban retorciendo. Cagaba algo que me parecía agua, me daba demasiado miedo salir del aseo al menos durante dos horas. Lo mismo por la mañana. Juro que pasé toda la infancia durmiendo unas tres o cuatro horas por noche. Eso viene muy bien para no engordar, no tanto para mantener relaciones sociales.

Sé que estoy contando esto con mucho detalle. Pero la verdad es que hay mucho que contar con detalle. Es muy fácil suponer que los abusos terminan cuando el abusador ya no está presente, y cuesta mucho oír que para quienes los han sufrido, entonces la cosa no ha hecho más que empezar.

De adulto la cosa no mejoró. Esa sensación espantosa de estar en un atestado vagón de metro de camino al trabajo, mientras el sudor me chorreaba por la cara y me empapaba la camiseta, con las tripas retorcidas de dolor, sin saber si iba a llegar a tiempo al cuarto de baño. A veces sí, a veces no. Podría escribir una guía de los aseos más accesibles de Londres. Hasta el día en que me muera les estaré agradecido a los hoteles de lujo. He entrado arrastrando los pies en el Dorchester, el Lanesborough, el Ritz, intentando que pareciera que era huésped del hotel, y he llegado a sus baños en el preciso momento en que me estallaban las tripas, en la cálida seguridad del interior cerrado y revestido de mármol. Los hoteles de lujo son ideales para eso porque tienen muchas cabinas y puertas sólidas: coño, si en el Claridge's hasta hay un generador de ruido blanco en el exterior para preservar el decoro. Meterse en el único cubículo de un Starbucks para echar una aterrada cagada no hay ni que planteárselo, básicamente por el miedo de que se forme una cola en el exterior, de que se oigan los sonidos, de que te juzguen, por miedo al estrés, a la ansiedad y a que te falte tiempo.

Cuando lo veo sobre el papel me quedo a cuadros por haber sobrevivido al internado, aunque contase con la ayuda de la música, la fantasía y el tabaco. Era un niño ansioso que se pasaba el día cagando, que no dormía, al que le daban docenas de tics cada hora, sin habilidades sociales, que siempre tenía miedo, que se ofrecía sexualmente a desconocidos, que bebía y fumaba; y, sin embargo, de un modo u otro, ese niño logró convertirse en adulto. Es un puto milagro. No obstante, en vez de estar orgulloso, dispuesto a aprovechar todo el tiempo extra que se me ha concedido, me paso la mayor parte del tiempo cabreado y avergonzado de seguir aquí.

La vergüenza es el legado que dejan todos los abusos. Es lo que garantiza que no salgamos de la oscuridad, y también es lo más importante que hay que comprender si queréis saber por qué las víctimas del abuso están tan jodidas. El diccionario define la vergüenza del siguiente modo: «Una dolorosa sensación de humillación o congoja causada por la conciencia de haber actuado mal o con insensatez». Y esta definición me parte un poco el corazón. Todas las víctimas consideran en determinado momento que lo que les han hecho son actos malos o insensatos que *ellas* han cometido. A veces, si tienen muchísima suerte, pueden darse cuenta y aceptar a un nivel profundo que se equivocan, pero normalmente se trata de algo que en el fondo siempre creen, que *siempre creo*, que es cierto. La primera amiga de la familia a la que le conté lo de los abusos me conocía de toda la vida. Yo tenía treinta años cuando se lo dije, y, literalmente, lo primero que soltó fue: «Bueno, James, eras un niño preciosísimo». Más pruebas de que esto lo causé yo. Eran mis coqueteos, mi belleza, mi dependencia, mi libertinaje, mi maldad, lo que les obligaba a hacerme esas cosas.

La vergüenza es el motivo por el que no se lo contamos a nadie. Las amenazas funcionan cierto tiempo, pero no años. La vergüenza asegura el silencio, y el suicidio es el silencio definitivo. Da igual cuánto tiempo dediques a decirles a gritos a las víctimas, como en *El indomable Will Hunting*, que «no ha sido culpa tuya». También podrías decirles que el cielo es verde. La única forma de poder llegar a ellas es queriéndolas con la fuerza y la constancia suficientes, aunque sea desde lejos, para empezar a socavar los cimientos de sus creencias. Se trata de una labor para la que la mayoría de la gente no tiene, no puede tener, ni tendrá nunca la energía y la paciencia suficientes. Imaginad querer a alguien de forma tan incondicional. Ser tan bueno, amable y cariñoso de forma tan constante y que te devuelvan rabia, sospechas, paranoia, dudas, dependencia y destrucción casi todo el rato. Es como rescatar de la perrera a un perro apaleado que te lo agradece atacando a tus hijos y cagándose en el suelo un día sí y otro también. Se trata de una labor muy ingrata, y que en el noventa y nueve por ciento de los casos en que es posible, solo la logra alguien que ha recibido formación para ello durante años, que cobra más de doscientas libras por hora en Harley Street y que después vuelve a su casa, junto a su mujer y sus hijos, pensando: «Joder, menos mal que por hoy ya he dejado de trabajar en Eso».

Yo soy muchas cosas. Músico, hombre, padre, gilipollas, mentiroso y falso. Pero sí, lo que más me define es el sentimiento de vergüenza. Quizá sea todas esas cosas negativas como con-

secuencia de sentir esa vergüenza. Quizá si acepto, acojo y sua-
vizo esa sensación de culpa, de falta, de maldad, de abyección
que hay en mi interior, los defectos y las creencias que parecen
lograr que el mundo funcione en mi contra empiecen a desaparecer.

Tema 6

Scriabin, *Concierto para piano,* último movimiento

Vladimir Ashkenazy, piano

Scriabin fue un pianista y compositor ruso. Empezó creando música de tono lírico que recordaba a Chopin, y poco a poco, cuando pasó a explorar la sinestesia y la relación entre los colores y la música, se fue volviendo más osado, atonal y disonante. Incluso inventó un instrumento en el que cada nota correspondía a un color, llamado clavier à lumières, *con el que debía tocarse su obra* Prometeo: El poema del fuego.

Se lesionó la mano derecha por forzarla demasiado en los ensayos, lo cual le obligó en cierto modo a abandonar la carrera de pianista para dedicarse a la composición. A partir de entonces dedicó su vida al simbolismo y a las rarezas musicales, y se consideró un personaje místico y mesiánico. («Soy Dios», escribía en su diario, con una frecuencia un pelín excesiva.)

Rajmáninov y él fueron el Blur contra Oasis de la música rusa de finales del siglo XIX. Desgraciadamente, pese a que no hubo nadie más famoso en su época que él, pocas personas han sido olvidadas tan rápidamente tras su muerte.

En la actualidad todavía clama al cielo lo poco que se toca su Concierto para piano, *compuesto antes de que se internara en paisajes armónicos más alejados de lo convencional, a pesar de que está a la altura de muchos de los conciertos de Rajmáninov e incluso los supera.*

Acabé el colegio a los trece años y fui a otro internado. Uno megacaro y lleno de futuros líderes, capitostes de la industria, déspotas, adictos al *crack* que viven de los beneficios de un fideicomiso y *playboys*: Harrow.

Y ahora debo andar con cuidado, porque si le dices a alguien que tuviste la suerte de ir a un centro educativo ubicado en una finca de veinticuatro hectáreas con su propio campo de tiro, teatro y cuerpo de cadetes, y una proporción entre profesores y alumnos más o menos de doce a uno, y te quejas, creerán, quizá con razón, que deberías cerrar la puta boca en ese mismo momento. La escuela y las instalaciones eran excelentes. Ridículamente buenas. Ofensivamente elitistas y opulentas. Pero yo lo viví igual que siempre. Cinco años de la misma mierda: de esconderme en los lavabos, promiscuidad con miembros del mismo sexo, encerrarme en las salas de ensayo con un piano, con la tripa hecha polvo, ansioso y lleno de tics.

Lo sé. A mí también me aburre el tema. Tanto que voy a saltarme esos cinco años de los cojones y los voy a archivar bajo el siguiente encabezado: «Más de lo mismo». Me resulta insoportable seguir escribiendo con autocomplacencia sobre lo mal que lo pasé yendo a un colegio privado que costaba treinta mil libras al año y QUE TENÍA SUS PROPIAS PISTAS DE SQUASH, UN CINE Y UNA GRANJA en un barrio residencial lleno de vegetación. Pero hay dos cosas de esa época de las que sí tengo que hablar, e intentaré no extenderme mucho.

La primera: me enamoré por primera vez. Y cuando digo que «me enamoré», me refiero a que me vi inmerso en un torbellino de emociones que nunca había experimentado hasta entonces. Fue la mejor clase de amor, la única clase de «primer amor» que existe. Ese amor en el que te dedicas a grabar compilaciones de música en casetes, te obsesionas furiosamente, escribes poemas y te pajeas salvajemente todo el rato.

Aquí surge otro tema relacionado con los abusos: haber

sido violado de pequeño te jode el patrón con el que mides el sexo y las relaciones. En mi caso, me llevó a tener una primera cita con una chica y proponerle que folláramos en los baños del restaurante con el mismo tono y la misma importancia o sentimiento que si le estuviera sugiriendo que pidiéramos café después de cenar. Aquello no nacía de la lujuria, era únicamente lo que pensaba que se hacía, lo normal y natural. No funcionó (teníamos quince años), pero su gesto de espanto fue algo con lo que me acabé familiarizando muchísimo. Lo cual solo sirvió para incrementar la espiral de vergüenza y darle al sexo un cariz todavía más sucio, secreto y malo.

Pero este primer amor no fue una chica. Fue un chico que estaba un curso por debajo del mío y que tocaba el violonchelo, que era guapo e inocente y algo parecido a una versión de mí mismo antes de que todo se estropeara. Sí, soy así de narcisista. Y fue maravilloso no porque fuese real (evidentemente, no lo fue), sino porque me brindó una gloriosa distracción de mi realidad cotidiana. Me liberó de mis dramas y me facilitó algo donde centrar las carencias y el vacío acumulado que tan desesperado estaba por llenar.

Me pasaba el día yendo a toda prisa a los sitios en los que pensaba que él iba a estar, y, cuando al fin lo encontraba, fingía haber llegado por casualidad, me escabullía con él a fumar y hacía grandes esfuerzos por memorizar hasta el último milímetro de su cara, manos y brazos, para después reproducirlos mentalmente. Cuando otros chicos más mayores y algunos hombres asquerosos me follaban de noche, era su cara la que veía. Aquello fue una gran obsesión, que me duró durante toda la época que estuve en ese centro y que me dio un motivo para existir. Que es precisamente lo que un primer amor debería hacer.

No soy gay. Desde que acabé el colegio no he vuelto a mantener relaciones sexuales con un hombre. Pero el amor de juventud es verdaderamente ciego (y no solo porque haya masturbaciones a mansalva). En él no hay límites ni una adaptación a lo que es correcto. Te golpea en la cara y te deja tirado en el suelo, y le encanta que te resulte completamente imposible volver a ponerte en pie.

No llegó a pasar nada entre nosotros y ni siquiera creo que se diera cuenta de lo que yo sentía (otra razón por la que duró tanto, creo), pero aquello fue un auténtico oasis de positividad en la puta mierda que fueron mis años de adolescencia, un bote salvavidas de compuestos químicos cerebrales y fantasía. Construir en mi imaginación un posible mundo para nosotros me bastó para no hundirme.

Además del piano, evidentemente. Para entonces ya tenía a mi primer profesor de verdad, que era increíble, aunque partiera con la desventaja de tenerme a mí como alumno. Se llama Colin Stone y era, y sigue siendo, un tío que mola mucho. Me dejaba fumar en su jardín, se mostraba comprensivo ante el ridículo entusiasmo que me inspiraba todo lo relacionado con el piano, me escuchaba perorar hasta quedarme agotado, me dejaba intentar tocar piezas cuya ejecución resultaba descabellada para mí.

El problema era que había empezado a correr maratones antes de saber siquiera gatear. Pretender tocar piezas que quedaban muy por encima de mi técnica resultaba ridículo, pero de algún modo conseguía terminarlas, únicamente llevado por una ola de entusiasmo irrefrenable. Las instalaciones no tenían parangón. Docenas de salas de ensayo, mucho tiempo libre para encerrarme y tocar. Incluso me dejaban ir solo al centro de Londres para asistir a conciertos. Creo que era la primera vez que un alumno les pedía permiso para algo semejante y esas ocasiones, cuando me desplazaba en metro a las salas Royal Festival Hall y Wigmore Hall para escuchar cómo aporreaban el teclado los grandes pianistas, se convirtieron en un infrecuente momento de placer y libertad.

Las obsesiones dominaban mi vida: El chico, Bach, el tabaco. Todas las noches escuchaba grabaciones de piano de mis héroes y me quedaba en vela, con los ojos como platos y asombrado de lo que hacían. Enchufaba los auriculares y escuchaba a Rajmáninov mientras la música y la fantasía volvían a llevarme en volandas, al tiempo que imaginaba que era yo quien tocaba. Encontré grabaciones de Grigory Sokolov, el mejor pianista vivo, que me enseñaron más de la música, la vida, el compromiso y la pasión de lo que cualquier otra cosa ha sido capaz, antes o después; me fijaba, con la boca abierta y casi en un estado de coma, en lo que ese hombre lograba hacer con un piano.

Me di cuenta de que literalmente lo único que quería en la vida era viajar por el mundo, solo, tocando el piano en salas de concierto. Lo único. No me habría importado nada morir a los veinticinco a cambio de poder hacerlo durante unos años. Todo lo demás era una distracción. Sabía que yo estaba irreparablemente destrozado, que tener una carrera profesional o una familia de verdad quedaba fuera de mi alcance, pero me daba la sensación, aunque lo percibiera a través del espejo deformante de la no aceptación de la realidad y del bobo entusiasmo, de que aquello podía lograrlo. Todo el mundo espera que los músicos sean un puto desastre de todas las maneras posibles, especialmente los de clásica, que ni siquiera tienen el lujo de poder ponerse pantalones rotos, tirarse a las *groupies* y esnifar cocaína: tienen que manifestar sus problemas con jerséis absurdos, habilidades sociales inexistentes y gestos de demente, y yo sabía que encajaba en ese perfil. Lo único que me hacía falta eran un piano y mis manos, nada más. Saber socializar era algo muy secundario: la carrera perfecta para mí.

Lo más triste es que de algún modo sabía que, pese a todo, no era lo bastante bueno. Lo sabía. Con la edad que tenía, cualquiera que se estuviera planteando dedicarse a ser concertista de piano ya estaba tocando piezas a las que yo no llegaría ni en un millón de años. Y las interpretaban de manera impecable. Aunque mi adorable profesor hizo todo lo que pudo (entre otras cosas, organizarme una prueba con el director del departamento de piano de la Guildhall School, quien a continuación me ofreció una beca), aquello iba a ser imposible. No solo me faltaba la técnica, sino que además mis padres se negaron en redondo. No pensaban apoyarme si seguía ese camino, e insistieron en que fuera a una universidad de verdad. Y, siendo el gilipollas imbécil y débil que era o soy, no los mandé a tomar por culo ni acudí a un conservatorio pese a su oposición. Me aguanté y dije que vale.

Qué espantoso es tener una pasión que dicta cada segundo de tu vida y carecer de la valentía moral para desarrollarla.

La segunda cosa que quería comentar es que descubrí el alcohol. Ya me había emborrachado antes (el profesor de gimnasia y otros habían recurrido a él a veces para ablandarme), pero nunca lo había elegido, no lo había comprado, no lo había consumido por voluntad propia. Tras descubrirlo, con trece años, se convirtió en lo único que podía compararse con escuchar aquella pieza de Bach. Beberme media botella de vodka, caerme por las escaleras, vomitar por todas partes, acabar en el hospital, que estuvieran a punto de echarme del colegio, la vergüenza y el espanto de mis padres, la entrevista con la policía (el vodka era robado)..., nada de eso afectó a mi fascinación lo más mínimo. Había encontrado otro buen amigo para los momentos en los que el piano no estaba disponible. Y recurría a él siempre que podía porque era como un elixir mágico que lograba que todo el ruido desapareciera, me hacía sentir que medía un metro ochenta y que era indestructible, era lo único que conseguía tranquilizar mi cabeza un poco, y me aseguraba un viaje gracias al cual salía de mi cuerpo y de mi mundo interior al cabo de quince minutos.

Vodka, ginebra y, de tanto en tanto, whisky escocés. Odiaba

la cerveza. No había nada más reconfortante que encontrar un sitio sosegado, escondido, en medio de la locura de ese colegio en el que todos los demás estaban haciendo los putos deberes o pasando el rato con amigos, un lugar en el que podías sentarte en el aire frío de la noche, con una botella y un paquete de tabaco, mientras notabas cómo la humedad del suelo te calaba los pantalones y veías tu aliento escaparse en nubes de formas flipantes. Siempre que lo lograba (con suerte una vez por semana, más a menudo conforme fue pasando el tiempo y fui haciéndome mayor, porque me vigilaban menos), me daba la sensación de que me había ido tres semanas de vacaciones a un sitio cálido. Era la escapatoria perfecta y, lo que quizá sea más importante, me ayudaba a dormir. Volvía a mi habitación mientras todo me daba vueltas de la mejor forma posible, me desplomaba en la cama y volvía a salir volando. Igual que cuando era pequeño. Aquello implicaba que me convertía en un polvo fácil para cualquiera que quisiera utilizarme (aunque la verdad es que ya era un polvo fácil en general), pero beber me dejaba perfectamente anestesiado. Y eso siempre, siempre me inspirará gratitud.

Aparte del alcohol, también entré en contacto con las drogas en torno a los catorce años. Las lesiones que me había causado la polla del profesor de gimnasia me habían destrozado la parte inferior de la espalda. Es imposible que algo tan grande entre a la fuerza en algo tan pequeño repetidas veces a lo largo del tiempo sin causar unas lesiones catastróficas. Un día, mientras pasaba las vacaciones en casa, me desperté vomitando de dolor y me llevaron al hospital. Me dieron morfina y meperidina (el paraíso) y me sometieron a la primera de tres operaciones de espalda para subsanar los daños físicos. En este primer caso fue una laminectomía, así como en el segundo. La tercera fue una fusión con unas barras de titanio que me pusieron en la columna vertebral para que pudiera ir erguido.

Cuando llegué al hospital y me preguntaron qué había pasado, les dije que llevaba unas semanas notando dolor en la espalda y que había ido empeorando. Que no, que no me lo había provocado una caída ni otro tipo de traumatismo, pero que tenía una tos fuerte desde hacía poco (causada por el tabaco, aunque eso no lo conté) y que esa mañana había estado tosiendo mucho y había notado que algo se partía. No tengo ni idea de qué les dijo mi madre, pero imagino que algo parecido. Ni uno solo de los médicos me examinó el culo en ningún momento ni se planteó que la causa fuera el abuso sexual; les desconcertaba que aquello le hubiera pasado a alguien tan joven, pero lo atribuyeron a una espalda débil o a algún episodio poco habitual. Si soy sincero, ni se me pasó por la cabeza que aquello se debiera a las violaciones. No fue hasta que pasaron años y acudí a la consulta de un proctólogo (había estado sintiendo dolores intensos en la ingle y el culo) cuando éste me dijo que tanto los problemas de la ingle como los que había tenido en la espalda eran el resultado directo del agresivo trauma sexual sufrido de niño.

Yo solo sabía que me dolía más que cualquier otra cosa que hubiera experimentado hasta el momento, y que quería que aquello terminase. Mientras la anestesista me pedía que contara de diez a cero, no pude evitar darle las gracias abiertamente por lo que estaba a punto de suceder. Al despertarme, tenía esperando al lado a un psicólogo que no entendía por qué se me había puesto dura como una piedra cuando me habían anestesiado y dejado inconsciente. Menudo gilipollas.

Así que fueron el tabaco, el alcohol, el piano y el chico los que me dieron energía para sobrellevar la época escolar del mismo modo que la cafeína, algún colega del trabajo que está como un tren, el porno y el resentimiento ayudan a casi todos los adultos a soportar unos trabajos de mierda y unas familias decepcionantes. Hicieron que los cinco años que pasé allí transcurrieran en medio de un estallido de hormonas, episodios de conciencia alterada y estados de fuga. Y lo logré. Al terminar saqué buenas notas en los exámenes finales de bachillerato (no puedes funcionar con unos niveles constantes y tan altos de percepción sensorial, amenaza y presión sin tener una inteligencia superior a la media y la capacidad de concentrarte con vigor y constancia), y la Universidad de Edimburgo aceptó mi solicitud de ingreso. El resto del mundo, o casi, seguía creyendo que yo era una persona relativamente normal, aunque un poco rara y chalada.

Terminé el colegio con dieciocho años y la sensación de tener sesenta y ocho, y me percaté de que ya era adulto, de que podía dedicarme el resto de mi vida a destruirme tranquilamente. La gente ya no me vigilaba, podía estar solo todo el tiempo que quisiera. Y al monstruo de mi interior se le había metido entre ceja y ceja llevar a cabo ese propósito. Mi colección de personalidades estaba deseando ponerse en marcha, desesperada por hacer todo lo que fuera necesario para joderme la vida del mayor número de formas posible. Y lo hice. Vaya si lo hice.

La cosa empezó en Edimburgo. Yo la veía como una ciudad fría, triste y ventosa, la réplica exacta de mi paisaje interior. Me coloqué el primer día que llegué y no paré hasta un año después, cuando me internaron en el primero de varios pabellones psiquiátricos cerrados, puesto hasta arriba de antipsicóticos.

Y, joder, qué bien estuvo lo de lanzarse sin freno al consumo de drogas. Me refiero a que fue algo inconcebiblemente estupendo de la forma más sádica y autodestructiva que cabe imaginarse. Me utilicé como si fuera mi muñeco de vudú particular. Deambulaba por las partes más chungas de Edimburgo y Glasgow a las dos de la madrugada para pillar, mientras mi paranoia iba aumentando de modo dramático: oía voces, sabía que la policía había puesto micrófonos en mi cuarto y en el coche, pasaba días sin comer, me cogía tales colocones de *speed* barato que literalmente no podía moverme durante dieciocho horas seguidas. Se siente una clase especial de impotencia al estar desaparecido durante días, sin que nadie se dé cuenta, encerrado en una habitación mugrienta mientras el corazón te late tan deprisa que sabes que lo tienes a punto de estallar, con ganas desesperadas de llamar a una ambulancia pero sin poder acercarte a un teléfono para hacerlo, resignado a morir solo, al tiempo que la cabeza te da vueltas de forma enloquecida y ves alucinaciones que no te convienen, te meas en la cama, hablas solo, te gritas. Te cuestionas tu cordura y ésta te responde muy clarito.

Enseguida dejé de ir a clase, tomaba tanto ácido que no podía distinguir la realidad de la fantasía, fumaba heroína (lo mejor y lo más idiota que he hecho en mi vida, todo a la vez), fumaba marihuana compulsivamente, compraba grandes cantidades de cocaína y *speed* (en teoría para traficar, en la práctica para esnifarlos con ansia), robaba en las tiendas, me aislaba y no tenía ni un solo amigo. Ni uno. Hubo una chica, guapa y buena. Pero al cabo de una semana de estar conmigo me aseguró con valentía que lo que necesitaba era una enfermera, no una novia, y que si no paraba de colocarme jamás me volvería a hablar. Y mantuvo su palabra, menos mal.

Casi todo lo que pasó en ese año se me ha borrado de la memoria. Tengo algunos destellos: recuerdo a la policía siguiéndome, una ocasión en que fui en coche a un sitio a las tres de la madrugada y después no supe cómo había vuelto, otra vez en que salí de Londres, puesto hasta las trancas, en medio de la noche, y que conseguí llegar en coche a Edimburgo en poco más de cinco horas (normalmente se tarda unas siete); también recuerdo haber intentado, siempre sin conseguirlo, tirarme a varias chicas, haber conducido en dirección contraria por calles de un solo sentido porque «así se va más rápido», haber consultado a un médico que me dijo que tenía la capacidad pulmonar de una persona de sesenta años (ésa es la consecuencia de fumar drogas duras que te cristalizan en los pulmones), haber deambulado por la ciudad en mitad de la noche con alucinaciones y hablando con desconocidos.

Los efectos secundarios eran desagradables. Destructivos y, por eso, gratificantes, pero desagradables. Cuando volví a casa al terminar el primer año y mi madre vio que me había deteriorado física y mentalmente hasta tal punto que ya no podía justificárselo a sus amigas diciendo que lo mío eran «travesuras de adolescente», me mandaron a un psiquiatra. Fui sin oponer resistencia. Ya me había quedado sin fuerzas para luchar y a esas alturas me era más fácil hacer lo que me mandaban. El hombre estuvo hablando conmigo unos veinte minutos, hizo una llamada y enseguida me trasladaron a un hospital con cerraduras en puertas y ventanas, enfermeros callados y bruscos, y espléndidos medicamentos.

Así empezó mi primera experiencia en un hospital psiquiátrico.

Ojalá los pabellones psiquiátricos tuvieran tarjetas de fidelización en las que te pusieran un sello por cada día pasado en ellos, como hacen las cafeterías por cada café con leche consumido, y cuando llevaras diez te dieran un día libre. Era un sitio extraño, lleno de esposas de millonarios anoréxicas y ridículamente jóvenes, antipáticos hijos adolescentes de estrellas de rock y celebridades de vuelta de todo que trataban de no caer en el seductor hechizo de «solo una rayita más». Me prescribieron una combinación de antipsicóticos, y al cabo de unos días inicié el espantoso proceso de la terapia de grupo, de las sesiones psicológicas individuales y de todos los tratamientos de inspiración estadounidense que estuvieran de moda en ese momento.

Al cabo de una semana más o menos decidí seguirles el juego, con la esperanza de salir sin que me hubieran convertido en un zombi incapaz de enfrentarse al mundo exterior. Lloré y hablé de mi niño interior, participé en las reuniones de grupo que se celebraban dos veces al día, expresé mis sentimientos de inadaptado y mi falso deseo sincero de cambiar y de dejar de drogarme.

Funcionó, evidentemente. Estaba haciendo unos «avances inmensos»; me dejaron salir y volver a una vida normal a las cinco semanas, con mi cuadernito de reuniones de Narcóticos Anónimos | Alcohólicos Anónimos bajo el brazo.

En Edimburgo me habían dejado clarísimo que no querían que regresara; por lo visto, presentarme a los exámenes visiblemente colocado e insultar a los profesores era ir demasiado lejos, así que hice las maletas y me fui a París. Un año con chicas francesas, aprendiendo un nuevo idioma y dedicándome a esa palabra tan buena y tan, pero tan de clase media como es «descansar», me parecía una idea excelente.

Resumamos: el pobre Jimmy acaba los estudios en un colegio privado de treinta mil libras al año y entra en la universidad, donde no lo pasa bien. Acaba en un hospital psiquiátrico que le paga el seguro médico, sale y se va a París a recuperarse pasando un año en una de las ciudades más bonitas del mundo y aprendiendo francés.

Seguro que ya os habéis echado a llorar de la pena que os da el chico.

Conseguí un empleo en un Burger King, en el que pasaba *les* Whoppers por la parrilla; alquilé un piso tan pequeño que los fogones estaban en el baño y, cuando la cama se desplegaba, podía recorrer toda la sala de una pared a otra sin bajarme de ella. Decidí dejar de beber y de drogarme.

Debo decir que aquél fue, quizá de forma previsible, uno de los mejores años de mi vida. Hubo una sucesión de chicas (la mejor forma de aprender francés), cientos de reuniones de los Narcóticos Anónimos de Francia (la segunda mejor manera de aprender el idioma), partidas de ajedrez de madrugada, noches que pasé bailando en locales ruidosos y llenos de sudor, nuevos amigos y una lenta sucesión de días sin alcohol ni drogas de ningún tipo. ¿Acaso alguien puede ser desgraciado en París? Todavía no he visto a una parisina gorda, la arquitectura de la ciudad es de una belleza tan abrumadora que solo puede ser producto de la rendición a las fuerzas enemigas en la primera época de la guerra, hay arte, café, crepes, atractivos acentos, un desprecio natural por el trabajo, y además se fuma por todas partes.

Hubo algunos momentos complicados en que me costó no consumir nada: un par de copas furtivas que tomé pensando que igual podía beber con moderación, aunque enseguida me di cuenta de que cogerme un pedo a las tres de la mañana y dar vueltas por las peores zonas de París para pillar heroína no era algo precisamente sano. Y más o menos a mediados de mi estancia en la ciudad, el 29 de marzo de 1995, no sé cómo, milagrosamente, tiré sin bebérmela mi última copa y, gracias al dulce milagro que son los grupos de doce pasos, logré seguir sin consumir nada.

En general, las cosas mejoraron sustancialmente.

Dejé de oír voces (las alucinaciones auditivas son un efecto secundario muy común cuando se toman drogas psicotrópicas o se ha sufrido un trauma), la sensación de locura disminuyó y pude atisbar una vida que parecía divertida, frívola, incluso manejable. Me compré un pequeño teclado electrónico (la idea de que un piano de verdad cupiese en ese piso era absurda) y me las apañé como pude con él, pero empezaba a darme cuenta de que el sueño de dedicarme de manera profesional a tocar el piano era demasiado inverosímil. Era lo mismo que querer convertirse en astronauta. Así que dejé de tocar del todo.

Me distraje con todo lo que pude que no fuese químico; decidí recuperar todos los años perdidos de aislamiento y terror e intenté con gran determinación exprimir toda mi recobrada vida adolescente en un solo año. Luego presenté una solicitud de ingreso en varias universidades de Londres con la idea de licenciarme en psicología.

Cerrad el pico, que es verdad.

Lo estupendo fue que escribí a siete universidades, les dije que acababa de salir de un pabellón psiquiátrico en el que me habían curado una psicosis causada por el consumo de drogas, que tenía muchísimas ganas de estudiar psicología en su espléndido centro, etcétera, etcétera, que sabía que llegaba tarde al plazo de solicitudes y que en Edimburgo no les iban a dar referencias, pero que, por favor, ¿podían aceptarme?, porque ya me encontraba superbién. Cinco de ellas accedieron sin llevar a cabo más investigaciones, sin proponer entrevistas. Mi don para manipular contando chorradas seguía funcionando de maravilla.

Tras pasar un año folleteando y haciendo el tonto volví a Londres con un gran dominio del francés, y crucé tranquilamente las puertas del University College de esa ciudad. Seguía estando completamente limpio. Seguía estando chalado (en remisión, quizá, pero chalado). Seguía huyendo de una infancia que para entonces ya había medio enterrado en un sitio muy profundo.

Aquí va otro comentario al margen para todos los que han vivido un trauma similar en la infancia: de algo así no puedes escapar.

No puedes esconderte de ello.

No puedes negarlo.

No puedes taparlo y esperar que no acabe reapareciendo.

Si hubiera sabido lo que me iba a acabar pasando, habría ingresado de buen grado en cualquier pabellón psiquiátrico del mundo durante un año para resolver el tema, con independen-

cia del coste en términos económicos, de tiempo y de oportu-
nidades perdidas. El dolor que me habría ahorrado si me hubiera tomado unos meses para solucionar mis problemas (una
especie de año sabático para gente chiflada) habría sido inmenso. Pero fui un inconsciente tonto, feliz, idiota. Supuse que si
lograba no pensar en las cosas, tapar todo lo malo, distraerme
y negarlo, sería inmune al pasado, que con el paso del tiempo
éste acabaría, como un cadáver enterrado en el jardín, descom-
poniéndose y desapareciendo, aunque dejara un pelín de olor
durante un tiempo. Por tanto, me centré en ser buen estudiante, hice todo lo posible por no examinar mi interior y proseguí
con mi vida cotidiana.

Tuve tres años sosos aunque medio productivos. Cambié el
piano, el alcohol y las drogas por novias y prostitutas, terminé
los trabajos de la universidad, me refugié en brazos de otra rubia, morena, lo que fuese, y llegué a fin de curso. Adopté el rol
de un cabroncete grandilocuente y algo excéntrico para que la
gente no se me acercara mucho, y no me interesé en absoluto ni
en tener vida social ni en desarrollarme como persona.

No obstante, conseguí iniciar y mantener una relación con
Matthew, el hombre que se convirtió en mi mejor amigo. Enseguida supe que no me iba a plantear ningún peligro. Era alto,
ridículamente guapo, brillante y bueno. Y esos atributos no han
hecho más que aumentar con el tiempo. El tío es psicólogo,
tiene dos doctorados y lleva a cabo una labor crucial que cambia vidas. Y le da igual que se me olviden las cosas (cumpleaños, planes, formalidades sociales como preguntarle si hay no-
vedades en su vida, etcétera), que a veces parezca una persona
maleducada e insensible, que reclame apoyo emocional y me
ponga raro y que de repente deje de hablarle sin motivo.

Fue mi primer amigo.

Sigue siendo mi mejor amigo y vale más que mil relaciones
superficiales que podría haber forjado en la universidad.

Terminé los estudios con una media de notable, que no estaba del todo mal, no fui a la ceremonia de graduación, y después, como me había llegado el momento de ganar dinero, abrí el *Evening Standard*, me presenté al primer trabajo de vendedor que vi (en prensa financiera), y, tras una breve entrevista de diez minutos, me dieron el puesto.

Tema 7

Ravel, *Trío para piano*

VLADIMIR ASHKENAZY, ITZHAK PERLMAN, LYNN HARRELL

Ravel fue un francés asexuado, obsesionado con su madre, que compuso menos de noventa piezas en el transcurso de su vida. Hijo de un inventor suizo y una madre vasca, fue un dandi y fumador compulsivo a quien su música le hacía sudar sangre y que tenía que arrancarse cada nota con dolor, lenta y metódicamente. Debussy y él fueron los mayores exponentes de la música impresionista francesa, y, a pesar de haber acabado algo jodido por el trauma de participar como camionero en la Primera Guerra Mundial y de haber sufrido daños cerebrales a raíz de un choque con un taxi parisino, sigue siendo el genio más destacado de la música francesa.

Haber alternado con Gershwin en clubes de jazz de Harlem confirió cierto ritmo característico a su música.

Su trío para piano es una fuerza de la naturaleza: visceral, energético y de algún modo mucho más grande que los tres instrumentos para los que se compuso. Fue la última pieza que escribió antes de su alistamiento militar. De cuatro movimientos, exige a los intérpretes un nivel de virtuosismo casi sobrehumano, y presenta un caleidoscopio vertiginoso e incesante de colores y sueños. Ravel declaró que su única relación amorosa había sido con la música, y, por tanto, toda esa energía sexual reprimida acabó colándose en sus composiciones.

Si esto fuera una película, más o menos en este punto conge-
laría la imagen. Para mí supuso un gran punto de inflexión,
aunque no tuviera ni idea de lo que estaba pasando de veras en
mi vida. Aparentemente todo iba bien. En la vida hay que acabar los estudios, ir a la universidad, conseguir empleo, empezar
a desarrollarse profesionalmente, enamorarse, casarse, fundar
una familia. Eso era lo que me estaba pasando sin que yo fuera
consciente ni pudiera detenerlo. Caí en el error de creer que a
una persona como yo, con mi pasado y mi cabeza, aquello le
podía salir bien. Venirme abajo, regodearme en el victimismo,
joder las cosas..., eso sí era propio de mí, desde luego. ¿Ser un
miembro de la sociedad productivo, normalizado, recto? No
tanto. En esta película, haría lo mismo que pasa en *Dos vidas
en un instante*: elegiría un camino totalmente opuesto al maldi-
to y estúpido que escogí. Y enseguida me daría cuenta de que
hacer prácticamente cualquier cosa que no fuera fingir ser normal me iba a presentar menos problemas.

Pero no lo hice. La culpa fue solo mía. Incluso aunque hubiera tenido delante a un tío del futuro que me pidiese a gritos que actuase de forma distinta, que se me hubiera puesto
en plan fantasma de las Navidades futuras, no le habría creído.
Porque mucho tiempo antes, de forma consciente o no, había
empezado a huir de mí mismo y de mi realidad, y a esas alturas ya no podía cambiar el rumbo por mucho que quisiera. Es
espantoso e irónico saber que he pasado casi toda la vida huyendo de las cosas que me acabaron salvando (la sinceridad, la
verdad, la realidad, el amor, la aceptación de quien soy) porque
creía que me matarían.

Así pues, ahí me teníais, avanzando a toda prisa y utilizando
el terror como combustible. Seguía sin piano, sin examinar mi
interior, sin pasado, sin tener ni idea de quién o qué era. Funcionaba con el piloto automático. Y, joder, me sigue sorprendiendo
lo fácil que fue resultar convincente.

Mi trabajo consistía en vender anuncios y textos a negocios de todo el mundo para unas publicaciones económicas que nadie leía. Como para ello era necesario manipular, mentir y adular a hombres de cierta edad, se me daba absolutamente de coña. Por cada venta me llevaba una comisión, al margen de un escueto salario base, y, mientras que mis amigos habían empezado ganando veinte mil libras al año, yo me sacaba entre tres y cuatro mil libras por semana sin sudar demasiado, trabajando hasta las cinco todos los días, y jamás los fines de semana. Debo reconocer que mi extraña neurosis relativa al tiempo me llevaba a aparecer en la oficina a las siete y media de la mañana; mi desesperada necesidad de triunfar y de parecer el número uno contribuyeron a motivarme, y el dinero hizo que me entraran ansias de tener más.

Si se busca una carrera profesional que resulte ideal para llegar a despreciarse hasta cotas inimaginables y que a la vez sirva para reforzar egos frágiles, un trabajo en la City resulta más adecuado que la mayoría de los empleos. Más aún teniendo en cuenta que no me drogaba ni bebía: todo ese dinero para un tío solo de veintidós años garantizaba que me podría permitir varios años de distracciones y evasión. Llevaba a las chicas a los hoteles más caros, les compraba regalos de lo más tontos, viajaba por todo el mundo, me hacía trajes a medida, iba a restaurantes en los que únicamente el primer plato costaba más que una comida para cuatro en el Pizza Express. Era un gran e irremediable gilipollas. Una parodia de todos los aspectos negativos del triunfo profesional a cualquier precio y de la raza humana.

Otra cosa fantástica de los abusos: el cuerpo nunca olvida. De modo que podía correr todo lo que quisiera, distraerme todo lo posible, pero todos los putos días prácticamente me cagaba de ansiedad en el metro, tenía el cuerpo destrozado, mis músculos parecían tensas cuerdas viejas que chirriaban, me daba la impresión de que la cabeza estaba a punto de estallarme durante dieciséis horas al día. Y volvía a tener la espalda hecha polvo.

Me sometí a la segunda operación, disfruté de la dudosa emoción de probar los narcóticos de clase A después de varios años sin meterme nada, y enseguida retomé mi vida de negación.

Entonces conocí a la mujer con la que acabaría casándome. La pobre no tuvo ninguna opción. Yo no tenía novias, tomaba rehenes. Y Jane (a petición suya, he accedido a emplear un seudónimo) era la candidata perfecta. Era guapa, diez años mayor que yo, ya se había casado dos veces y daba la impresión de haber escapado de los años veinte, de la década del propio Gatsby, de la época de la ley seca y las grandes fiestas. Si soy sincero, yo andaba buscando una madre; ella..., bueno, no tengo la menor idea de qué quería, pero no creo que me buscara a mí, a menos que aquello fuera una broma cósmica de muy mal gusto.

Me parece que solo quería un marido que no fuera gilipollas. Y yo, de forma cruel aunque inconsciente, cumplí ese papel. La abrumaba con joyas de Tiffany, me la llevaba a pasar el fin de semana al hotel George V de París, le mandaba flores tres veces por semana, me empeñé en que dejase su mierda de estudio situado en Streatham y que se viniese a mi piso al cabo de dos meses escasos, le pagué todo e hice lo posible por desempeñar la figura de «pretendiente chachi». Y lo hice pese a saber que no debía. Pese a estar al corriente de que seguramente sería un tremendo error. Pese a saber que yo no era ése, que era incapaz de mantener una relación. Quería salvarla, sentirme bien conmigo mismo por eso y llevar esa puta vida de cuento de hadas de Disney. Y fue un desastre. Me di cuenta de que la cosa iba a desmoronarse, de que era insostenible. Así que le pedí que se casara conmigo. Porque eso era lo que se hacía después de estar once meses con una persona, era como reaccionaba la gente normal, lo que equilibraría mi locura interior, lo que añadiría una capa de convencionalidad a mi vida.

Nos prometimos. El cuerpo no dejaba de lanzarme señales de que desistiese. Me sometí a otra operación de espalda: la tremenda, grave, jodidísima fusión espinal.

Nos casamos. Me eché a llorar en mi discurso nupcial porque no encontraba la forma de detener aquello que avanzaba de forma inexorable. Habían pasado dos días desde el 11-S. Nuestra luna de miel fue excesivamente cara y vacía. Una avispa me picó en el culo. Me desperté en una *suite* nupcial de un exótico hotel del sur de Francia, me percaté de que ya estaba casado, y, en algún lugar lejano, algo espantoso empezó a soltar carcajadas, y más carcajadas, y más carcajadas.

La verdad es que no tengo ni idea de en qué estaba pensando, al margen de la esperanza más bien triste de que, si seguía haciendo lo mismo que la gente normal, entonces yo también me volvería normal de un modo u otro. Pero creer que un hombre como yo no solo podía casarse, sino también mantener y alimentar el compromiso de un matrimonio era una puta ridiculez. Me equivocaba en todo lo que pensaba sobre el amor. Creía que el amor era llamar la atención, obtener comprensión, apuntarte un tanto, todo ello basado en opiniones externas y en cosas también externas y materiales. Nada relacionado con compartir valores y creencias. Era algo ingenuo, disfuncional, escasamente sano y egoísta; el amor que siente un niño por un padre, no un hombre por su mujer. Y me cuesta escribir todo esto sin que me entren ganas de darme puñetazos en la cara una y otra vez hasta quedarme sin ella. Pero es lo que hay.

Creamos un «hogar perfecto» con muebles absurdamente caros, que ofrecía un aspecto precioso y daba la sensación de estar envasado al vacío. Gasté mucho dinero e hice todo lo posible por distraernos del fallo inherente a nuestro matrimonio, que consistía en una incapacidad total y absoluta por mi parte (no puedo y me niego a hablar por ella) de mantener una relación funcional. Ella era, y sigue siendo, una mujer verdaderamente adorable. Es buena y compasiva, empática y graciosa, y tiene una mente brillante.

Y entonces se quedó embarazada. Aquello supuso un desplome largo, torpe y doloroso. Parecía que había ocurrido un cataclismo, aunque nada tangible había cambiado; empecé a sumirme en una desesperación y un pánico cada vez más profundos, motivados por lo que estaba a punto de pasar. Mi mundo se dirigía hacia una colisión imparable movido por fuerzas invisibles y de una fuerza abrumadora, mientras yo vivía con gran nerviosismo fingiendo ser una persona pese a saber que era otra muy distinta. Seguramente este sea un buen momento para hacer otra pausa.

Tema 8

Shostakóvich, *Concierto para piano n.º 2,* segundo movimiento

ELISABETH LEONSKAJA, PIANO

En 1957 Dmitri Shostakóvich, el coloso de la música rusa, compuso su segundo concierto de piano para el cumpleaños de su hijo. Quizá debido a la persona para la que se había creado, la pieza supuso cierta ruptura respecto a su estilo habitual, sardónico, rabioso y opresivo (escuchad su quinta y mejor sinfonía para obtener un ejemplo definitivo de lo que digo).

A diferencia de casi todos sus contemporáneos, Shostakóvich siguió en Rusia toda la vida, a pesar del gran revuelo y la locura estalinista que llevaron a Prokófiev, Rajmáninov y otros a marcharse. Él no se movió y luchó a través de la música; de vez en cuando creó parodias musicales de un Estado jodido a través de sus composiciones.

Fue un hombre muy motivado, político, valiente y revolucionario, que dijo una frase preciosa: «Un artista creativo se pone a trabajar en su siguiente composición porque no ha quedado satisfecho con la anterior».

Este movimiento lento, que recuerda al Concierto «Emperador» *de Beethoven, constituye una de sus piezas más románticas y bellas, más todavía si tenemos en cuenta los horrores que sucedían a su alrededor mientras la componía.*

Anunciar un embarazo es una causa de celebración casi universal. La paternidad se ha convertido en una especie de inofensivo panegírico a lo milagroso. A ella se asocian imágenes estereotipadas de padres risueños en cuyos hombros se sientan unos bebés que lanzan gorjeos, y que pasean con sus mujeres del brazo por un parque. Obviamos la falta de sueño, la espantosa responsabilidad de crear una vida, el gasto, el desorden, la tensión emocional de tener un hijo. Se escriben libros con títulos como: *Me quedo dormido en los semáforos: La historia del hombre que tuvo trillizos*. Existe un sinfín de guías sobre la «paternidad efectiva», aunque no sé qué coño quiere decir eso. La realidad, al menos para mí, fue algo mucho más siniestro.

Mi hijo fue y es un milagro. No voy a experimentar nada en la vida que pueda equipararse a la incandescente bomba atómica de amor que estalló en mi interior cuando nació. No había entendido la palabra «perfección» hasta que lo tuve en brazos. Ni tampoco comprendía del todo la idea de Dios. Si hay padres que están leyendo esto y que afirman no creer en Dios, mienten. Porque os prometo que cuando estás esperando en el hospital, mientras tu mujer está de parto y los médicos y enfermeras van de un lado a otro, al tiempo que el olor del amoníaco se te mete en la nariz, solo te viene una idea a la cabeza: «Por favor, Dios, que nazca sano. Me da igual que no sea especialmente listo, deportista, guapo ni talentoso. Dale diez dedos en las manos y en los pies, nada más».

Pero para mí todo eso tuvo un lado negativo. Debía tenerlo. Algo tan potente debe tener un opuesto igual de intenso para que le haga de contrapeso. En mi caso fue el terror. Un terror puro, absoluto, visceral. Me habían entregado lo más valioso del mundo y, en el fondo, sabía que era esencialmente incapaz de estar a la altura de esa responsabilidad.

Puedes dar por finalizado un matrimonio, dejar un trabajo, vender una casa, alejarte de forma justificada de tus amigos, de tu familia, de tus exparejas, encontrar un nuevo hogar para tu mascota. Pero ¿un niño? ¿Una extensión biológica de tu misma alma? De eso no se puede escapar, lisa y llanamente.

Jack (otro seudónimo, también a petición de Jane) era un niño absolutamente extraordinario. Todos los padres dicen eso de sus hijos. Para vosotros seguramente solo habría sido otra monada más de las que se cagan, lloran y gimen. Pero para mí fue, es y siempre será la prueba incontestable de todo lo que hay de mágico en el mundo. A pesar de los sentimientos que me inspiraba nuestro matrimonio, él fue concebido desde el amor y el deseo. Fue un niño buscado con muchísimas ganas, y desde el principio fue adorado y admirado y asombroso y amado y todas las palabras que empiezan por a.

Aun así... En la vida me habían pasado muchísimas cosas chungas que por falta de previsión, por pereza o miedo (elegid lo que más os guste) no tenía solucionadas antes de su llegada. Debido a ello, vivió una introducción al mundo más complicada que la mayoría. Un niño de cuatro años cuyo progenitor pasa nueve meses en hospitales psiquiátricos no tiene padre propiamente dicho. Un niño cuyo padre no ha dominado ni de lejos su vertiente particular de locura no tiene padre. Decidir crear una vida antes de estar absolutamente seguro de ser capaz de hacerlo con responsabilidad es una transgresión casi imperdonable, y, sin embargo, eso fue exactamente lo que hice.

Había una lista de atributos que yo quería encarnar en tanto que progenitor, en la que se encontraban palabras como fuerte, disponible, presente, paciente, seguro, casado, cariñoso. Y no pude cumplir ninguna de ellas a excepción de la última. Cariñoso. Tal es el poder de la biología, del universo, de los genes, del corazón, de la naturaleza, que querer a mi hijo me resultaba y me resulta lo más fácil y natural del mundo. Me cuesta hacer lo mismo conmigo, con mis amigos, novias, incluso familiares. Pero ¿en el caso de Jack? Es como respirar.

Al haber ido enfrentándome a algunos de mis demonios del pasado, hay cosas que ahora puedo darle, aunque con cierto retraso. Nunca tendrá que preocuparse por tener una «profesión con futuro». Solo tendrá que preocuparse de buscar algo que le haga reír, saltar de emoción, de lo que quiera hablarle al mundo entero. Y si eso no le da el dinero suficiente para vivir con comodidad, estaré más que dispuesto a asumir yo esa tarea y mantenerlo todo el tiempo que haga falta. Lo único que quiero para él, muy por encima del éxito académico o económico, es que no deje de buscar la risa y la alegría.

Quiero que conozca el secreto de la felicidad, algo tan sencillo que da la impresión de que por eso mucha gente no lo pilla. El truco consiste en dedicarte a hacer lo que quieras, lo que te haga feliz, siempre que no perjudiques a los que te rodean. No es hacer lo que crees que deberías. Ni lo que te parece que otros creen que deberías hacer, sino actuar de un modo que te procure una inmensa felicidad. Poder contestar con un «no» amable y educado a las cosas que no te gustan, alejarte de situaciones que no te ayudan a sentirte realizado, acercarte a aquello que te deleita. Y no hay nada que no esté dispuesto a hacer para contribuir a que Jack lo logre.

Creo que jamás llegaré a reconciliarme con el hecho de que las pequeñas olas de mi pasado se convirtieran en un maremoto cuando él nació. Da exactamente igual que yo no tuviera el lujo de poder elegir cuando se me fue la pinza y me desmoroné. Tampoco importa que estuviera dispuesto a pasarme toda la eternidad caminando sobre unas brasas ardientes con tal de lograr que él no tuviera un padre ausente, jodido, una vergüenza, la sombra de lo que debería ser un padre. Pedirle perdón es el gesto más vacío y hueco que se me ocurre. La única y mínima posibilidad que tengo de que lo considere algo sincero es el compromiso constante, centrado y urgente de materializar esas disculpas en un cambio genuino y auténtico.

Me perdone o no, ahora me encuentro, al fin, fuerte, disponible, presente y abierto. Ahora sí estoy, aunque más tarde de lo que me habría gustado, listo para ser su padre, y creo en él y en su capacidad de prenderle fuego al mundo en el buen sentido. Me siento intensa, incansable, inmensamente orgulloso de él.

Tema 9

Bruckner, *Sinfonía n.º 7,* segundo movimiento

Herbert von Karajan, director

En uno de mis primeros viajes a Verona para estudiar con un profesor italiano de piano que se llamaba Edo, éste me habló del compositor Anton Bruckner.

—Una mierda que te cagas —aseguré—. Piezas demasiado largas, no creó nada para piano, aburrido, alguien en quien no merece la pena perder el tiempo.

La verdad es que nunca había escuchado algo que hubiera compuesto.

Edo me dio una bofetada. Me sentó y me dijo: «De aquí no te mueves», y puso un CD con la séptima sinfonía de Bruckner. Los setenta minutos enteritos.

No me moví. No podía. Aquello me cambió de forma irrevocable.

Bruckner era cristiano y muy devoto (una frase de ejemplo: «Quieren que componga distinto. Podría, desde luego, pero no debo hacerlo. Dios me ha elegido entre miles de personas y me ha dado, precisamente a mí, este talento. Es a Él a quien debo rendir cuentas. ¿Cómo podría después enfrentarme a Dios Todopoderoso si siguiera a los demás y no a Él?»). Era un hombre bajito, gordo, que no sabía moverse en sociedad y tan desesperadamente romántico que les propuso matrimonio a varias jóvenes guapísimas, pero éstas siempre lo rechazaron. No llegó a casarse, desarrolló un grave trastorno obsesivo-compulsivo que le produjo una fijación paralizante relacionada con los números, corregía continuamente sus composiciones por lo autocrítico que era, y bebía demasiado.

También creó algunas de las mayores sinfonías que conoce la humanidad. Gigantescos universos orquestales, de sesenta, setenta e incluso más minutos de duración, que son las grandes montañas de la historia de la música.

La Sinfonía n.º 7 *tiene cuatro movimientos, y cada uno de estos épicos paisajes musicales merece un capítulo propio en este libro. Pero siempre será el enorme y desesperado segundo movimiento el que me deje noqueado y desplomado como si fuera un gancho de izquierda de Tyson.*

Cuando me convertí en padre, los ecos de mi pasado se transformaron en gritos. En todo mi ser había una certeza fría e insidiosa que crecía como un cáncer y que afirmaba que a lo más precioso de mi vida iban a pasarle cosas terribles. Eso fue lo más aterrador que había experimentado hasta el momento. Mirase donde mirase, solo veía peligro.

No sabía que era posible sentir tantas emociones potentes a la vez: un amor puro, auténtico, instantáneo, tremendo, unido a un pavor tan cegador e invasivo que apenas me dejaba respirar. De repente me habían entregado esa cosita de una perfección inefable. Era como si las enfermeras, que afortunadamente no tenían ni idea de lo que pasaba, le hubieran dado las llaves de un Aston Martin a un niño de cuatro años en Times Square y le hubieran dicho: «Suéltate el pelo».

Insistí en encargarme de las tomas de medianoche, pues a esa hora estaba levantado de todos modos. Me angustiaba, daba demasiadas vueltas a las cosas, repasaba las mil maneras en que el niño se podía morir, en cualquier momento. Sabía a un nivel muy primario que iba a pasarle algo terrible y que la cuestión no era si le iba a ocurrir, sino cuándo. Porque eso es lo que les sucede a los niños.

El lado bueno es que él y yo forjamos un vínculo muy intenso. Bueno, es cierto, aquello no era del todo sano, pero yo vivía y respiraba a través de él, las veinticuatro horas del día. No me cansaba de él. Hasta hoy, los momentos más felices y profundamente sosegados de mi vida han sido en los que lo he tenido en brazos, muy dormido, un peso de lo más gratificante, mientras le daba de comer sin que él se despertase. Ni siquiera sabía que a los niños se les puede alimentar mientras duermen. Entonces tenía la certeza de que lo estaba nutriendo, protegiéndolo, de que en ese momento no podía pasarle nada.

En la furibunda y megacompetitiva carrera por conseguir plaza escolar en el Londres de clase media, lo preinscribimos en varias escuelas primarias con varios años de antelación. En ninguna de las entrevistas con los centros les pregunté siquiera por las instalaciones, el plan de estudios, la comida, etcétera.

Íbamos al despacho de la directora, que tenía las paredes atestadas de dibujos infantiles horribles y de lo más descuidados, y la mujer nos decía:

—Es muy habitual que después de acudir a nuestro centro los niños ingresen en las escuelas secundarias de mayor prestigio de todo Londres, y muchos de nuestros alumnos van a continuación a las universidades y escuelas más célebres del país. Tenemos un plan de estudios completo que fomenta la imaginación, unas instalaciones de primera, excursiones regulares, informes siempre excelentes de las autoridades educativas y una proporción entre profesores y alumnos de uno a cinco. No solo nos centramos con gran atención en la excelencia académica, sino que también creemos en la meditación, la guía espiritual y el desarrollo personal a través del trabajo en equipo y la bondad...

Etcétera, etcétera.

Y yo, pálido y en estado de alerta, decía:

—¿Contratan ustedes a profesores de sexo masculino? ¿Cuántos? ¿Llegan a quedarse solos con los niños? ¿Cómo llevan a cabo la comprobación de antecedentes penales? ¿Disponen de cámaras de seguridad? ¿También en los baños? ¿Quién lleva a los niños al aseo? ¿Se quedan solos? ¿Hay alguna zona del colegio que no cubran las cámaras de seguridad? ¿Hasta qué punto examinan de forma exhaustiva el pasado de los profesores? ¿Comprueban bien las referencias? ¿Vigilan a los niños para detectar síntomas de tristeza y abusos? ¿Qué protocolo oficial se sigue en el colegio si se descubre un caso de abusos? ¿Está escrito? ¿Me puede dar una copia?

Poco a poco me fui convirtiendo en un muerto viviente. Tuve que volver a trabajar en la City al cabo de pocas semanas, y dejaba a Jack a las siete de la mañana, sollozando mientras conducía por las oscuras calles londinenses. Sabía lo que me había pasado a mí solo por ser niño. Me parecía inevitable que a él le ocurrieran cosas parecidas. Eso era la infancia: una zona de guerra llena de peligro, amenazas, terror y dolor.

Y, al traerlo a este mundo, me daba la impresión de que lo había metido de lleno en esa situación.

¿Qué se hace con semejante nivel de culpa? ¿Cómo es posible no ahogarse en él? Más concretamente, ¿cómo logras no tirarte con todas tus ganas del edificio más alto que puedas encontrar, mientras no dejas de burlarte del irremediable montón de mierda que eres?

Así fue como mi fachada empezó a resquebrajarse. Ese momento (lo que debería y podría haber sido el momento más feliz de mi vida) fue el inicio de mi descenso a una locura que jamás podría haber imaginado.

Solo digo una cosa: de niño me violaron. En el transcurso de cinco años mantuve relaciones sexuales con un hombre tres veces más grande que yo y entre treinta y cuarenta años mayor, en contra de mi voluntad, de forma dolorosa, secreta, agresiva, montones y montones de veces. Fui convertido en algo que utilizar. El dolor (físico, mental y espiritual) lo podía sobrellevar. Pero lo que no te cuentan es que las consecuencias extienden sus manos frías y tóxicas más allá de tu propia persona. Instauran en ti la firmísima creencia de que todos los niños atraviesan la infancia sufriendo de las formas más abominables, y de que nada ni nadie los puede proteger de ello. Traer a Jack a este mundo me hacía cómplice de todo el dolor futuro que con certeza iba a sufrir. El CABRÓN que me follaba no solo me había destrozado a mí, sino que ahora, también le iba a robar la infancia a mi hijo. Y la culpa era mía. Ese dolor no podía soportarlo. Ese hombre me quitó la infancia. Me quitó a mi hijo. Me robó la paternidad. Y se reía al hacerlo. Esto, al margen de mis privilegios, de mi egocentrismo, del estúpido pijerío de mi vida en el norte de Londres, debería inspiraros espanto.

Empecé a aislarme cada vez más. La actitud castigadora y pasivo-agresiva, las humillaciones, burlas, manipulaciones, juicios y chorradas que teñían casi todo lo que salía de mi boca empezaron a afectar a mi matrimonio de manera continua. Que Jane siguiera conmigo tanto tiempo solo demuestra sus grandes dosis de paciencia y bondad. Daba igual que en lo esencial yo no pudiera quererla de «la forma adecuada». Formábamos una familia. Teníamos las herramientas necesarias para construir un nido de apoyo fuerte y estable para nuestro cachorro. Y en vez de despertar y de aferrarme a ello con todas las fibras de mi ser, me lo cargué.

El egoísmo de las víctimas es lo que más cuesta tolerar y tratar con compasión. Somos imbéciles. Es prácticamente imposible querernos. Azuzamos y azuzamos hasta conseguir al fin lo que queremos: más victimismo. A veces mi capacidad de aguan-

tar y desear el dolor es infinita, un pozo sin fondo de autodes-
trucción, y siento una emoción perversa al buscar más y más.

Supongo que también podría considerar la cuestión de un
modo algo distinto: que el nacimiento de mi hijo supuso el
principio del fin de mi antigua vida, el inicio de otra nueva y
mucho más plena. Viéndolo desde la actualidad, tiene todo el
sentido, y Deepak Chopra se sentiría superorgulloso. Pero pasar
tantos años avanzando por arenas movedizas, apagando incendios imaginarios, inmerso en una sensación interminable de te-
mor y desesperación, acaba pasando factura.

Empezaron a pasarme cosas que me dejaban perplejo porque llevaba años sin vivirlas: me echaba a llorar porque sí, y
dormir me era, o bien imposible, o bien lo único que podía hacer. Lo que más miedo daba era perder la noción del tiempo: me
quedaba ido, sin ser consciente de ello, y volvía en mí al cabo
de un rato, ya fueran minutos u horas, sin recordar lo que había
pasado. Los tics de mi infancia empezaron a reaparecer (soltaba
chillidos, se me contraían los músculos, daba golpecitos, pulsaba
continuamente los interruptores de la luz), y me quedé sin ganas
de nada, ni de comida, ni de sexo, ni de ver la televisión. Las luces se estaban apagando y yo no tenía ni idea de por qué ni sabía
cómo frenar el proceso.

Así que busqué distracciones, una salida que no conllevase
el homicidio ni el suicidio. Y todos los caminos conducían a la
música. Siempre lo hacen. Yo no podía ser músico, sabía que
después de haber estado diez años sin tocar ni una sola nota del
piano no me lo podía ni plantear, pero quizá podía convertirme
en agente. Cualquier cosa con tal de salir de la City y de acercarme, por poco que fuera, a la música, tenía que ser un paso en
la dirección adecuada. De modo que hice lo que un gilipollas
egocéntrico que trabaja en la City haría: busqué la dirección del
agente que representaba al mejor pianista del mundo y le pro-
puse hacerme su socio.

No fue difícil convencerlo. Bastaron unas botellas de Krug, unos cuantos correos electrónicos y un par de comidas. Se llamaba Franco y vivía en Verona. Llevaba veinte años cuidando a Grigory Sokolov, mi héroe, que es el mejor pianista vivo sin duda alguna. Posiblemente el mejor de todos los tiempos. Un hombre que consigue una y otra vez, al pulsar las teclas del piano, meterse en tu alma, sacar todo lo que hay en ella, agitarlo, darle lustre, llevarlo de paseo y después volver a meterlo de una forma que encaja un poco mejor. El tío es un sabio autista y raro. Ese regordete, torpe e introvertido coloso del piano llevaba una década siendo mi *crack* musical, desde que había escuchado su primer disco, en el que tocaba Chopin en directo, solo. La mayoría de los álbumes en vivo (los míos incluidos) se crean uniendo al menos dos interpretaciones; los productores e ingenieros cogen las mejores partes, las fusionan y hacen un único disco «en directo». Si a la discográfica le da por tener más morro del habitual, también se meten en el estudio después del concierto para tapar las partes chungas, un proceso denominado «corrección», y se cercioran de no mencionarlo en ningún sitio. Esto supone una tergiversación evidente, pero lo hacemos porque somos inseguros y emocionalmente inestables y no soportamos la idea de presentar algo que no alcance la perfección. Pero Sokolov no. Un concierto, una toma, algunos rusos acatarrados que tosen entre el público, y la ejecución más visceral y asombrosa de la *Sonata n.º 2* y de los *Estudios, Op. 25* de Chopin que yo había escuchado en mi vida. Está en iTunes: no os limitéis a fiaros de lo que digo.

En ese momento nació una historia de amor, que el hecho de que Sokolov solo haya lanzado unos pocos álbumes hacía aún más seductora. El resto han ido apareciendo en Internet, como si fueran pornografía infantil, publicados por tarados pianófilos (se utiliza la palabra, lo juro), y también los escuché sumido en un asombro absoluto.

Por eso, la idea de colaborar con su agente, que lo había sacado de Rusia y lo había llevado a Occidente cuando era joven, que lo había convertido en un fenómeno que tocaba en salas de todo el mundo con aforos llenos, me parecía tremendamente emocionante.

Con la aprobación de Jane, dejé el trabajo; la excitación me alcanzaba justo para contrarrestar la leve sensación de náusea que me producía abandonar una fuente de ingresos tan segura, y Franco y yo decidimos poner treinta mil libras cada uno y abrir una oficina en Londres. Pero antes de eso, acordamos que yo fuese a Verona un par de semanas para aprender las nociones básicas del oficio. Cosa que hice. Con gran entusiasmo.

Franco vive en el único rascacielos de Verona, que se alza sobre la ciudad y tiene unas vistas de lo más extraordinarias, en un piso con ventanales que van del suelo al techo, una máquina de café de mil euros y un piano de cola Yamaha. Sin salir de ahí ya tienes todo lo que necesitas en la vida. Durante mi primera noche allí, después de cenar, me preguntó si yo tocaba. Farfullé que llevaba años sin hacerlo pero que no se me daba del todo mal de adolescente. Y me pidió que tocara algo. Yo, con las ganas que tengo de aprobación y de que me hagan caso, y un poco colocado por la pasta, las vistas y el olor a ciudad italiana, me senté al piano y aporreé una pieza de Chopin. A mí me sonó vergonzosa y desordenada. Pero la recordaba entera y llegué al final. Después, un poco sonrojado, me di la vuelta para observar su reacción. Él se había quedado con la boca abierta y completamente callado. Al cabo de un minuto me dijo:

—James, llevo en esto veinticinco años y nunca he oído tocar así a nadie que no fuera pianista profesional. No te vas a convertir en agente. Vas a venir a Verona todos los meses, te vas a quedar en mi casa y vas a estudiar con mi amigo Edo, que es el mejor profesor de toda Italia. Puede que no triunfes, pero debes intentarlo.

Y no hubo más que hablar.

Después de eso se dedicó durante días a llevarme a rastras a las casas de sus amigos (todos con piano) y a obligarme a tocar para ellos, como si fuera un perrito recién domesticado. A mí aquello me resultaba extraño, maravilloso y casi increíble. Después de haber pasado una década sin tocar y de intentar aceptar que jamás sería capaz de hacer aquello que siempre había soñado, Franco había lanzado una granada de mano a mi organigrama.

Una mañana fuimos a casa de Edo. Estamos hablando de uno de los tipos que realmente cambió mi vida para siempre. El cabronazo más violento, agresivo, arrogante y dictatorial que he conocido en mi vida. El profesor perfecto para alguien que, como yo, era perezoso, poco disciplinado, le faltaba formación y le sobraba entusiasmo. Ese día di mi primera clase con él. Nos dirigimos a una tienda de música y compramos una sonata de Mozart (la que está en fa mayor, por si a alguien le interesa). Lo cual era una mierda de inicio, porque a) odiaba a Mozart (del mismo modo adolescente en que odiaba todo lo que no conocía o comprendía, porque tenía la mente demasiado cerrada y demasiada pereza para tratar de conocerlo mejor), y b) porque pensaba que teníamos que empezar por un enorme y llamativo concierto de Rajmáninov.

Nos pusimos a trabajar. De una forma que no sabía ni que existía. Lenta, cuidadosamente, con una atención casi inhumana en los detalles, una concentración intensa y miles de anotaciones. Me enseñó trucos que lo hicieron todo posible, el más útil de los cuales fue su método rítmico: al tocar el piano, los pasajes más complicados son aquellos en los que aparecen carrerillas de notas rápidas, que él dividía en grupos de tres o cuatro. Después las volvía a dividir formando distintos ritmos, diez en total, en cada uno de los cuales se enfatizaba una de las notas de ese grupo, bien recalcándola, bien alargando la anterior (sosteniéndola un cincuenta por ciento más de tiempo de lo escrito). Un poco como si un corredor de fondo dividiera todos y cada uno de los movimientos mecánicos que le pide a su cuerpo al correr un maratón, y después ensayase repetidamente esos micromovimientos, uno tras otro, para después empezar a unirlos todos.

Enseñé a mis dedos a tocar todas las variaciones de cada grupo de notas de todas las formas posibles. Después ejecutaba el pasaje al completo; y aunque tardara cincuenta putas veces, al final lo tocaba perfectamente, tal como estaba escrito. Aquello fue como una puerta que se abre: si pasas varias horas trabajando lenta y metódicamente, acabas interpretando las piezas de forma brillante y con una rapidez y seguridad mucho, mucho mayores que si te limitas a ensayar a lo bestia. Esto fue una revelación enorme, porque implicaba que todas las piezas que me habían parecido imposibles de tocar de pronto eran posibles. Finalmente entendí la regla de las dos milésimas de segundo de la que Edo me había hablado: la idea de que, para casi todo el mundo, esa fracción de tiempo pasa desapercibida, aunque para un piloto de Fórmula 1 supone la diferencia entre llegar el primero o el décimo. Mucha gente puede llegar a tocar bastante bien el piano en un período relativamente corto, pero para llegar a lo más alto, para ser capaz de tocar de modo que importen esas dos milésimas necesarias para dejar de ser bueno y pasar a ser un grande, pueden necesitarse veinticinco años de trabajo infatigable, concentrado, constante. Me daba la impresión de ser una persona que había estado paralítica de cintura para abajo y que de repente podía caminar de nuevo, aunque con mucho esfuerzo y ensayo.

Y eso fue lo que hice. Esforzarme y ensayar. Todos los meses cogía un avión de Gatwick a Verona, pasaba cuatro días con Edo y luego volvía a casa a seguir ensayando. Aquello fue a la vez aburridísimo y de lo más estimulante. Mi profesor era muy desagradable, muy crítico, hipercontrolador: muchas veces veía por el rabillo del ojo cómo un móvil se me acercaba volando porque él me lo había tirado, muy disgustado; o me empezaba a chillar en italiano mientras de su boca salían disparadas gotas de saliva. En las (infrecuentísimas) ocasiones en que tocaba algo de una forma que le parecía aceptable, se limitaba a esbozar un gesto de indiferencia y a decir: «Vale, ¿qué es lo siguiente?». Mis partituras siguen llenas de anotaciones suyas: maravillosos acrónimos como HLQTDLPG («Haz lo que te dé la puta gana», que hay que imaginar con su tono exasperado, decepcionado, hosco), ASESINO DE NIÑOS (expresión con que expresaba su desacuerdo con respecto a cómo había abordado la ejecución de una pieza), y otra simple pero certera: MIERDA. Aunque la verdad es que me daba igual, porque estaba interpretando composiciones que había admirado profundamente toda la vida: la *Sonata n.º 3* y el *Concierto de piano n.º 2* de Chopin, la *Sonata «Waldstein»* y la *Sonata Op. 109* de Beethoven, las *Partitas* de Bach, colosales piezas de Chopin como la *Polonesa-fantasía* y la *Fantasía en fa menor*, los *Estudios* de Rajmáninov, las *Rapsodias húngaras* de Liszt.

Incluso compramos un piano nuevo, un preciosísimo Modelo B de Steinway. Un apunte: los Steinway son verdaderamente los mejores pianos del mundo. No hay otros que puedan competir con ellos. Y sus precios lo reflejan: pedí una ampliación de la hipoteca para comprarlo (unas cincuenta y cinco mil libras que me producían náuseas), y lo coloqué en el salón: el objeto más valioso de cuantos había poseído.

Todos los días me pasaba varias horas ensayando, y haciéndolo bien, además: lenta, metódica, inteligentemente, antes de concederme el regalo de interpretar la pieza entera y ver cómo la gente que pasaba por allí se detenía para quedarse quieta unos minutos y escuchar (yo cerraba los postigos por la vergüenza que sentía, pero echaba un vistazo a través de ellos y veía a los oyentes detrás). Teníamos una niñera que cuidaba a Jack varias horas cada día mientras yo ensayaba, y después hacíamos vida de familia cocinando, paseando, jugando, estando juntos. La situación casi me resultaba creíble. Los ruidos de mi cabeza habían disminuido, las notas y la música los habían sustituido, lo cual pareció darme cierto espacio para funcionar de forma más eficaz. La vida era un pelín menos frágil, un poco más fácil y suave. La cosa parecía manejable.

Y Jack seguía constituyendo un milagro: estaba aprendiendo a andar, a hablar, a reír, a coger cosas. Seguía siendo lo más bonito que había visto en mi vida. Yo, al menos desde fuera, lo tenía todo: una mujer guapa y triunfadora que me apoyaba, un hijo perfecto, una casa preciosa de ciento ochenta y cinco metros cuadrados con un jardín gigantesco y un Steinway nuevecito, tiempo y espacio para desarrollar la carrera de mis sueños, mucho dinero en el banco, un coche chulísimo, buenos amigos: aparentemente, no le podía pedir más a la vida.

Hay muchas cosas que me gustarían. Que los partidos de críquet no pudieran durar cinco días y aun así acabar en empate. Que hubiera mayor concienciación entre la gente y se financiaran mejor las unidades de salud mental y los centros de asistencia a las víctimas de violaciones. Unos abdominales perfectos. Que el Kentucky Fried Chicken tuviese servicio a domicilio.

Pero, sobre todo, me gustaría haber podido conformarme con el aspecto que tenían las cosas, en vez de quedarme con la sensación que me transmitían. Me gustaría haber podido contemplar mi vida y haber dicho: «Sí. Has triunfado. Ponte cómodo, relájate y disfruta». Cuánto más fáciles habrían sido las cosas sin mi cabeza. Tendría que haber sido evidente que el alivio de los síntomas, causado por un cambio profesional (como sucede con cualquier nuevo subidón milagroso, ya te lo brinde una novia nueva, algo más de dinero, un cambio de casa o unas putas vacaciones) se trataba invariablemente de algo temporal. Cada vez me costaba más convencerme de que las cosas habían cambiado, y pronto mis compañeros mentales, hasta entonces mudos, aparecieron en primera línea para contarme lo jodido que estaba.

El malestar que había sentido a raíz del nacimiento de mi hijo volvió a manifestarse y empecé a notar la mano fría de algo viscoso y sucio que me rozaba la nuca, de esa puta cosa que no me dejaba en paz, por mucho que me esforzase en alejarme de ella. De esa enorme y asquerosa mancha de lefa que llevaba décadas siguiéndome como si fuera un perverso pit bull callejero.

De nuevo, el piano empezó a darme la espalda, el brillo del aprendizaje de esas espléndidas piezas nuevas empezó a apagarse, y en su lugar surgió la continua autocrítica por mi incapacidad de interpretarlas de forma perfecta. Cada vez me frustraba más, día a día iba distrayéndome más rápidamente, como si alguien hubiera encendido un hervidor que me iba calentando con lentitud el estómago, como si la temperatura de mi cabeza estuviera subiendo progresivamente. No sabía muy bien qué había pasado ni por qué, pero sí era consciente de que algo no andaba bien.

Funcionar como adulto, marido, padre y ser humano civilizado mientras sucedía esto fue todo un reto. Seguí avanzando con el piloto automático puesto todo el tiempo que pude, pero estaba librando una batalla que iba a perder, y era consciente de ello. La cuestión no era saber si se iba a armar una gorda, sino cuándo.

Irónicamente, todo empezó cuando pedí ayuda por primera vez. Estaba cada vez más claro que era incapaz de funcionar como quería, o del modo en que le hacía falta a mi familia. Durante mucho tiempo había logrado que mi mujer no se enterase de nada, lo cual no cuesta mucho cuando hay cambios profesionales, fechas de entrega en el trabajo, casas nuevas y, además, un niño pequeño. Con anterioridad había hecho un par de comentarios velados sobre los abusos delante de ella, pero nunca lo habíamos hablado. La versión sincera del amor que hubiera podido existir al principio, o bien había desaparecido, o bien (lo que era más probable) había quedado enterrada bajo el peso de la negación, la infatigable necesidad de salir siempre ganando y mi egocentrismo.

Podía lidiar con el sufrimiento, pero al final no pude aguantar que mi familia tuviera que pagar un precio por ello. Un día, buscando en Internet, encontré una referencia a una organización benéfica que se encargaba de ayudar a hombres supervivientes de abusos sexuales. No sé muy bien por qué, pero los llamé. A lo mejor fue por aburrimiento, a lo mejor estaba hartísimo de estar hartísimo. A lo mejor fue un último y desesperado intento por ver si algo se podía salvar o convertirse en soportable.

Tenían la sede en London Bridge y me ofrecieron una cita confidencial al día siguiente. Y la gran pregunta sigue siendo: si hubiera sabido cómo se iban a desarrollar las cosas, ¿habría ido? Seguramente no.

Llegué (dos horas antes, como siempre) y al fin me llevaron al típico «despacho de psicólogo con muebles de Ikea»: dos butacas relativamente cómodas, una mesita baja entre ellas, pañuelos de papel, tonos apagados, cutrísimos paisajes marítimos en las paredes. Allí encontré a la mujer más guapa que se pueda imaginar. Abierta, amable, supercariñosa y nada moralizante. Y aunque yo había decidido en firme no abordar el tema directamente, no hablar de nada demasiado personal, no bajar la guardia, se me escapó todo. Los treinta años de aquello salieron torrencialmente de mi interior, de principio a fin. Con todos los detalles que era capaz de recordar. No la miré a los ojos ni una sola vez, sino que lo solté todo como si fuera un actor que se hubiera presentado a una audición para el papel de «víctima avergonzada, chalada y autista de una violación». Y lo único que recuerdo que me dijera después fue: «¿Se lo ha contado a su mujer?». Una idea tan peregrina para mí como proponerme que empezara a ensayar para caminar en la luna.

—¡Claro que no se lo he contado a mi mujer!

[Incredulidad.]

—¿Por qué no?

—Pero ¡qué coño! ¿Y por qué iba a contárselo?

—Porque es su mujer. Todo esto ha empezado a salir y el camino se va a ir volviendo más complicado y estrecho; va a necesitar usted todo el apoyo posible.

[Mirada de incomprensión.]

Hay otra cosa que no te cuentan. En cuanto empiezas a hablar ya la has cagado. Los agresores que te obligaban a guardar silencio tenían toda la razón. No lo puedes volver a tapar. Es como sajar un forúnculo, con la diferencia de que lo que sale es un chorro aparentemente interminable de pus, bilis y residuos tóxicos que no disminuye ni decrece, sino cuya intensidad y volumen aumentan hasta que te estás ahogando en él como un hijo de puta.

—Tiene que decírselo. Tiene que contárselo hoy. Debe pedirle ayuda.

Se lo había contado a una desconocida, con confidencialidad garantizada (había preguntado por esta cuestión al menos doce veces para confirmarla), sin dar mi nombre verdadero ni mencionar ningún nombre identificable de colegios o profesores. Y ahora, por lo visto, tenía que decirle a mi mujer cosas que había tapado y ocultado toda mi vida.

La cosa es que sabía que tenía razón. No porque me pareciera que yo necesitara ayuda, sino porque el tema ya había salido a la luz y, como cuando haces puenting en un acantilado, en cuanto saltas no hay forma de volver atrás. Había iniciado la caída libre y Jane era, en potencia, mi paracaídas; sabía con toda la certeza del mundo que, ahora que aquella cuestión flotaba en el ambiente, yo corría verdadero peligro. Si pasas el tiempo suficiente pensando que si revelas tus secretos morirás, al final te lo acabas creyendo. Si un violador le repite a un niño de cinco años que le van a pasar cosas espantosas si se lo cuenta a alguien, eso se asimila sin ser cuestionado, se acepta como si fuera una verdad absoluta. Y yo se lo había revelado a alguien y ahora el reloj había empezado a correr y se agotaba el tiempo, y estaba más jodido de lo que jamás habría creído posible. A todos los efectos prácticos, me había convertido en un niño de cinco años que fingía ser un hombre de treinta y uno, indefenso, sin capacidad de disimulo a la que recurrir, que no conocía ninguna salida y solo podía seguir hacia delante.

Le mandé un mensaje de texto a mi mujer y le pedí que quedáramos para cenar esa noche en un restaurante que nos encantaba a los dos. Al llegar me noté todo sudado, enfermo, hecho polvo de lo jodido que estaba. Porque sabía que le iba a contar algo que nos iba a acabar destruyendo de forma definitiva, y que ella no estaba en absoluto preparada para darme lo que necesitaba. Yo ni siquiera sabía qué necesitaba. De modo que me sentía como un terrorista suicida con una mochila llena de explosivos plásticos, a punto de matar a un grupo de inocentes y sin poder dar marcha atrás. Tranquilos, sé que no es lo mismo. Pero tus sentimientos a veces te llevan a creer que estás en Auschwitz, aunque tu realidad se acerque más a la de los complejos vacacionales Butlins. La verdadera compasión nace cuando se entiende que lo que alguien percibe como la verdad es, a todos los efectos, la verdad. Da exactamente igual que eso sea manifiestamente incierto para ti y para todos los demás. Y para mí ese terror era la verdad. Era mi realidad, por muy traída por los pelos que pudiera parecer.

Ella supo que pasaba algo. Yo tenía un aspecto espantoso y era incapaz de mirarla a los ojos. Por eso, cuando me preguntó qué sucedía, se lo expliqué todo. De manera fría, clara, objetiva. Fui consciente de que lo nuestro había terminado. Aquel hijo de puta me había destrozado y, veinticinco años después, había hecho lo mismo con mi matrimonio.

Es importante decir que mi mujer era y sigue siendo la más adorable de las mujeres, capaz de demostrar asombrosos niveles de bondad y compasión. Sé que lo que pasó fue que ella no pudo hacer nada, no que no quisiera hacerlo. No podía reaccionar de un modo que ayudase a salvar las cosas. Aquello era igual que intentar volver a unir las partes de un cuerpo después de haber recibido el impacto de una granada de mano. Por mucho que se quiera, resulta imposible. Salimos del restaurante y volvimos a casa en silencio. Me senté en el cuarto de mi hijo y estuve contemplando su cuerpecito de cuatro años. Y me eché a llorar, joder.

Tema 10

Liszt, *Danza macabra*

Sergio Tiempo, piano

Liszt es el cabronazo responsable de que los pianistas tengan que ejecutar de memoria recitales de piano enteros, cosa que hasta el momento jamás se había hecho: en los conciertos coincidían diferentes intérpretes y géneros musicales, y los músicos siempre recurrían a la partitura. Entonces, esta estrella de rock del siglo XIX, este Paganini del piano y Keith Richards de su época, hizo añicos las convenciones interpretativas al ofrecer de memoria largos recitales de piano, al tocar más rápido, con mayor volumen, potencia y violencia de lo que nadie había hecho nunca. Compuso traicioneras y dificilísimas piezas para piano; transcribió todas las sinfonías de Beethoven para piano solo; creó joyas de virtuoso basadas en populares temas de ópera de la época, y docenas de estudios que siguen siendo casi imposibles de interpretar decentemente a menos que seas una puta máquina.

Fue un niño prodigio que no tardó en convertirse en un show-man *y un mujeriego. Aquello acabó siendo demasiado para él, y después de muchos romances y varios hijos tomó los hábitos a los cuarenta y seis años e ingresó en una orden franciscana, en la que siguió tocando y componiendo hasta que murió en 1886, con setenta y cinco años.*

Además de dos conciertos de piano, compuso unas cuantas piezas para piano y orquesta, una de las cuales se denomina Danza macabra. *La muerte le obsesionaba un poco: frecuentaba los hospitales, los asilos e incluso las mazmorras de París para observar a los condenados a muerte. Muchas de sus obras llevan títulos relacionados con el tema, y esta composición, estos abrumadores y aterradores diecisiete minutos de furia pianística, se basa en el famoso* Dies Irae, *el tema fúnebre que han utilizado diversos compositores, desde Rajmáninov a Berlioz.*

La interpretación de Sergio Tiempo es en directo y la verdad es que jamás he escuchado otra ejecución tan absolutamente grandilocuente. El tío tiene dos manos increíbles, un miedo inexistente y la seguridad absoluta de qué quiere decir. Es asombroso.

Al verlo desde la actualidad, está todo clarísimo. Ahora me doy cuenta de que había sacado a la luz un secreto muy viejo y muy tóxico. Había metido a mi mujer en él (sin su consentimiento, aparentemente ella se había casado con un tipo decente, recto, sin taras), había iniciado un cambio profesional absurdamente ambicioso, y mi hijo acababa de cumplir cuatro años. ¿Qué coño me creía que iba a pasar?

Ahí va otro aviso para las víctimas de abusos: por lo visto, es muy frecuente que se te caiga el mundo encima cuando tu hijo se acerca a la edad en la que empezaron a abusar de ti. Yo no lo sabía. Mi mente, sí. Eso me pilló por sorpresa. Había algo en mi interior que me daba zarpazos, que luchaba por salir por todos los medios, y yo ya no podía contenerlo. Me daba la sensación de que mi cabeza era un ordenador que se había forzado demasiado tiempo y que había explotado. Notaba el cerebro literalmente caliente. Es una sensación rarísima: nada agradable, da un miedo tremendo. Yo buscaba por todas partes cualquier cosa que la detuviese, aunque fuera temporalmente.

Sabía que podía recurrir al alcohol y las drogas. También sabía que si me refugiaba en ellos acabaría muerto (con razón), pero, lo que era más importante, seguramente también destruiría a las personas a las que más quería.

Entonces, cuando estaba desesperado por encontrar el punto intermedio entre el suicidio y el asesinato, encontré las cuchillas.

Hice lo mismo que cualquier otro tío con cierto amor propio que se hubiera visto en mi situación: buscar en Internet cómo solucionar lo que me estaba pasando. Y hallé el glorioso y desbocado mundo de los foros cibernéticos. Pozos anónimos llenos de textos monótonos que se hacían pasar por un medio de ayuda, pero que no eran más que una excusa para que cada uno le vomitase al mundo sus diversas neurosis, perversiones, fetiches y manías, con la esperanza de dejar de sentirse «siempre solo» y, posiblemente, dar con alguien que estuviera peor. En una de esas páginas la gente hablaba de los cortes autoinfligidos. Como si fuera algo malo: decían que lo habían vuelto a hacer pero les daba rabia, y querían dejarlo. Era un tema del que ya había oído hablar, normalmente relacionado con chicas adolescentes, aunque ni se me había pasado por la cabeza intentarlo.

Pero todo me dolía, y en aquel momento me pareció una buena idea. Así, de la forma más banal que se pueda imaginar, me pasé por la farmacia del barrio y compré un paquete de cinco cuchillas de afeitar Wilkinson Sword y unas cuantas tiritas.

Es probable que esta parte del libro desencadene cosas muy jodidas en cualquier persona con problemas similares. De ser así recomiendo saltársela o llamar a un amigo. Y antes de que alguien me juzgue con severidad por lo que estoy a punto de contar, quizá debería decir algunas palabras sobre el acto de hacerte cortes en los brazos.

Las autolesiones constituyen una droga de primera. Son casi una pandemia en el Reino Unido, donde ya tenemos los niveles más altos de Europa. En vez de recurrir a las tapas y las siestas, utilizamos pequeños objetos metálicos de bordes afilados y tiras de material absorbente. El motivo: esto brinda el subidón más efectivo, inmediato y eléctrico, solo comparable al de la heroína (inyectada, no fumada) y al del *crack*. Después no hay bajón, ningún efecto secundario negativo (cuando se hace bien), sale prácticamente gratis, se puede hacer en cualquier sitio y para pillar únicamente tienes que ir a la farmacia (o abrir el cajón de la cocina si está cerrada).

En esta actividad están presentes todos los elementos que dan «seguridad» y que confieren tanto atractivo a las drogas ilegales (el ritual, el control del pensamiento, el portazo a todo sentimiento, el aislamiento, la vía de escape, la rabia general y las ganas de «que el mundo se vaya a tomar por culo»), y añade una dosis de visceral desprecio por uno mismo, inmunidad frente a las detenciones policiales (a no ser que tengas muy mala suerte), mayor control, una sana (más o menos) expresión de rabia y la maravillosa sensación de poder gritarle al mundo cuánto dolor sientes sin tener que decirlo en voz alta. ¿Recordáis esa sensación, en el colegio, de querer delatar a alguien que abusaba de vosotros o que os acosaba, y de no sentiros capaces de hacerlo? Multiplicad eso por un millón y después imaginad que podéis retroceder en el tiempo, prenderle fuego a esa persona una y otra vez, obligarla a ver cómo decapitáis a su familia y después poneros a bailar una giga delante de ellos mientras van muriendo abrasados lentamente. Podéis lograr todo eso y más con una caja de una libra de cuchillas Wilkinson Sword y un apósito de veinte peniques.

Por eso, querer detenerlo y considerarlo algo malo es una batalla perdida. Algo así jamás podrá abordarse mediante la charla, los anuncios de las organizaciones benéficas dedicadas a la salud mental, los folletos de las salas de espera y los profesores bienintencionados. Funciona demasiado bien, la recompensa es demasiado grande, la liberación de endorfinas demasiado intensa.

Constituye un mecanismo de defensa regular, sólido, eficaz. Y abunda tanto como la moda de tomar Valium, apenas oculta, abundó en la década de 1970. La mayoría de aquellos que llevan a cabo estos actos sufren una incomprensión desastrosa, se les diagnostica y se les trata de forma errónea. Las autolesiones no son un indicador de la ideación suicida, ni tampoco de una amenaza a los demás. No significan que seas menos capaz de funcionar bien. Russell Brand, Johnny Depp, Colin Farrell, Alfred Kinsey y Sid Vicious son algunos de los hombres célebres que han recurrido a ellas. La lista de mujeres es mucho más extensa.

No se trata de algo que hacen únicamente adolescentes flacas (aunque demasiadas de ellas las utilizan con frecuencia), sino que siempre constituye una respuesta frente a una cultura en la que siempre vamos apresurados, en la que ni se nos ve ni se nos escucha, en la que nos sentimos incapaces de aguantar el ritmo y el estrés de la vida moderna; un entorno en el que hombres y mujeres tenemos que hacer de padres, ganar dinero y triunfar de formas insostenibles, cuya intensidad va aumentando hasta niveles imposibles. Y, aunque consigamos alcanzar el triunfo, la sorpresa es que eso no cambia nada en absoluto: nos seguimos sintiendo un desastre, como si no estuviéramos a la altura.

Pero ese día encontré un remedio, una forma de dejar de sentir que era una mierda tan grande.

Cuando llegué a casa no había nadie. Jack había salido con Jane. Temblé mientras colocaba en el suelo del baño las pequeñas herramientas para llevar a cabo las incisiones. Me senté con las piernas cruzadas. Me miré los brazos y decidí en cuál y dónde. Llegué a la conclusión de que había que empezar por el antebrazo izquierdo. Me quité la camiseta, saqué y desenvolví una cuchilla, que lanzaba unos destellos tremendos y daba un poco de miedo mirar: era lisa, flexible, estaba superafilada. Me la clavé en la piel, la incliné hacia arriba, la empujé y la arrastré con fuerza por dos centímetros de piel, más o menos, sin dejar de hacer fuerza. Al principio, nada de nada. Ni dolor, ni nada. Entonces, en torno a un par de segundos después, vi que la piel se abría, que la sangre aparecía de forma mágica, que el dolor me atravesaba el cuerpo mientras la carne se seguía abriendo. Y la sangre no dejaba de manar. Mucho más de lo que pensaba. Me había equivocado mucho al calcular la presión necesaria. Los apósitos no iban a servir de una mierda, así que cogí una toalla. Me empezó a entrar el pánico: había sangre por todo el suelo de baldosas blancas, la toalla se estaba empapando entera, no podía disfrutar en absoluto del subidón. La había cagado del todo.

Llamé a Matthew, mi mejor amigo, porque su mujer y él eran una especie de superpareja de la medicina: él, psicólogo; ella, jefa de urgencias de un hospital que quedaba a diez minutos en coche de mi casa. Y, evidentemente, Matthew vino, me llevó al hospital de su mujer, habló discretamente con ella, me evitó muy amablemente la consulta con un psicólogo y la larga fila de borrachos desgraciados que ya se había formado, y ella, con gran gentileza y delicadeza, me limpió la herida, me puso los puntos, me la vendó y me dejó marcharme.

Empleé todas las excusas posibles para que no contaran nada. Para que no me interrogaran, ni llamaran a mi mujer, ni me acompañaran a casa, ni me confiscaran las cuchillas. Para convencerlos de que era la primera vez y que no iba a repetirse, de que estaba espantado y de que había cometido un tremendo error. Evidentemente, eso es lo que hacen los buenos amigos, ¿no? Me dejaron en paz, afortunadamente, y siguieron con sus cosas. Y volví a casa, limpié el suelo y lo intenté de nuevo. Un poco menos de presión, un poco más de atención al detalle.

Esta vez salió perfecto. Tres cortes de dos centímetros de largo, no lo bastante profundos para requerir puntos, ni lo bastante superficiales para permitir que el dolor desapareciera demasiado rápido. La medida perfecta. Tuve la sensación de un subidón de heroína, aunque más limpio. Lo que sentí al desplomarme de nuevo en el suelo del cuarto de baño, satisfecho, agotado, feliz, era todo lo que había esperado y más.

Es lo que tienen las autolesiones: no solo te colocan, sino que también te permiten expresar el asco que te inspiran el mundo y tu persona, controlar el dolor, disfrutar del ritual, de las endorfinas, de esa violencia sórdida, bestial y ejercida contra uno mismo en privado, y no hacer daño a ninguna otra persona. Aquello era como tener una aventura sexual especialmente obscena, aunque sin gastarte una fortuna en habitaciones de hotel, sin tener que traicionar a tu mujer ni limpiar como un forense el móvil y el buzón de entrada del correo.

Era perfecto. Había encontrado algo que, aunque fuese temporal, me ayudaba a funcionar mejor, a estar más disponible, a no dejar a mi familia tirada, a ponerme la careta. Se convirtió en una especie de aplazamiento sucio y cotidiano de mi desmoronamiento, y me daba la fuerza justa para ejercer de marido y de padre frente al mundo exterior, aunque no la suficiente para quitarme de encima la asquerosa sensación de que aquello era raro, de que no estaba del todo bien, que me invadía cuando lo hacía.

Tocaba el piano después de haber dejado a Jack en la guardería, hacía una pausa entre una sesión de ensayo y otra para practicarme incisiones, lo recogía al final del día y pasábamos toda la tarde en plan familiar, haciendo lo que hacen las familias. Era una situación esquizofrénica y extraña y errada, pero no podía salir de ella.

Hay un nudo peculiar en mi interior que me impide disfrutar de las cosas que me gustan si no es a escondidas. Con la única excepción del tabaco, todo lo que me brinda placer me da vergüenza. Sexo: en secreto y con las luces apagadas. Piano: con los postigos echados, la puerta cerrada, nunca delante de otras personas si no han pagado una entrada. Drogas: solo y en una habitación mugrienta, sin que me molesten. Autolesiones: detrás de la puerta cerrada de un baño. Comer: normalmente de forma rápida y acelerada en la cocina, donde nadie me pueda espiar. Gastarme dinero en cosas bonitas: sin que lo sepa mi mujer, por Internet y sin dependientes, y que un cartero que me mira mal haga la entrega de forma anónima. Abrazar a mi hijo: en mitad de la noche mientras el mundo duerme, a solas en su cuarto, mientras su respiración me deja sordo.

La vida es temporal, peligrosa, hostil y agresiva. Yo actuaba en consecuencia. Tendría que haber salido de esa situación en aquel momento; debería haberme disculpado, pedido el divorcio, haber abandonado esa vida de la forma menos dolorosa posible, huido del país, empezado de cero en un lugar lejano en el que podría haber conseguido algunos años más de paz relativa. Pero no lo hice. En vez de eso decidí organizar mi primer concierto público.

Fue una idea extraordinaria. En el preciso instante en que todo empezaba a venirse abajo, cuando la presión llegaba de todas partes (la presión de lograr que el matrimonio funcionase, de ser el mejor padre del mundo, de tocar el piano como si fuera un genio, de ser un hombre), decidí incrementarla con mi primer concierto. Para demostrar a mis allegados, y también a mí mismo, que no era un inútil total y absoluto, y que el trabajo que había estado haciendo daba sus frutos.

Encontré una sala de conciertos que se podía alquilar en el South Bank de Londres; contaba con unos cuatrocientos asientos y quedaba a tiro de piedra del Festival Hall. También encontré una organización benéfica de apoyo a la infancia con la que podía asociarme (para no incurrir en la arrogancia de cobrar dinero por que me vieran tocar, y también para fingir que hacía algo remotamente noble y altruista). Fijé la fecha para unas semanas después.

Iba a ejecutar un programa impresionante: tres piezas colosales de Bach, Beethoven y Chopin (la santísima trinidad de la música de piano), quizá unas ciento veinte mil notas, todo de memoria, todo con la digitación adecuada, todo con el toque, el pedal y el matiz adecuados, todo sin dejar de pensar en la nota que venía antes y en la que va después, todo fusionado en un conjunto glorioso y enviado desde el piano a un público expectante. Era un reto de cojones, sobre todo para tratarse de la primera vez. La mayoría de los pianistas (bueno, todos) llevan haciendo eso desde los nueve o diez años, en Asia incluso desde antes. Yo acababa de cumplir treinta y uno. No tenía ni idea de lo que eran los nervios, cómo prepararme la interpretación, cómo respirar, cómo lidiar con el ruido del público y cómo estar concentrado durante dos horas a ese nivel. Apenas era capaz de terminar un episodio de la telenovela *EastEnders* sin que se me olvidara cuál era el argumento (en serio).

La sala estaba atestada. No tengo ni idea de por qué. Vinieron amigos, vinieron amigos de amigos; los del local debieron de mandar un correo a los miembros de su base de datos porque también había desconocidos, amantes de la música, gente que no se sabía de dónde había salido, cientos de personas apiñadas. A última hora hubo que buscar más sillas mientras yo estaba entre bambalinas con ganas de vomitar; se apagaron las luces, se oyeron las últimas toses, ese ruido peculiar de las salas de conciertos de todo el mundo que se produce cuando el público se prepara y queda a la espera de algo que no puede describirse con palabras. Entonces salí al escenario.

Los loqueros hablan mucho de la necesidad de encontrar un refugio. Un sitio mental al que puedas acceder y que cree en ti una sensación de bienestar y relajación. Quizá el recoveco entre los brazos de alguien, una playa preferida, una habitación de la infancia. Yo sé que el mío siempre será sentarme delante de un piano de cola, con un único foco sobre las teclas y el resto de la estancia sumido en una oscuridad absoluta. Lo único que tengo en mi campo de visión es el teclado blanco y negro de ochenta y ocho teclas y las letras doradas que forman la palabra STEINWAY.

Y menos mal, joder. Porque después de llegar al escenario temblando, me siento en el banco y algo se apodera de mí. Desaparezco en el buen sentido. Sin salir volando del cuerpo, sin un dolor abrasador en el culo, sin sangre, ni lágrimas, ni estar inmovilizado contra el suelo. Es lo mejor que hay en la vida, como recibir desnudo un masaje de piedras calientes a cuatro manos mientras suena Bach. Todo sucede en un abrir y cerrar de ojos y, al mismo tiempo, parece que el mundo se ralentiza, que todas mis angustias relativas al tiempo desaparecen. Hay un espacio infinito entre las notas, un asombro total ante el sonido que están produciendo mis dedos (no por su calidad, sino por el mero hecho de que lo estoy haciendo, no sé muy bien cómo), una sensación de haber llegado a casa. Supongo que es a lo que se refería Sting cuando hablaba con tanto entusiasmo del sexo tántrico.

La cosa va bien. La pifio en un par de notas pero no se producen grandes fallos de memoria (todavía tengo el concierto grabado), los acordes quedan bien estructurados (la melodía queda convenientemente destacada), surgen nuevas (para mí) interpretaciones musicales de piezas que llevan siglos tocándose. Me doy cuenta de que todas aquellas fantasías que tenía de pequeño de dar conciertos, las que me mantenían vivo y a salvo en mi cabeza, eran acertadas. La experiencia fue potentísima en la realidad, y supe que quería dedicarme a ello para siempre. Pasara lo que pasara.

Después organizamos una gran cena para celebrarlo. Me tra

taron muy bien. Hasta Edo, que había venido desde Italia, me elogió. Mi mujer me trajo flores. Todos nos comimos los *dim sum*. Mis niveles de adrenalina habían subido a lo bestia, bajado, dado volteretas. Esa noche no dormí. Ahora, al cabo de varios años y después de unos doscientos conciertos, casi me he acostumbrado a ello. Pero ¿en ese momento? Fue como acostarte por primera vez con tu alma gemela. Y que está como un tren. Un subidón más grande que el de la heroína, las autolesiones y el resto de las cosas destructivas. Mi nirvana íntimo y particular.

Y durante unas semanas seguí en él. Todavía me lesionaba de forma habitual y se lo ocultaba a Jane (las camisetas de manga larga ayudaban). Seguía luchando con las voces de mi cabeza, que no entendía ni quería entender. Pero funcionaba bastante bien. Y todavía disfrutaba del éxtasis de haber dado mi primer concierto. Había experimentado por primera vez algo que me transmitía una sensación de inmortalidad. Al acordarme ahora, esas semanas posteriores al recital fueron como estar caminando por la cuerda floja sin prestar la menor atención a los tiburones que describían círculos por debajo a la espera de que cayera. Mi vida giraba en torno a mi hijo, mi piano, mis cuchillas y al esfuerzo máximo que llevaba a cabo para convencer a mi mujer y al resto del mundo de que todo iba bien.

No se me dio nada mal no pensar demasiado en las cosas (cuesta más de lo que parece), y me sumergí en otras actividades. Durante un breve período, si obviamos las autolesiones, me dio la impresión de que quizá lo lográsemos.

Creo que jamás llegaré a entender lo que pasó a continuación. Sobre el papel puede parecer que era el trampolín perfecto para iniciar una nueva carrera profesional. Podría haber buscado un agente, haber organizado más conciertos, me podría haber abierto camino en el extraño y maravilloso mundo de la música clásica. Podría haberme hecho un hueco. Mi vida podría haber sido una sucesión de conciertos, ensayos, ratos con Jack y esfuerzos por que mi matrimonio saliese adelante, lo cual habría sido estupendo. Normal y extraordinario a la vez. Podría haber dejado las cuchillas, haber encontrado un psicólogo decente con el que examinar algunas de mis bombas mentales de mayor envergadura, ir dando un pasito cada día y acercarme poco a poco a una buena vida.

Nada, absolutamente nada, me impedía hacerlo. Repito que por eso es tan difícil tener paciencia con personas como yo. En mi fachada hay dos puertas. En una se lee claramente: BUENA VIDA; en la otra, INFIERNO. Y no solo crucé la puerta oscura, sino que lo hice silbando, con toda la despreocupación del mundo, remangándome y con gran decisión. Me metí tranquilamente, como si fuera el mayor gilipollas del mundo, en el puto apocalipsis.

Tema 11

Brahms, *Un réquiem alemán*, primer movimiento

HERBERT VON KARAJAN, DIRECTOR

En cuestiones de composición, Brahms fue tanto un tradicionalista como un innovador. Fue una de las figuras más destacadas del panorama musical austríaco pero no participó en la Guerra de los Románticos en la que se enzarzaron personajes como Liszt y Wagner, que encarnaban una forma más radical de entender la composición, y prefirió seguir un camino más convencional. Uno de los miembros de la santísima trinidad de las bes *(junto a Bach y Beethoven), sigue siendo uno de los grandes abuelos musicales de nuestros tiempos; sus sinfonías, conciertos para piano, música de cámara y composiciones pianísticas siguen apareciendo con frecuencia en los programas clásicos.*

Cuando era pequeño, su familia estaba tan arruinada que se vio obligado a tocar el piano en «salas de baile» (léase prostíbulos) para ganar dinero, y, seguramente debido a alguna experiencia turbia vivida en esa época, nunca fue capaz de tener una relación real y funcional con una mujer al hacerse adulto. Aunque sí se la ponía durísima Clara, la mujer de Schumann. El hecho de que nada más morir éste, Brahms acudiera al lado de Clara, y que ambos destruyeran numerosas cartas personales que se habían escrito, parece dar a entender que había pasado algo que había que ocultar.

En 1865 murió su madre y, roto de dolor, compuso Un réquiem

alemán, *que hoy sigue siendo una de sus obras más célebres e inter-*
pretadas. La pieza no inició su andadura del modo más halagüeño,
porque en el estreno el timbalero no leyó bien la indicación que mar-
caba la dinámica pp *(sonido muy suave); creyó que ponía* ff *(muy*
fuerte), e impidió que se oyera a los otros músicos, pero desde entonces
se ha convertido en una de las obras más interpretadas y admiradas
del compositor.

Hay algo inmensamente evocador en el dolor religioso, y esta pie-
za, al igual que los réquiems de Mozart y de Fauré, merece ocupar
en la historia de la música el lugar reservado a la cima absoluta del
género.

Una noche, mi mujer me rodeó con el brazo. Un gesto normal. Incluso agradable. Yo había tenido una tarde estresante y
me había hecho cortes. Había reducido la práctica a un par de
veces por semana, pero esa incisión era reciente y, cuando su
mano me rozó el brazo, torcí el gesto. No pude evitarlo. Me
preguntó qué pasaba, me agobié, no me creyó cuando le contesté que «nada», el peso de una mentira quedó flotando en el
ambiente, y me dijo (no me lo pidió) que le enseñara el brazo.
Así que lo hice. Estaba más que harto de ocultarle cosas. Me
acordaba de la época en que habíamos empezado a salir, de lo
buena que había sido, de lo sólida que parecía nuestra unión, y
qué invencibles nosotros. Eso no podía haber desaparecido, por
muy gilipollas que, por lo visto, yo me hubiera vuelto.

Me quité la camiseta y se lo enseñé. Se quedó verdaderamente espantada. En el antebrazo me había inscrito la palabra
«tóxico» con una cuchilla.

Lo sé. Algo muy adolescente y melodramático. Pero así era
como me sentía. Y con una cuchilla las letras quedan super-
chulas. Aunque a ella aquello le pareció algo mucho más grave
que a mí. Noté su enfado y, por debajo, amor, preocupación,

bondad, miedo. Me obligó a prometerle que iría a buscar ayuda y, cómo no, accedí. No se creyó mi rollo de «esto no es tan serio como piensas». Me dio un plazo de una semana y entonces, con otro secreto que había salido a la luz, empecé a perder el control de forma cada vez más rápida y vertiginosa.

No dormía. No me podía mover. No podía comer. Ni hablar. Me quedaba tirado en la cama, con la mirada vidriosa, la cabeza ardiendo, jodido. Tal cual. Cuando estás así, finalmente has llegado al punto en que ya todo te da igual. No queda un nivel más bajo de vergüenza y desprecio por ti mismo al que bajar. Has llegado al fondo y todo se te viene encima. Algo que resulta a la vez estimulante, liberador y dolorosísimo. Me daba la sensación de que el eslabón de mi interior gracias al cual todo seguía unido se había partido, como si cualquier atisbo de un comportamiento correcto, de ser una persona decente, se hubiera visto arrastrado por una ola de indiferencia monumental.

Dio la impresión de que yo aceptaba que nada iba a funcionar y que, por tanto, había tomado la decisión de suicidarme, y esa aceptación me procuró la sensación de libertad más increíble.

Lo mejor de querer suicidarte es la energía que sientes después de decidirlo: como si te hubieran dado alas después de haber avanzado penosamente por arenas movedizas durante varios años. Además, la planificación necesaria es superdivertida, como crear una lista de reproducción musical para alguien a quien quieres: hay que pensárselo mucho, te causa gran excitación cómo quedará y cómo reaccionarán, disfrutas del proceso de creación tanto como del producto final.

Llegué a la conclusión de que lo mejor era tirarme de un edificio o ahorcarme. Y, joder, cuánto ayuda Internet en estos temas. Hay un montón de páginas sobre la altura desde la que debes tirarte, los sitios más indicados, qué evitar, la mejor manera de lograrlo. Incluso encontré una tabla que indicaba la relación entre la altura y el peso para quienes quieran colgarse, de modo que se caiga desde una altura idónea según el peso del individuo, para que no quede en coma ni sobreviva al acto. Muy práctico.

Un amigo mío me llamó mientras me hallaba inmerso en la planificación. Stephen. Era un tío extraordinario: había dejado los estudios en un pueblo minero de Gales a los quince años, sin ningún tipo de diploma, y a los dieciséis ya estaba tocando en el Madison Square Garden, con las entradas agotadas, junto a un grupo británico de rock de gran éxito. Veinte años después, cubierto de tatuajes y todavía sin ningún diploma, decidió que quería hacerse cirujano, ingresó en la facultad de medicina de Columbia, curró como un hijo de puta y ahora es, sorprendentemente, un puto cirujano. Habíamos mantenido una relación muy estrecha antes de que se trasladara a Nueva York y perdiéramos el contacto. Me pilló en un día malo. Le comenté en broma que tenía que encontrar un edificio del que tirarme, intenté recular, no me pareció que hubiera logrado convencerlo de que era una broma, colgué el teléfono y me di un puñetazo en la cara. Imagino que Jane había hablado con él y le había pedido que se interesara por mi estado.

Estoy releyendo esto (esa labor tendría que habérsela dejado a mi editor). Soy muy consciente de la imagen que presenta de mí. Aquí hay un narcisismo y una lástima por mí mismo de manual. Ahora lo percibo. Sin embargo, cuando estás metido en ello, cuando sientes que te ahogas en esa mierda y todo parece de lo más real, no ves las cosas con perspectiva. En la depresión, el trauma, el estrés postraumático, como queráis llamarlo, no queda espacio para la realidad. Mi mundo se había desmoronado y solo cabíamos yo, mis delirios y mi ego. No me quedaba otra opción que irme de este mundo. Uno de los malentendidos más peligrosos sobre el suicidio es que nadie sabe que, para aquellos que lo están contemplando, casi siempre constituye una elección absolutamente válida. Se parece un poco a estar muerto de hambre, tras no haber comido durante varios días, y llegar de pronto a un restaurante en el que lo único que sirven es algo que odias hasta decir basta y que antes no te habrías comido ni loco, pero no tienes otra opción. Lo pides, te lo comes, te lo metes en la boca con las manos lo más deprisa posible y no paras hasta que estás a punto de desmayarte. La realidad de mi situación tal como yo la veía, y mi febril cabeza, habían empezado a agitar los cimientos de mi autosuficiencia, hasta el punto de que el poder y el lujo de tomar decisiones se me habían hurtado.

Se me presentó una posible solución de última hora un par de días antes del momento en que iba a llevar a cabo mi plan (mis suegros iban a venir de Estados Unidos y me parecía lo correcto esperar a que llegaran para que después mi mujer tuviera al menos algo de apoyo). Había ido a una reunión de Alcohólicos Anónimos, algo que hacía habitualmente, y al llegar a casa me estaban esperando Jane y mi colega Matthew. Era evidente que el informe que Stephen les había hecho de nuestra conversación telefónica no había sido muy bueno.

No quiero hablar mucho de Alcohólicos Anónimos porque..., bueno, porque la segunda palabra del nombre lo dice todo. Pero sí que quiero contar que, según mi experiencia (diecinueve años sin beber, y sigo yendo de forma regular a las reuniones), es la forma más fácil y eficaz para dejar el alcohol. Es un invento extraordinario que obra milagros día tras día, pero parte de la premisa de que haya un cierto nivel de sinceridad, sobre todo frente a uno mismo, entre sus miembros. Ni siquiera esto es necesario todo el rato: en determinado momento basta con querer dejar la bebida. Yo iba a reuniones y charlaba con otros con un nivel de insinceridad básica que me impedía recuperarme. Físicamente estaba sobrio, pero el aspecto mental era otra historia. Por eso, aunque no consumiera alcohol, no estaba nada bien, y desaproveché la oportunidad de superar mis demonios, como han logrado hacer muchos otros miembros de la asociación. Sí que sé una cosa: si hubiera vuelto a beber, estaría muerto. Lo tengo clarísimo: es mucho más fácil suicidarte estando borracho que sobrio. En ese sentido, le debo la vida a Alcohólicos Anónimos. En la actualidad, con una sinceridad recién descubierta que solo ha nacido después de salir del más profundo y degradante de los pozos, también le debo mi tranquilidad mental. Es lo mejor que hay.

Bueno, pues llegué a casa después de haber estado mintiendo como un bellaco una vez más en una reunión, de haber contado lo bien que me iba, y allí me recibieron, con gentileza, mi mujer y mi mejor amigo. Me dijeron que habían buscado varios hospitales que trataban de forma específica los abusos sexuales y me propusieron (más bien fue: «Si no vas, nos cercioraremos de que te ingresen en uno de ellos de todos modos») que a la mañana siguiente fuera a ver al equipo de admisiones. No tenían la menor idea de que ya había encontrado el edificio desde el que iba a saltar, había hecho testamento, había escrito una carta en la que aparecían las contraseñas de mis ordenadores, mis detalles bancarios, las instrucciones de cómo quería que me enterrasen, etcétera. Aquello me planteó un dilema. Podía mentirles y matarme al día siguiente, en vez de ir al hospital, o podía hacer lo que me pedían. Podía hacer lo que me pedían porque ya no quedaba ningún otro recurso, y, si existía una mínima posibilidad de encontrar cierta ayuda con la que se pudiera evitar una solución tan drástica, a lo mejor valía la pena.

Así pues, después de que se pasaran varias horas asegurándome que Jack iba a estar bien, que ellos podían manejarse perfectamente sin mí, que mis suegros iban a pasar un par de semanas en Londres para cubrir mi ausencia, accedí. A la mañana siguiente fui al hospital.

Aquello fue un puto desastre desde el principio.

No sé hasta qué punto se debió a lo gilipollas que fui o a

que ellos fuesen unos imbéciles poco profesionales, pero, madre mía, aquel sitio era espantoso. A pesar del rollo que soltaban sobre los programas concretos que tenían para tratar los traumas surgidos de los abusos sexuales, no había nada de eso, sino un par de «terapeutas» con obesidad mórbida, un malhumorado grupo de adictos a la heroína a los que el Sistema Nacional de Salud había metido allí en contra de su voluntad, un psiquiatra que apenas sabía inglés y una serie de reglas aplicadas con el regodeo propio de un niño adoptivo pelirrojo y maltratado que al fin puede vengarse de sus torturadores.

Siempre que abría la boca para hacer una pregunta, o para ver si podía hablar con alguien de mayor responsabilidad dentro del equipo, me pedían que me callara, como en un campamento militar, y me acusaban de ser conflictivo. Tardé cuarenta y ocho horas en decidir que aquello no era para mí. Al llegar había escondido un paquete de cuchillas en el jardín trasero; fui a buscarlas y las utilicé para volver a cortarme. Pero ni siquiera eso me funcionó. Así que recogí mis cosas y les pedí que me dieran el móvil, las llaves del coche y la cartera (que me habían confiscado al entrar) porque me marchaba. Y me dijeron que no. Así, sin más.

Solté una pequeña carcajada y contesté:

—En serio, quiero que me devuelvan mis cosas, y después ya dejo de dar la lata.

Entonces dijeron que lo iban a discutir y que me pasara por la oficina al cabo de un par de horas.

Estuve deambulando por allí y justo antes de la hora de la comida me dirigí al despacho. Me encontré con un grupo de gente a la que no había visto en la vida. Médicos, enfermeras y algunas personas más, todas ellas con aspecto muy serio y levemente amenazador. Solté una risita y comenté en broma que parecía que me habían preparado una especie de intervención. Nada. Silencio sepulcral.

Aquello parecía una escena judicial de una peli de bajo presupuesto. Habían registrado mi habitación y encontrado el paquete de cuchillas (por lo visto, alegar que «nunca salgo de casa sin ellas» no fue una buena excusa) me dijeron que existía el consenso entre personal y clientes («pacientes» no era un término políticamente correcto) de que yo era una influencia negativa; me aseguraron que por eso me consideraban un peligro para los demás o para mí mismo y que me iban a mandar a otro hospital en el que me podrían «atender de forma más adecuada». Así, sin más, se me vino el mundo encima.

Quitarle la posibilidad de elección es una de las cosas más aterradoras que le puedes hacer a alguien. Desde los diez años, cuando me marché del colegio en el que estaban dándose los abusos, siempre había podido decidir. Podría habérselo contado a alguien, podría haber sido menos promiscuo, podría haber pedido ayuda, no haberme casado, seguido con el piano, rechazar las drogas, etcétera, etcétera. Decidí no hacer ninguna de esas cosas. Incluso decidí, finalmente, pedir ayuda. Y entonces, por primera vez desde que tenía cinco años y estaba boca abajo sobre una colchoneta de gimnasia, mientras el peso de un gigante me aplastaba, volvía a no poder elegir. No podía salir de esa situación gracias a mi labia (lo volví a intentar, a pesar de que un par de fornidos enfermeros del pabellón psiquiátrico esbozaron una sonrisita cuando lo hice), no podía escapar de aquello alegando chorradas. Me dejaron llamar a mi médico de cabecera (a ciento diez libras la consulta, supuse con toda arrogancia que él podría solucionar aquello), pero se limitó a contestarme que no podía hacer nada. Me hicieron dejar mi coche allí y me llevaron a otro hospital que quedaba como a una hora y media, mientras yo lloraba de rabia y frustración.

El ingreso fue un horror. Me prescribieron medicamentos, los primeros fármacos que había tomado en once años. Cuando me negué, me obligaron a tragarme algo cuyo nombre ni siquiera podía pronunciar. La habitación me dio vueltas, la cabeza me salió volando, todo se volvió pequeño y estuve dormido casi veinticuatro horas seguidas.

Este nuevo centro también era demencial, pero de otra forma completamente distinta. Allí adoraban los medicamentos. Fundamentalmente, me atontaron a base de productos químicos y me dejaron en paz durante las primeras semanas. Estar colocado después de más de una década sin drogas fue desagradable, aterrador, abrumador. La memoria a corto plazo me desapareció enseguida (me presentaba a la misma persona una y otra vez), perdí la capacidad de coordinación, babeaba, me pasaba el día sudando. Me convertí en la caricatura de un «paciente psiquiátrico».

Jane y yo decidimos que a Jack no le convenía venir a verme: no tenía por qué presenciar cómo iba dando tumbos, cómo me chocaba con las paredes, sin poder concentrarme ni hablar como es debido. Me convertí en una especie de rata de laboratorio para unos psiquiatras que tenían muchas ganas de poner a prueba su pericia a la hora de hacer diagnósticos y recetar medicinas. Al cabo de unos cuantos días llegaron a la conclusión de que sufría todo lo siguiente: trastorno bipolar, estrés postraumático agudo, autismo, síndrome de Tourette, depresión clínica, ideación suicida, anorexia, trastorno disociativo de la personalidad y trastorno límite de la personalidad. Me medicaron «en consecuencia».

La medicación es una putada. No os hacéis una idea. Clonazepam, diazepam, alprazolam, quetiapina, fluoxetina, trimpramina, citalopram, efexor, litio, tramadol y otra docena de compuestos, algunos tomados a la vez, otros en ciclos que iban alternándose, otros combinados, algunos por la tarde, otros por la mañana. Y no podía elegir: si me negaba, me obligaban a tomármelos.

Había terapia (de grupo e individual), pero no sirvió de

nada porque era incapaz de estar lúcido, de albergar pensamientos racionales, ni siquiera era capaz de pensar, joder. Incluso me dieron un medicamento, un hijo de puta salvaje, para frenar las autolesiones, que impide que el cerebro libere endorfinas como respuesta al dolor, de modo que si lograba hacerme algún corte, me dolería muchísimo sin que hubiera subidón. Despreciable.

Algunos de los otros internos daban miedo de verdad: uno de ellos se enteró de que era pianista y me dijo que me iba a romper los dedos uno a uno. Luego se quedó super, superquieto, mirándome, y no en plan simpático. Le dije que ya podía ir empezando, pero siguió sin moverse. Me di la vuelta, cerré los ojos y añadí que iba a contar hasta treinta y que durante ese tiempo podía hacerme lo que quisiera. Siguió sin moverse. Qué gallina.

Me registraron a conciencia; no llevaba nada con que poder matarme. Todo me superaba: la culpa que sentía por lo que le estaba haciendo a Jack, el puto dolor de cabeza, no poder marcharme, no poder quedarme, no poder pensar, hablar, actuar, soñar, imaginar. Estaba atrapado en un extraño círculo del infierno patrocinado por las grandes empresas farmacéuticas. Y no podía escapar.

Llegué a la conclusión de que ya había probado la «manera sana» de pedir ayuda. Evidentemente, no había funcionado. Y ahora había llegado el momento de hacerlo a mi manera, definitivamente. Lo que implicaba de nuevo la muerte. Y planificar tu suicidio en un pabellón de seguridad mientras estás tomando un cóctel de medicamentos megapotentes no es fácil.

Siempre tenía cerca de mí a un enfermero psiquiátrico (guardaespaldas), incluso mientras dormía. No disponía de cuchillas, ni de objetos punzantes, no tenía acceso al tejado y las medicinas estaban requeteguardadas bajo llave. Pensé, por tanto, que la única opción era ahorcarme. Sabía que en torno a las dos de la madrugada se acababa el turno de mi enfermero y empezaba el del siguiente. Y también sabía que la antena de la tele tenía un cable largo y estupendo. Fingí estar totalmente grogui sobre las nueve y me limité a esperar. El tío se aburría como una ostra, y cuando llegó su sustituto estuvieron charlando unos minutos mientras efectuaban el cambio. ¿Por qué no iban a hacerlo? Aparentemente yo estaba totalmente inconsciente, nos encontrábamos en mitad de la puta noche, al tío le pagaban ocho libras la hora y tenía cosas mejores que hacer que andar vigilando a un capullo privilegiado como yo.

Estaban hablando en voz baja en el pasillo de delante de mi habitación. Me acerqué a toda prisa al televisor y desenchufé el cable. Me metí sigilosamente en el baño anexo, me subí al inodoro, lancé el cable a un conducto de ventilación del techo y lo enganché a él. Hice un nudo (se parecía bastante a un Windsor doble), introduje la cabeza en él, di un buen tirón para comprobar que iba a aguantar, y salté.

La cosa de ahorcarse es que no te estrangulas. El propósito de todo el asunto, si calculas bien, es que se te parta el cuello, lo que debería suceder al cabo de unas seis centésimas de segundo: luces apagadas, fundido a negro, se acabó. Si hubiera tenido el lujo de contar con una viga gigantesca, una escalera de mano, una cuerda como es debido, una calculadora, conexión a Internet, intimidad y conocimientos sobre nudos propios de un Boy Scout, eso sería justo lo que habría pasado. Pero no. Caí, no se rompió nada (excepto el último y lamentable resquicio de mi mente que seguía intacto), vi muchos colores raros, de pronto todo cobró nitidez, intensidad y se volvió algo tangible. Noté que me empezaba a ahogar. Esto es lo peor que te puede pasar si te ahorcas. No podía bajarme, repetirlo y que me saliera bien; sabía que si me encontraban, me salvarían; en función del tiempo que tardaran podía sufrir algún tipo de daño cerebral por la falta de oxígeno; y entonces a) me quedaría (más) retrasado para siempre, y, en consecuencia, b) no podría terminar de ahorcarme.

Así que estaba literalmente colgado del techo de mi baño y empezando a perder la consciencia cuando la puerta se abrió de golpe y entró mi enfermero | guardaespaldas. Pareció que los ojos se le salían un par de centímetros de las órbitas; dio un golpetazo en la pared con la mano derecha y pulsó el botón de pánico; luego se echó hacia delante, me agarró las piernas en un abrazo de oso, me alzó y pidió ayuda a gritos. Yo me negué en redondo a que lo hiciera y empecé a dar patadas, a retorcerme como un hijo de puta y a gruñir mientras me salían chorros de mocos de la nariz y un torrente de baba de la boca. Estábamos bailando juntos esta especie de salsa de pirados cuando entraron a toda prisa más celadores, asumieron varias posiciones a mi alrededor y, no sé muy bien cómo, lograron bajarme.

A continuación se desarrolló un *sketch* que podría titularse: «Benny Hill en el pabellón psiquiátrico». Caí en sus brazos, que se relajaron durante un segundo, salí corriendo del baño y en bóxers, con el cable de la tele colgándome del cuello como si estuviéramos en un pretencioso desfile de moda, y eché a correr por el pasillo buscando la salida, mientras todos los enfermeros me perseguían. Como cabía esperar, la puerta del pabellón estaba cerrada, así que cogí una lámpara enorme que había al lado y empecé a aporrearla con ella. Ni se movió; yo parecía un palurdo de cojones. Me dediqué a blandir la lámpara como si fuera una espada láser y yo estuviera en *Alguien voló sobre el nido del cuco*, y se la acerqué de forma amenazadora al grupo de celadores (cada vez mayor) que empezó a desplegarse delante de mí.

Me zafé de siete de ellos utilizando solo las manos, me abalancé contra la puerta en plan fuerza bruta, partí la madera y salí, como de una crisálida, al aire frío de la noche, logré dejar atrás a todo el equipo de seguridad, salté las barreras de la entrada y entré a toda pastilla en un taxi que pasaba y que se interné en la noche con un chirrido de neumáticos propio de Jack Bauer.

Vale, no. Aguanté unos doce segundos y luego me inmovilizaron contra el suelo, me llevaron a un cuarto de seguridad, me hicieron tragar algo chachi y me sumí en la nada en un abrir y cerrar de ojos.

Cuando recobré la consciencia, pagué el precio: tremendos cócteles de medicamentos, profundas y serias conversaciones con el jefe de psiquiatría, registro corporal y de la habitación, ningún contacto con otros «residentes» (internos), comidas a solas en mi cuarto, vigilancia cuando me duchaba.

No os podéis imaginar la rabia. Yo no sabía que una ira semejante pudiera existir. Una furia continua, fría, que se había estado acumulando durante treinta años y a la que finalmente se le permitía salir.

No se había acabado todo para mí. Me sucedió algo. Asumió las riendas una persona completamente nueva cuya única misión era salir de ese puto sitio. Por mucho que tardara, por mucho que tuviera que hacer para lograrlo. Lo de ponerme «bien», fuera cual fuera el significado de esa gilipollez, no iba a pasar. Tampoco podía suicidarme en ese lugar, y sabía que debía salir y encontrar otro sitio en el que llevarlo a cabo.

Pocos días después me iban a llevar a ver al psiquiatra. Estaban reformando las oficinas y lo habían instalado en la planta baja, cerca de la entrada principal. Un enfermero (más fornido que el resto) me condujo al exterior del pabellón cerrado y al piso bajo. Y, sorprendentemente, mientras esperaba en una sala fría pero cómoda a que el médico me hiciera pasar, mi vigilante volvió al pabellón y me dejó solo. No tengo ni idea de por qué. Quizá fue por un fallo de comunicación, pereza, o porque necesitaba fumarse un pitillo. En todo caso, se me presentó la única oportunidad de salir de ahí y no titubeé. Me dirigí con tranquilidad y seguridad a la puerta principal, la abrí y salí a la luz del día. De verdad que fue así de fácil. Calculé que tenía una ventaja de unos siete minutos hasta que alguien dedujera qué había pasado, paré un taxi y le pedí al tipo que me llevara a la estación de metro de Sloane Square.

Pagué al taxista (llevaba encima la espléndida cantidad de setenta libras en efectivo, supuestamente para comprar tabaco y chorradas en la «tienda de regalos» del hospital), compré un abono de transporte, cogí el metro y me puse en plan Jason Bourne: cambié de vagones, subí a un autobús, cambié también de dirección, jugué a los espías durante un rato y al final acabé en Paddington.

Compré cuchillas en Boots y fui deambulando hasta encontrar el tipo de hotel en el que te entrarían ganas de suicidarte aunque fueras superfeliz al llegar. La noche me costó cuarenta libras, todo lo que me quedaba de efectivo.

Llené la bañera con el agua más caliente que podía soportar, coloqué las cuchillas y las toallas, me desvestí y me senté en la cama. Por primera vez desde hacía meses pude respirar. Estaba solo, nadie sabía dónde me encontraba, no había experimentado tal tranquilidad desde hacía años. Dormí unas horas. Un sueño reparador, como debe ser, no provocado por compuestos químicos sino sosegado, completamente vestido, sin espasmos en los músculos, sin que la cabeza me diera vueltas.

Sabía que tenía que despedirme de mi hijo. Estaba jodido, pero no tanto como para irme sin que él oyera mi voz, o al revés. Para mí tenía sentido que él contase con una especie de punto de apoyo, de modo que, cuando se hiciera mayor y se acordara del suicidio de su padre, pudiera consolarse un poco al saber que se había despedido de él. Así es el narcisismo del suicidio.

Llamé al móvil de su madre y me lo cogió. Es importante aclarar que a estas alturas básicamente yo ya me había salido por completo de la realidad. No era consciente de ello, pero resultaba evidente que funcionaba utilizando un sistema operativo distinto del de cualquier otra persona a un par de kilómetros a la redonda. La llamé, le dije que quería hablar con mi hijo, que me habían dejado salir del hospital a modo de prueba, para ver si podía manejar permisos más prolongados, y que quería saber cómo estaban. Ni se me ocurrió que pudiera haberse puesto en contacto con la policía, que pudiera haber recibido llamadas del hospital y de Matthew, para averiguar dónde me encontraba.

Todavía quedaba algo de bondad y cierta clase de amor en su interior. La verdad es que no sé por qué. Pero no me dio a entender en absoluto que hubiera algún problema; se limitó a decir que le encantaría verme.

—¿Qué te parece, Jimmy? Podríamos quedar en algún sitio, pasar juntos diez minutillos, y después puedes venir a casa un tiempo, o no. Lo que quieras.

Y pensé, con la grandilocuencia chalada y egocéntrica que pudo ser resultado de un brote psicótico y de la infame cantidad de medicamentos que aún llevaba en el cuerpo, que sí, que aquello era una idea buenísima. Ver a mi mujer para despedirme en condiciones, darle un último beso, después volver al hotel y hacer lo que tenía que hacer. Porque era lo correcto. Lo correcto.

Lo dejé todo tal cual estaba, colocado en la cama en plan trastorno obsesivo-compulsivo, a la misma distancia unos objetos de otros, en los ángulos correctos, lo comprobé y lo volví a comprobar, y salí de la habitación en dirección a la estación de Paddington, en cuyo vestíbulo principal habíamos quedado.

Llegué y me quedé observando a los viajeros agobiados, borrachos, perdidos y atareados que pulularon por allí durante veinte minutos, hasta que vi a Jane. Y a Jack. Por algún motivo inconcebible, lo había llevado. Una sorpresa de carne y hueso y un metro de altura que me daba Jane, aunque con la mejor de las intenciones. Era diminuto. Un bultito compuesto por un anorak y unos vaqueros de tamaño ínfimo que le daba la mano a mi mujer. Mientras bajaba las escaleras mecánicas hacia donde estaban, noté que el corazón me empezaba a latir con fuerza, con estridencia, que se me partía. Seguí avanzando hasta que él me vio y corrió hacia mí. Nuestro abrazo fue tan memorable e importante, en todos los aspectos, como el que le di cuando me lo pusieron en brazos en el hospital, muy poco después de que naciera. Antes incluso de que pudiéramos decir algo, supe que algo muy profundo había cambiado.

Por el rabillo del ojo vi que Matthew se me aproximaba. Había hablado con la policía, me iban a devolver al hospital en media hora. Ni siquiera me enfadé. Lo que sentí quizá fuese alivio. Porque había surgido en lo más hondo un nuevo sentimiento que intentaba ser escuchado. Pasó algo cuando la manita sudorosa de Jack cogió la mía y la apretó más fuerte de lo que habría creído posible. Cuando le olí la cabecita y noté cómo se abalanzaba contra mí mientras gritaba «¡Papá!», fue como un imperativo primario, biológico, propio del cerebro reptiliano, que venía a decir algo así como: «Bueno, tú te has abandonado, pero va en contra de la naturaleza fundamental de las cosas que a él le hagas lo mismo, y lo sabes». Él era una extensión de mí mismo. Una parte de mí. Si el huésped moría, al resto del organismo le pasaría lo mismo, y en ese momento Jack no era lo bastante fuerte para existir sin mí.

Todavía no estaba preparado para morirme. Si no hubiera llamado a Jane, si ella no me hubiera seguido el juego, si no hubiera visto a Jack por última vez, jamás habría oído ese grito interior con la fuerza necesaria para prestarle atención.

Volvieron a llevarme al hospital.

Me dio la sensación de haberme quedado sin ganas de luchar. Estaba blando, maleable, indiferente. Iba arrastrando los pies por el pabellón, babeando un poco, perdiendo más neuro-

nas y recuerdos gracias al enésimo cóctel de fármacos. Entonces, un domingo en que había visitas, me llamaron y me dijeron
que habían venido a verme. Lo cual era raro, porque al margen
de una visita breve y desastrosa de Jane y Jack unas semanas
antes, nadie había venido a verme.

Era un viejo amigo al que llevaba mucho tiempo sin ver.
Un tipo torpe, algo autista, frágil. Fanático del piano (nos habíamos conocido porque en cierta época a los dos nos la ponían
igual de dura las grabaciones piratas de Sokolov). Se había enterado de dónde estaba y quería darme apoyo. Y música. Al llamar para organizar la visita, le habían dicho que solo se podían
regalar artículos de aseo (para entonces ya no podía recibir en-
víos porque me habían interceptado cuchillos y cuchillas). Me
dio una botella enorme de champú y me guiñó un ojo. Sin que
los enfermeros lo pudieran oír, me pidió que la abriera cuando
me quedara solo. Cosa que hice. En el interior de la botella
vacía había una bolsita de plástico. Y, dentro de la bolsita de
plástico, el flamante y recién lanzado iPod Nano, del tamaño
de una chocolatina After Eight. Los cascos estaban enrollados
en torno a él con gran mimo. Lo había llenado con gigas de música. Y todo cambió.

Me metí en la cama. Me puse los auriculares. Madrugada.
Todo oscuro y silencioso a más no poder. Le di a la tecla de
reproducción y escuché una pieza de Bach que no conocía, que
me llevó a un sitio de tal esplendor, de tal abandono, esperanza,
belleza y espacio infinito que fue como rozarle la cara a Dios.
Juro que en ese preciso instante viví una especie de epifanía espiritual. La obra era el *Adagio* de Bach y Marcello, creada para
oboe y orquesta por un compositor barroco llamado Alessan-
dro Marcello, que gustaba tantísimo a Bach que éste la transcribió para piano solo. Glenn Gould tocaba su Steinway y me
alcanzaba desde cuarenta años atrás, desde trescientos años
atrás, y me decía que las cosas no solo se iban a arreglar, sino

que iban a ser una puta maravilla. Tuve la sensación de que me habían conectado a un enchufe. Fue uno de esos infrecuentes «momentos Elvis» que nunca olvidaré, que me hizo añicos y liberó una bondad de mi interior que llevaba treinta años sin ver la luz.

Entonces tomé una firme decisión. Sabía que ese sitio no era el que me convenía. En él no podía mejorar. No con tantos medicamentos, tanta locura, tanta tele durante el día y tanto aburrimiento. Tenía que salir como correspondía y de forma definitiva. Tenía que conseguir que me soltasen, encontrar un espacio, volver a casa junto a mi hijo. Tenía que ponerme bien. Pero primero debía demostrarles que había mejorado lo bastante para marcharme.

Y eso hice. Eso hicimos. El tipo cabronazo frío, implacable, paciente e inteligente que controlaba parte de mi mente asumió el mando. Menos mal. El muy hijo de puta había nacido para esto. Empezamos a cooperar; no demasiado deprisa para que la cosa no resultara poco creíble, ni tampoco tan despacio que no me diera tiempo a cumplir el plazo que me había impuesto de salir por Navidades. Lloraba cuando me lo pedían, me abría a mi niño interior, hacía dibujos adecuadamente llenos de rabia cuando tocaba terapia artística, participaba en las sesiones de grupo, en mi terapia individual lograba transmitir las dosis justas de preocupación, remordimientos, rabia, esperanza y arrepentimiento. Aguanté entrevistas y sesiones en las que dije lo que convenía y luego lo reforcé haciendo también lo que convenía. Ayudaba a otros, les gastaba bromas a los empleados, silbaba muy contento cuando los médicos podían oírme, me tomaba los fármacos, me levantaba pronto y meditaba en el jardín, desde donde podían observarme perfectamente los del turno de noche. Hice todo lo necesario para llegar a aquella tarde de lunes de dos meses después, a mediados de noviembre, en la que me sentaron y me dijeron que yo era el

mejor ejemplo de un tratamiento de salud mental que funciona. Estaban encantados con mis progresos y les alegró mucho
decirme que me habían dado el alta. Me podía marchar al cabo
de tres días, siempre que accediese a seguir un intenso programa de seguimiento para pacientes externos y no me saltase la
medicación.

Mi diligente y falsamente humilde sonrisa de agradecimiento fue de Oscar. Hasta incluí el rollo obligatorio de: «¿Seguro que estoy preparado para esto?» y expresé mis inquietudes.
Conseguí que tuvieran que convencerme de marcharme. Mark
Rylance habría aplaudido mi interpretación. Lo que había logrado me inspiró un orgullo de lo más tonto; tres días después
salí tranquilamente del hospital, tiré la medicación, me fui a
casa y me metí en la cama.

Un rápido aviso sobre esta parte tan despreocupada de
«tiré la medicación». No lo hagáis, bajo ninguna circunstancia.
Nunca. Imaginad que echáis un pegote gigantesco de mayone-
sa casera a un trozo de pollo crudo, que lo dejáis al sol durante
cuatro o cinco días y que después os lo metéis todo en la boca,
para tumbaros a esperar. Imaginadlo y tal vez podáis haceros
una idea de lo que se siente al tener síndrome de abstinencia
tras haber tomado medicación psicotrópica.

Tardé unas doce horas en notar las convulsiones cerebrales.
Todo empezó a parecerme muy onírico, no del todo preciso,
como si estuviera borracho. Esto acabó dando paso a las alucinaciones, los espasmos musculares, los vómitos, la diarrea, los
sudores, los dolores, los temblores, las náuseas. Estuve fuera de
combate durante tres días hasta poder sentirme remotamente
capaz de caminar, hablar, funcionar.

Me había hecho muchísimas ilusiones de salir del hospital, volver a un hogar lleno de amor y apoyo, y de que todo se
arreglase. De que ese fogonazo de esperanza que mi alijo ilegal
de música me había brindado en el hospital permaneciese y au-

mentase en el exterior. Pero evidentemente eso no fue lo que pasó. Yo era un puto lastre, había facturas que pagar, papeleo que organizar, chorradas que atender. Hubo que vender mi piano por una cantidad muy inferior a lo que nos había costado, así que mi único posible medio de vida desapareció. En casa se notaba tensión, hostilidad, miedo, incomodidad e incertidumbre. Todos estábamos metidos en el agujero sin tener la menor idea de cómo salir de él, ni siquiera de si era posible. Las cosas se habían torcido tanto, tan rápidamente, que parecía que no había marcha atrás.

Que mi vida se hubiera detenido hasta tal punto no implicaba que el mundo hubiera hecho lo mismo: había seguido avanzando mientras yo no me enteraba de nada, y ahora trataba de ponerme al día sin contar con los recursos necesarios para ello. Fue la primera vez en que me di cuenta de veras de que las buenas intenciones no bastaban. Incluso ya fuera del hospital, sin medicación, presente físicamente para mi familia, me había convertido en un fantasma.

A pesar de quererla, ya no sentía ninguna conexión con mi mujer, ni que hubiera un futuro lleno de optimismo que nos uniera, ni tampoco sueños o esperanzas de los que hablar hasta la madrugada. Me había metido en aquella relación sin saber lo que hacía, tenía un hijo perfecto, precioso y extraordinario y ni la menor idea de cómo educarlo. Dicen que un matrimonio requiere esfuerzo. No fui consciente de qué quería decir eso hasta que miré a mi alrededor y me di cuenta de que no me había implicado en él, ni física ni emocionalmente, durante casi un año. Me había ido agitando por ahí como un pez enfermo y fuera del agua y ahora, después de que en el hospital me hubieran mantenido con vida pero sin darme las herramientas necesarias para hacer lo mismo con mi matrimonio, tenía que encontrar el modo de reparar unos daños incalculables.

Entonces, un amigo nuestro me ofreció una cuerda salvavidas. Una oportunidad irrepetible que quizá pudiera arreglar las cosas.

El tío era rico. Estaba forradísimo. Era de los que tienen casas por todo el mundo, aviones privados y submarinos. Nos conocía bien, había mantenido un contacto estrecho con mi mujer, había visto lo que pasaba. También él había tenido que enfrentarse a ciertos demonios y había ido a un sitio de Arizona en el que lo habían ayudado. Vio que yo no mejoraba, aunque quién sabe qué es mejorar; notó que no había empezado a procesar todas las cosas que me habían llevado al hospital, que seguía siendo una bomba de relojería. Se ofreció a pagarme una estancia en ese sitio al que él había ido.

Les donaba mucho dinero todos los años, lo cual fue una suerte, porque los había llamado y habían votado de forma unánime no aceptarme. Habían leído los informes médicos y les parecía que planteaba un riesgo demasiado grande. Pero Bob, mi amigo rico, les dejó muy claro que no le iban a sacar otro céntimo si no me admitían durante el tiempo que fuese necesario. Y en el sector de la psiquiatría el dinero va antes que cualquier otra cosa.

Bob me llamó. Me dijo que sin el sitio ese de Phoenix él no estaría vivo, que por mucho que quisiera ponerme bien y estar feliz y sano, si no me lo curraba eso no pasaría, y que ir a ese hospital durante unas semanas iba a ser un trampolín para volver a la vida, tanto para mí como para mi matrimonio. Añadió que yo estaba enfermo, y que sin ayuda la situación solo iba a empeorar. La tarde anterior la había pasado sosteniendo una bolsa de hielo junto a mi entrepierna durante una hora, tratando de reunir el valor necesario para castrarme, por lo que muchos argumentos en contra no podía ofrecerle.

Así que, de nuevo, hice la maleta, me separé de mi familia y cogí un avión para hacer un poquito de terapia al estilo estadounidense en Phoenix.

Tema 12

Mozart, *Sinfonía n.º 41 «Júpiter»*, cuarto movimiento

Sir Charles Mackerras, director

*El compositor más famoso del mundo, lo cual es toda una hazaña.
Sin embargo, da cierta sensación de que a Mozart esto se la habría
traído bastante floja. Fue un hombre que añadió una nueva dimen-
sión a la palabra «genio» (empezó a componer a los cinco años, a
hacer giras a los seis, sabía hablar quince idiomas, compuso cuarenta
y una sinfonías, veintisiete conciertos para piano, numerosas óperas,
música de cámara, sonatas, etcétera, etcétera); la profundidad del
talento monumental de Mozart solo podía equipararse a la longi-
tud de su nombre: Johannes Theophilus Amadeus Gottlieb Chrysos-
tomus Wolfgangus Sigismundus Mozart.*

*Tres años antes de morir a los treinta y cinco, compuso su últi-
ma y mejor sinfonía, la cuadragésima primera (a la que bautizaron
«Júpiter» veintiséis años después de su muerte en una operación de
mercadotecnia que no tuvo nada que ver con el propio Mozart). La
creó en dieciséis días y representa la suma total de su maestría com-
positiva. Al mismo tiempo compuso sus sinfonías número treinta y
nueve y cuarenta. Son tres obras maestras imperecederas creadas con
pocos días de diferencia, en un período tan corto que nos permite hacernos una idea de lo bestial de sus capacidades.*

*En la coda final del último movimiento de la número cuarenta
y uno, Mozart abre con una fuga a cinco partes: un asombroso y*

milagroso ejemplo de composición orquestal que jamás se ha superado. Imaginad que el mismo tema se repite cinco veces, pero que cada uno entra con retraso respecto al anterior, y que todos ellos tienen que combinarse para adquirir pleno sentido armónico mientras cien músicos tocan a toda castaña. Mozart espera a que lleguen los últimos cuarenta y cinco segundos de toda la sinfonía para ejecutar esa combinación (porque eso es el equivalente musical de hacer malabarismos con quince motosierras, y demorar más dicha combinación habría sido imposible), y éste es el motivo por el que yo jamás podría tocar un instrumento orquestal: me mearía de júbilo, de verdad, y me daría un telele si interpretara esta pieza sobre un escenario.

Hay dos frases que aquí resultan pertinentes, la primera de Schumann, que dijo a propósito de la «Júpiter»:

«Hay cosas en el mundo de las que no se puede decir nada, como la sinfonía "Júpiter" con su fuga, gran parte de Shakespeare y algunas páginas de Beethoven».

Y respecto a esa maldita fuga, que sigue siendo lo más emocionante que le he oído tocar a una orquesta, sir Donald Francis Tovey dejó escrito:

«Cada movimiento de la sinfonía "Júpiter" es una creación poderosa y excelsa. El punto culminante de esta colosal sinfonía es, cómo no, la fuga final, en la que la técnica polifónica de la vieja fuga se utiliza, junto a otros materiales, para lograr la consumación perfecta del pensamiento del compositor y de la eterna gloria artística. De hecho, en la literatura sinfónica no se puede encontrar nada equiparable a este movimiento. Hay otras composiciones (algunas de un interés semejante), pero no las hay iguales a ella, ni siquiera en el propio Mozart. Esta fuga final de la "Júpiter" es su apoteosis sinfónica».

Estados Unidos siempre es un sitio un pelín más grande, más descarado, más agresivo que cualquier otro. Lo mismo puede decirse de su sector de la salud mental. Después de rellenar de forma satisfactoria su tarjeta de inmigración (no estoy afiliado al Partido Nazi y todavía no he participado en ningún genocidio ni en la fabricación de armas nucleares, aunque me concedí ciertas licencias poéticas al tratar las preguntas sobre drogodependencia y enfermedades mentales), me recibieron en el aeropuerto Sky Harbor de Phoenix dos tíos gigantescos que llevaban sombreros de vaquero y me llevaron a lo que parecía ser una cárcel. Guardias de seguridad con pistolas eléctricas, porras y gas pimienta iban patrullando el recinto, con las Ray-Ban obligatorias y esa actitud de poli fracasado que conformaban una parte tan esencial de su uniforme como su falta de compasión y sus bíceps logrados a base de esteroides. Todo esto tuvo en mí el mismo efecto que una tela de color rojo para un toro. Enseguida me puse agresivo, muy peleón, provocador, bruto, violento. Me pareció que los tipos esos eran capaces de lidiar con mi rabia mal dirigida, por ir armados y todo eso, así que me dejé llevar. Lo saqué todo. Les di todo lo que llevaba dentro con creces.

El ingreso, o más bien el proceso de admisión, fue duro: aquello parecía un campamento militar para chalados. Yo lo hice más duro. Me lo quitaron todo. Y quiero decir todo: libros, música, móviles, dinero, llaves, pasaporte... todo fuera. Cacheos sin ropa, análisis de sangre, de orina, estudios psicométricos, infinitos cuestionarios, entrevistas, interrogatorios. Me prescribieron nuevos medicamentos (ni idea de cuáles) y me dijeron que antes de que me permitieran unirme al resto de los pacientes, iba a pasar los tres días reglados en la zona de enfermería, con un guardaespaldas en todo momento a escasa distancia, para que me protegiese. Éste era el procedimiento habitual que se les aplicaba a todas las personas al entrar. Solo que no fueron tres días. Pasé diecisiete días en ese cuarto (un récord, según me han contado después) aullando, gritando, montándola gorda, tratando de joderme de todas las formas posibles. La situación llegó a tales extremos (ciertas situaciones, ciertos niveles de violencia y disfuncionalidad que no soy capaz de describir aquí) que al cabo de un par de semanas estaban dispuestos a despedirse de las donaciones anuales de Bob y a llamar a la policía, para que me recogieran, me arrestaran y me llevaran a una institución psiquiátrica federal en la que tendría «una posibilidad ínfima de salir al cabo de uno o dos años».

Un truco muy práctico: si en algún momento queréis que alguien como yo (un ególatra con rasgos psicopáticos, quisquilloso, perdido y asustado) coopere de forma plena e inmediata en algo, no tenéis más que mencionar las palabras «federal» e «institución», llevar una camisa de fuerza a la habitación y dejarla en la cama. Nunca he cambiado de actitud tan rápidamente.

Me arrodillé y les supliqué con toda sinceridad que no me llevaran a ese sitio. Les hablé con toda la rapidez y franqueza que pude, entre sollozos, y al fin me concedieron una prórroga de veinticuatro horas. Una última oportunidad. Una y no más. En cuanto notaran el menor atisbo de que me ponía imbécil, acabaría perdido en las profundidades del sistema, lejos de la gente, de todas las personas que conocía, fuera de combate durante mucho tiempo. Podían lograrlo con una llamada de teléfono.

Un par de días después vieron que habían logrado convencerme. Toda voluntad de resistencia que me quedaba había sido eliminada de mi interior, y me dejaron unirme a los otros. El grupo de individuos más raro y variopinto que se pueda imaginar, pero todos ellos eran absolutamente adorables. Algunos llevaban unas pegatinas en las que se leía: SOLO HOMBRES (tremendos adictos al sexo a los que no se les permitía hablar con ninguna mujer, bajo ninguna circunstancia); otros eran jovencísimos (chicos y chicas de diecisiete años que formaban parte de la epidemia de la oxicontina); otros eran empresarios y empresarias decentes, guapos y ricos; algunos eran tipos sin techo y arruinados que habían vivido en la calle. Todos eran muy amables, todos parecían estar abiertos a la posibilidad de ponerse bien.

La cosa empezó. Estuve unos días escuchando, sin participar y sin hablar en las reuniones de grupo ni en las sesiones de terapia. Observé y esperé mientras buscaba la trampa, el fraude, el motivo por el que aquello, en mi caso, no iba a funcionar. Llevaba tanto tiempo sin albergar esperanzas que ya no podía ver las cosas de otro modo. Pero muy lentamente esa idea empezó a cambiar y se fue introduciendo en mí cierta sensación de seguridad.

Y entonces fue cuando las cosas finalmente, milagrosamente, empezaron a cambiar.

No sé si fue por ósmosis o por simple cansancio. Quizá se debió a que me habían quitado toda la medicación, menos la nocturna. En todo caso, con motivos decentes y sinceros, empecé a abrirme un poco, a participar en la terapia, a hablar con otros pacientes y con el personal. Los que trabajaban allí eran personas brillantes: bien formados, empáticos, amables, reflexivos. Había mucho trabajo que hacer, mucho que escribir, leer, explorar, indagar, descubrir y comentar. Todos los días había meditación, terapia de grupo e individual, nuevos métodos surgidos en Estados Unidos con nombres tan estupendos como «intervención somática» y «talleres de supervivientes». Di golpes a cosas con enormes porras de plástico, hablé de lo que me había pasado de pequeño y vi que lo recibían con horror y compasión, en vez de con incredulidad y culpabilización. Lloré, le escribí cartas imaginarias al profesor de gimnasia, el señor Lee, encontré la manera de dejar de torturarme por ser tan promiscuo y casquivano antes de llegar a la adolescencia, empecé a entender cómo se me habían destrozado las estructuras cerebrales, comprendí que llevaba décadas en modo de supervivencia; que, aunque era responsable de mi vida, no tenía que cargar con ninguna culpa.

Cosas enormes empezaron a suceder en mi interior. Comenzaron a ocurrir cambios increíbles en mi forma de pensar y de razonar. Esos tíos me entendieron de verdad. Abordaron mi locura con una comprensión y una aceptación absolutas, y me ofrecieron soluciones a problemas que me habían parecido insuperables. Pasamos semanas revisando mi vida, examinando el papel que yo había desempeñado en todo. Viendo de qué cosas había sido responsable: en qué momentos había sido egoísta, egocéntrico, falso, interesado, manipulador, miedica. Por qué había actuado como lo había hecho, a quién había hecho daño y cómo. Lo escribí todo y creé una lista con todas las personas en cuya vida había tenido un impacto negativo. Una muy larga. Luego, de entre todas esas personas, decidimos a cuáles les debía algún tipo de disculpa o reparación. Otra lista muy larga.

Había instituciones, como colegios, universidades y lugares de trabajo, en los que había robado cosas (no solo tangibles, como dinero, sino también tiempo); personas y sitios sobre los que había chismorreado (al parecer, esto no está bien, por muy banal que me pareciera en el momento); edificios que había destrozado o estropeado; amigos a los que había ignorado o hecho daño; relaciones en las que había sido egoísta y manipulador (todas las personas con las que me había acostado, básicamente); mi familia, a quien tanto había preocupado, cuyas vidas había perturbado, a quienes había quitado la tranquilidad; amigos, colegas, conocidos a los que había perjudicado. Incluí en la lista a todas las personas que hubiese evitado cruzando la calle. La regla general fue la siguiente: a no ser que buscar la reconciliación con esas personas les causara una angustia mayor («Me acosté con tu novia | mujer | hija, te pido disculpas por ello»), tenía que ponerme en contacto con ellas y pasar a la acción.

El hospital me dio un teléfono y un ordenador; escribí o llamé a todas esas personas de la lista para pedir perdón, reconocer mi responsabilidad, preguntar si había algo que pudiera hacer para compensarlas. A casi todos los implicados les gustó tener noticias mías, aunque se quedaran algo perplejos. Algunos no quisieron hablar. Unos cuantos se alegraron un montón de poder expresarse finalmente. No se trataba de incitarlos a que me castigaran, me culpabilizaran o me recriminaran cosas; lo importante era cerciorarme de que iba a poder dormir bien por las noches. Saber que podía estar en contacto, de forma intencionada o accidental, con cualquier persona de mi pasado sin notar un nudo de vergüenza y miedo en el estómago. Por eso, cuando correspondió, pedí disculpas, doné dinero, devolví dinero, me ofrecí a hacer cualquier cosa, lo que fuera, para arreglar la situación.

En la labor que llevábamos a cabo había cierto tono religioso, propio de los estados del cinturón bíblico de Estados Unidos, pero lo disfrazaban de espiritualidad creíble, y pensé que quién coño era yo para negar la existencia de algo más grande que yo que lograba, de un modo u otro, que las cosas funcionasen. Me alivió mucho permitirme dimitir del puesto de director general de todo el puto universo y, por una vez, ir por ahí sin ser más que una parte de él. Creo que a eso se le llama humildad.

En total, pasé allí dos meses. Al final de ese período, milagrosamente, había dejado de odiarme tanto. Había engordado, solucionado muchos de los destrozos de mi pasado, arreglado ciertas relaciones y encontrado una manera de convivir conmigo mismo que me procuraba, casi todos los días, la serenidad y el sosiego suficientes.

Había estado hablando con Jack un par de veces por semana y me moría de ganas de verlo. Ahora por fin podía. Y quizá eso bastaría para reconstruir las cosas entre Jane y yo, para crear una pequeña unidad familiar digna de ese nombre, que era lo que ambos habíamos querido desde el principio.

Me invadió una sensación de rendición. Al final había logrado la claridad y el autoconocimiento suficientes para saber que era capaz de ponerme bien, que contaba con las herramientas necesarias para ir avanzando lentamente sin destrozarlo todo.

También sabía que nada garantizaba que quienes me rodeaban se lo creyesen. Volvía a casa sin saber qué me iba a encontrar.

Lo cual era aterrador y emocionante, todo a la vez. Quizá haya llegado el momento de que os sirváis un té y escuchéis el mejor nocturno de Chopin: el que está en do menor, *opus 48 n.º 1* (YouTube, Spotify, iTunes, SoundCloud, elegid lo que más os guste). Así era como me sentía: lleno de agitación, anhelo, emociones tempestuosas, incertidumbre, inquietud, rendición y esperanza. Todo lo que imagino que tuvo que sentir Chopin cuando, con veinte años, se marchó de su casa de Varsovia para salir a explorar el mundo.

Terminó en París porque no pudo entrar en Austria (que era su primera elección), y allí pilló una enfermedad venérea por acostarse con una prostituta. Le entró una nostalgia tremenda: era un poquito imbécil, inseguro y dubitativo. Compuso su primer concierto para piano con diecinueve años, y a lo largo de los veinte años siguientes cambió para siempre el mundo relacionado con ese instrumento.

Como era de esperar, también le jodió la existencia a base de bien su relación superdisfuncional con la escritora George Sand; vivió arruinado, enfermo y desgraciado, y murió de tisis, en medio de tremendos dolores, a los treinta y nueve años.

Yo estaba un pelín menos arruinado, tenía un talento descomunalmente inferior, probablemente estaba igual de enfermo aunque no era tan desgraciado y aún no se me salía un trozo de pulmón cada vez que tosía.

Me despedí, les di las gracias a los empleados, hice la maleta y volví a Londres. Esta vez sin guardaespaldas. Sin medicación. Sin cuchillas escondidas. Me pareció que aquello era un nuevo comienzo, que fue precisamente lo que resultó ser, aunque no de la forma en que había imaginado. No en la forma que nadie habría podido vaticinar.

Crucé la puerta de entrada de mi casa para reunirme con mi

mujer y mi hijo. Me habían puesto carteles de BIENVENIDO A CASA y habían hecho bizcochos. Entonces sí que tuve la sensación de haber vuelto. Sabía que a partir de entonces sería un padre mejor para Jack. Que estaría presente, disponible, que sería fuerte. Sabía que tendría que demostrárselo con el tiempo. Que después de tantos meses de ausencia con un contacto únicamente ocasional, él tardaría un poco en darse cuenta de que podía fiarse de mí otra vez. Los niños de cinco años perciben muchas cosas. Tenía que recuperar su confianza, y estaba dispuesto a hacer lo que fuese necesario para lograrlo.

Y a eso me dediqué. Pasé con él todo el tiempo posible. La verdad es que habíamos estado tan juntos durante sus primeros tres o cuatro años en este mundo, había estado tantos días y noches dándole de comer, sacándolo a pasear, calmándolo, habíamos formado un vínculo tan profundo en aquella época, que éste no tardó en reaparecer. Es algo raro que tienen los niños, una capacidad de perdonar a la que la mayoría de los adultos solo pueden aspirar. Él siempre me había querido (eso era algo innato e inmutable), y yo a él. Después de unas semanas en las que jugamos, cantamos, estuvimos juntos, ya nos sentíamos completamente conectados: habíamos recuperado la normalidad. Todos los días lo llevaba al colegio y lo recogía, íbamos al parque, hacíamos construcciones de Lego, pasábamos por Starbucks para comer algún dulce, le leía, veía la tele con él, le daba de comer, lo abrazaba, le transmitía que estaba a su lado.

Me daba la impresión de que la mayor compensación se la debía a él, y la única forma de lograrlo era mostrándole que podía contar conmigo. Y de la forma más tonta, quizá ingenua, no hice lo mismo con Jane. Centré toda mi atención en Jack, y su madre y yo empezamos a alejarnos cada día un poco más.

Hoy sé unas cuantas cosas sobre el amor que, por lo visto, solo se han hecho evidentes al cabo de treinta años de imbecilidad absoluta y de otro período, más corto, de autoanálisis intenso. Desgraciadamente, el amor siempre es un examen práctico, no teórico, y en último término todas las reflexiones del mundo no sirven para nada. Es como si quisieras aprender a tocar el piano leyendo un manual. Igual crees que sabes qué hay que hacer, pero hasta que estás delante del teclado y descubres lo inmensa, abrumadoramente complicado que es, cuánto esfuerzo y concentración requiere, no sabes nada.

Odio la expresión «tener un flechazo». Es una gilipollez. No recibes ningún flechazo; diciendo eso parece que vas a acabar herido y medio muerto. En la actualidad todo tiene que ser inmediato, enorme, mucho más intenso, rápido, salvaje y brillante que antes. Antes, la serie *Inspector Morse* era trepidante y te mantenía en vilo. Hoy nadie que no esté chalado se atrevería a encargar un programa de televisión generalista con títulos de crédito que duran más de siete segundos. Por eso, en el amor de la actualidad no hay un cortejo, citas, semanas para conoceros mejor, ir de viaje juntos y, con el paso del tiempo, acabar dándoos cuenta de que estáis profundamente enamorados. La cosa tiene que ser como en el cine: vuestras miradas se cruzan (o ves el avatar de Twitter de la otra persona), intercambiáis un par de palabras, mensajes de texto, correos electrónicos y hala, ya os habéis enamorado. De forma apresurada, inmediata, explosiva, excitante. Se lo cuentas a todos tus amigos, no dejas de publicarlo en Facebook y te comportas como si estuvieras como una puta cabra. Es como una historia de Disney bajo los efectos del *crack*, y resulta peligroso, joder. Algo así no puede sostenerse, nunca puede haber verdad en ello. No es más que una adicción en la que los compuestos químicos del cerebro te van colocando cada vez más, antes del bajón inevitable. Pero todos seguimos el juego porque así son las cosas en el cine, en la tele y en la prensa, y es algo atractivo e inmediato y nos pone cachondos.

La verdad es que mi matrimonio fue un ensayo general antes de que llegara lo auténtico. Y llegó, a un precio extraordinario.

A pesar de no ser una persona sólida desde el primer día, de ser un retrasado emocional cuando Jane y yo nos conocimos, me pareció que había encontrado el amor. Aunque viéndolo desde el presente, es posible que en realidad solo me hubiera dejado atrapar por la fantasía de lo que es el amor, ignorando la realidad, creyéndome todas esas chorradas inventadas de las aventuras románticas. Hoy prefiero mucho más la idea de compartir un camino con alguien a quien amas, en vez de sentir ese flechazo. Prefiero tener los ojos bien abiertos, sin que me los tape el cinismo o me los cierre el miedo, para buscar y ofrecer atributos que hasta ahora no me habían parecido especialmente importantes: la bondad, la compasión, la profundidad, la paciencia, etcétera.

Sé que puedo ser feliz durante el resto de mi vida con la mujer con la que estoy ahora. Lo sé a un nivel celular. También sé que los hombres siempre queremos marcharnos, es un reflejo condicionado. De modo que siempre nos cuestionamos las cosas, normalmente en nuestro fuero interno; a veces se lo contamos a nuestros amigos, y pocas veces, y de la forma más tonta, a nuestras parejas. Está esa vocecilla que siempre creerá que hay una persona más mona, más fuerte emocionalmente, más cerda en la cama, más independiente, que huela mejor, que mole más y yo qué coño más sé. Igual que un iPhone nuevo da la sensación de haberse quedado obsoleto al cabo de tres meses. El televisor, después de cinco años. El traje, el empleo, el coche, la casa. Todo tiene que mejorar continuamente, y si nos percatamos de que nuestra mujer no va a romper las leyes de la biología y de la física, que no va a convertirse en una persona más guapa, de líneas más depuradas, más veloz, más nueva, de modelo más reciente, nos da algo.

Y entonces buscamos amantes, empezamos a beber, provocamos peleas. Ni le puse los cuernos ni recurrí a la bebida, pero con el paso del tiempo mi actitud con Jane se fue volviendo cada vez más destructiva y crítica. A mi parecer vivíamos en un estado de conflicto casi permanente; discutíamos con suma facilidad. Nos picábamos, nos quejábamos, nos juzgábamos. Y, finalmente, el golpe mortal: la indiferencia. La infame apatía de «a quién coño le importa». Incluso cuando se llega a un nivel tan avanzado de mierda en una relación, la mayoría de los hombres somos demasiado cobardes para reaccionar y marcharnos, así que intentamos que nuestras mujeres lo hagan por nosotros. Nos ponemos imposibles con la esperanza de que nos pidan el divorcio y así podamos ir a hacerle lo mismo a la siguiente mujer. No es de extrañar que la terapia de pareja sea un negocio en auge.

Jane y yo acordamos separarnos temporalmente y yo me fui de casa.

Daba igual que esa separación fuese lo que convenía hacer. Que, a largo plazo, fuera sin duda lo mejor. Me había convertido en uno de esos hombres que tiran la toalla, que se largan cuando la situación se vuelve tan real que jode. Alquilé un pequeño semisótano, compré un piano vertical de mierda, y me aseguré de tener una habitación libre en la que pudiera dormir Jack. Me despertaba casi todas las mañanas para ir a buscarlo y llevarlo al colegio en autobús (para entonces ya habíamos vendido el coche). Hice todo lo posible por ser el mejor padre para él. Pero no por eso dejaba de ser un rajado. Podía imaginar el momento del futuro, al cabo de unos cuantos años, en el que mi hijo, en proceso de terapia, me diría: «Papá, me abandonaste», y no se me ocurriría cómo negárselo.

La inestabilidad empezó a aumentar. No ayudó que acudiera a la policía para tratar de exorcizar algunos de mis demonios del pasado. En Earl's Court tienen una unidad de protección infantil. Fui a prestar declaración contra el señor Lee, para ver si podían localizarlo y lograr que se responsabilizara de sus actos. Lo hice para cerrar mi proceso, para que hubiera justicia, para tratar de reconciliarme con mi yo de la infancia y proseguir con el sano inicio que había inaugurado en Phoenix. Fue algo inútil. Y muy doloroso. Estuve unas tres horas delante de una videocámara dando detalles que nadie tendría que verse obligado a dar. Esquemas del gimnasio, qué había pasado y en qué sitio, con cuánta frecuencia, dónde se corría, cuándo, qué tipo de relaciones sexuales, qué posturas, qué accesorios utilizaba, que si me lo tragaba, que a qué sabía (en serio), etcétera, etcétera. Aquello fue brutal, vergonzoso, infame. Y después de todo eso me dijeron que se habían puesto en contacto con el colegio y que no existía ningún registro de que alguien con ese nombre hubiera trabajado allí. La policía supuso que era un nombre falso, no podían encontrarlo ni se podía hacer nada.

En ese momento me dio la impresión de que todos los progresos que había conseguido durante mi estancia en Phoenix desaparecieron. Volví a comprar cuchillas y a lesionarme. Dejé de comer. Para entonces, por lo visto, Bob se había hartado de mi descenso al victimismo. Me pidió que le devolviera hasta el último céntimo que se había gastado en el hospital de Phoenix (una cantidad lo bastante grande para que te entre diarrea, que dejó arrasada mi cuenta bancaria y me dio otro motivo para preocuparme y despreciarme hasta niveles enfermizos). Hice todo lo que pude para castigarme. Lo cual funciona estupendamente de un modo muy egoísta, porque la recompensa y esa sensación de desprecio por uno mismo son maravillosas, pero muchas veces los efectos secundarios son desastrosos.

Un rayo de luz: tenía un nuevo psiquiatra que se llamaba Billy. Un irlandés de voz suave, bondadoso y tranquilo. La primera vez que lo vi, poco después de volver a Londres tras la estancia en el hospital, me dijo, con su maravilloso acento de Cork: «Bueno, James, la verdad es que hay un cincuenta por ciento de posibilidades de que sigas aquí al cabo de un año. Yo lo sé y tú lo sabes. Hay personas que sobreviven y otras..., bueno, que no aguantan. Así son las cosas. A ver qué podemos hacer para que tus probabilidades aumenten un poquito, ¿eh?». En ese preciso instante supe que era perfecto. Reconocer lo que yo siempre había sabido y nadie había expresado hasta ese momento, hacerlo con tanto realismo y tanta tranquilidad, sin empezar a soltar las chorradas motivadoras ni la típica palabrería de psicólogo, supuso un cambio tan agradable que estuve a punto de aplaudir. Billy ha hecho más de lo que podría haber esperado para que yo esté bien (y sigue en ello), pero era y es un proceso largo. Y en esa época la atracción por las cuchillas aún era muy fuerte.

Haber recaído en las autolesiones implicaba que ya no podía ver a Jack sin supervisión. La rabia y la frustración que me inspiraba la ruptura total de la comunicación entre Jane y yo iba aumentando, y no podía hacer nada al respecto. Pasa una cosa. Hay un «detonante» que me enfada más que cualquier otra cosa: la sensación de que alguien me ignora, de que no me escucha ni me ve. No me pasa desapercibido lo irónico que resulta esto, porque yo hago continuamente lo mismo al evadirme. A veces, le pregunto algo a alguien y, si no me hace caso, mentalmente reacciono de forma automática con treinta años de rabia acumulada. Le pregunto a una novia: «Oye, ¿mañana vamos de compras?». Puede que esté leyendo algo, que no me oiga y no me responda, y yo me siento como si se acabara de follar a su profesor de yoga delante de mí, riéndose y comentando en tono de burla que soy una mierdecilla insignificante, y me entran ganas de morirme. Soy muy consciente de que esta es una paranoia recurrente mía. No cabe duda de que procede de las ocasiones en que le suplicaba al profesor que dejara de follarme y él hacía lo contrario. O quizá de los momentos en que les rogaba a otros profesores o a mis padres que no me mandaran a clase de gimnasia sin que me hicieran caso. De un modo u otro, eso es lo que me saca de quicio. A todos nos pasa con algo, ¿no?

No dejé de intentar explicarle a Jane lo que pasaba, que yo no suponía una amenaza, que podíamos solucionar las cosas, que no hacía falta que hubiera una tercera persona cuando yo veía a Jack, pero me parecía que no servía de nada. La irritación y la sensación de que me ignoraban fue creciendo, noté que poco a poco alejaban a mi hijo de mí, que nadie quería escucharme ni entender lo que pasaba en mi cabeza. Hasta que la perdí.

Se me fue la olla. Volví a la casilla de salida. Aterrado, caí de nuevo en el abismo. Estaba convencido de que me iban a internar otra vez, y me negaba en redondo a permitirlo. Cogí un taxi y el pasaporte y le pedí al conductor que me llevara a Heathrow. Durante el trayecto reservé el primer vuelo internacional que encontré (que resultó ser a Nueva York), llegué a la terminal 3, saqué de mi cuenta las últimas cinco mil libras que prácticamente me quedaban, subí al avión y hui del país. No tenía ni idea de por qué, de qué iba a hacer, de si iba a limitarme a despilfarrar la pasta en putas, alcohol y coca para después pegarme un tiro en la cabeza. Tenía que escapar. Por algún motivo, aquello me parecía más fácil y más lógico que sentarme tranquilamente con los médicos para tratar de encontrar una solución que nos conviniera a todos. Sí, señores. Desaparecí de nuevo sin decirle a nadie adónde iba, sin saber por cuánto tiempo, dejando solos a mi mujer y a mi hijo.

Estuve fuera una semana. En ese período pasé varias horas en un gimnasio de kickboxing de Manhattan en el que un portorriqueño de un metro y medio de ancho y que era cinturón negro me dio una paliza tremenda (un castigo excelente). También estuve intentando pensar con claridad y analizar qué pasaba. Mandé un correo electrónico a mi mujer y luego hablé con ella por teléfono. Le pedí disculpas. Traté de explicarle qué pasaba en mi cabeza, que ya no quería que las cosas fueran así. Me contestó que quería el divorcio. Le dije que se lo pensara un poco, que era una decisión muy drástica, que al menos se tomara unas semanas para sopesarlo. Que si después todavía quería hacerlo, yo no me opondría. No hacía falta llamar a ningún abogado: podíamos recurrir a una de esas páginas rapidillas de Internet, si era lo que quería, y también podía pedir las condiciones que quisiera siempre que me dejase seguir viendo a Jack.

Muy poco después de que yo regresara de Nueva York me esperaban unos papeles de su abogado. Finalmente la había llevado al límite.

Empecé a desmoronarme de nuevo, como si fuera un puto disco rayado. Adelgacé tanto que el médico me dijo que en tres meses mis pulmones y mi cerebro empezarían a dejar de funcionar, y que si no empezaba a consumir al menos ochocientas calorías al día, me internaría. Me lesionaba con regularidad, dormía unas dos o tres horas por noche, me obsesionaba encontrar algo en mí que no fuese tóxico ni estuviera roto.

Me vi obligado a buscar un abogado para el divorcio, aunque el tema me seguía dando igual, y le dije al tipo que estaba dispuesto a firmar lo que fuese. Otro castigo, otro intento desesperado por absolverme de la culpa de destruir mi familia.

Así, sin más, me quedé solo. Había algo increíblemente liberador en tener una cantidad de dinero limitada y escasa en el banco, un semisótano de treinta y cinco metros cuadrados, alquilado y con seis meses pagados por adelantado, y estar sin carrera profesional. No puedo explicarlo. Casi todo el dinero que me había sobrado, después de la separación y el divorcio, me lo había gastado en devolverle a Bob lo que le debía, en el alquiler y en mi huida a Nueva York y, de repente, la vida se volvió muy sencilla. Más fácil de gestionar. Los viernes recogía a Jack del colegio y estábamos juntos hasta que lo dejaba en casa al día siguiente. La comunicación con Jane no era buena, como si se hubiera apagado un interruptor. Nos habíamos convertido en dos desconocidos separados, fríamente civilizados. Lo único que me preocupaba era Jack. La vergüenza, los remordimientos y el sentimiento de culpa me abrumaban.

Tema 13

Chopin, *Estudio en do mayor, Op. 10 n.º 1*

Maurizio Pollini, piano

Los conciertos tienen hoy tantas normas autoimpuestas que quizá pueda añadir yo una mía.

En todos los recitales de piano se debería incluir al menos una pieza de Chopin.

El tipo era un fenómeno musical, procedente de un pueblecito de las afueras de Varsovia, que revolucionó la forma de tocar el piano para siempre. El único compositor que me viene a la cabeza, puede que con la excepción de Ravel, del que se puede afirmar que el noventa y nueve por ciento de todo lo que creó se sigue interpretando en los programas de la actualidad.

Compuso casi exclusivamente para el piano, y, a pesar de ser más bien antipático (un trepa, algo racista, un insensato desde el punto de vista económico), cambió el panorama musical tan completa y dramáticamente que resulta imposible hablar del piano sin mencionarlo. Creó una nueva sonoridad para este instrumento, una con la que también hizo experimentos y gracias a la cual éste salió definitivamente del pasado. No es de extrañar que pudiera cobrar el equivalente a novecientas libras por sus clases.

Una de las primeras casetes que me compré en la vida fue una en la que el gran pianista italiano Maurizio Pollini interpretaba los estudios de Chopin. Esas piezas, difíciles como ellas solas, estaban

*pensadas (como les pasa a todos los estudios) para mejorar la destre-
za técnica. Sin embargo, a diferencia de lo que existía antes que él
(ejercicios aburridos e interminables, en los que el contenido musical
prácticamente brillaba por su ausencia, de compositores como Ha-
non y Czerny), cada uno de los veintisiete que creó es una auténtica
obra maestra en miniatura de la melodía, la forma, la belleza y la
pirotecnia técnica.*

*Y no te hace esperar hasta el tercer o cuarto estudio para que lle-
gue lo bueno: nada más empezar, abre con el más difícil de todos,
una visceral exhibición de arpegios monumentales y casi imposibles
de abarcar con los dedos, que suben y bajan por el teclado como si la
mano estuviera poseída.*

*Existe la idea de que Chopin fue un niño-hombre amanerado,
menudo, frágil, incapaz de demostrar fuerza ni potencia. Estas piezas, como tantas otras, desmontan ese prejuicio.*

Sabía que ahora Jack iba a necesitarme más que nunca, aunque solo estuviéramos juntos un par de días a la semana, y tenía que estar en forma para él, por mucho que no lo estuviera
para mí mismo. Tras haberme marchado de casa, y sin gran
cosa que hacer, empecé a volcarme otra vez en el piano. Tenía
que hacerlo, porque si no me hundiría sin remisión. Empecé a
aprender piezas nuevas, a ensayar, a escuchar, a trabajar como
es debido. Después de unas semanas, con la ayuda de un psicólogo decente, un poco de espacio, buena comida, Matthew
y un par de nuevos amigos íntimos, mi cabeza se convirtió en
algo si no más apaciguado, sí al menos más manejable. Algunos de los antiguos sentimientos de Estados Unidos reapa-
recieron, y eran buenos: de esperanza, posibilidades y libertad. Dejé de lesionarme, empecé a comer, estaba pendiente de
mi hijo cuando nos encontrábamos juntos (no como tantos padres a los que veo pegados al *smartphone* mientras en teoría

están dedicando tiempo a sus vástagos). Entonces, como si una extraña deuda kármica se estuviera al final devolviendo en pequeñas cantidades, sucedió algo maravilloso. Estaba arruinado, solo, sin certezas respecto a ningún aspecto de mi vida, y, un día, en una cafetería, me topé con el hombre que se acabó convirtiendo en mi mánager y que me cambió la vida para siempre.

Me gusta hablar con desconocidos. Una vez leí un libro sobre la depresión cuya protagonista se sentía tan sola que se ponía a guardar colas solo para relacionarse con los demás. Aunque las cosas todavía no se me habían puesto tan feas, a veces sí que iniciaba conversaciones con la gente. Nunca en el metro, lógicamente: hay situaciones en las que ni se te ocurre meterte. Pero en las cafeterías no pasaba nada, y una mañana, en la cola, empecé a hablar con un canadiense. Tendría unos quince años más que yo, un cuerpo estupendo de jugador de hockey, algo de barba y cara bondadosa. Resultó que había sido restaurador, había vendido su negocio por un piquito nada desdeñable y se dedicaba a dar vueltas por Londres, su hogar espiritual desde hacía muchos años, mientras buscaba un proyecto nuevo. Y vaya si lo encontró.

Se llama Denis, con el acento en la i. Es francocanadiense. No Dennis (como Dennis Rodman), ni Denny (como Denny Crane, el del bufete Crane, Poole & Schmidt). Me ha pedido que lo señale específicamente. Cosa que acabo de hacer. Pero si lo conocéis no pasa nada si lo llamáis Dennis, aunque veréis cómo tuerce el gesto.

La cosa es que esto solo podía ser una auténtica coincidencia cósmica. Denis no sabía prácticamente nada de música clásica. Lógicamente, cuando me preguntó a qué me dedicaba, y le dije que trataba de llegar a ser concertista de piano, se produjo un silencio algo incómodo en el que ninguno de los dos supo qué decir. Y entonces me comentó:

—La verdad es que solo conozco bien una pieza de piano. A un amigo mío le obsesionaba y me la tocaba continuamente. Es la *Chacona* de Bach y Busoni. ¿La conoces?

No me estoy quedando con vosotros. La única composición musical que llevaba en mi corazón desde los siete años, la que me había ayudado a superar años complicados, desesperados, brutales, que hacía muy poco había logrado volver a tocar de manera vagamente decente en mi pianito de piso minúsculo. Me pareció que el universo me decía: «Eh, tío: ¡mira lo que pasa cuando dejas de ser un gilipollas descomunal!».

Como era de esperar, me puse a chillar como un cerdo en el matadero y luego empecé a bailar, saltando con una pierna y después con la otra. Nada más darme cuenta de que Denis no se había ido acercando lentamente a la salida, le conté que era mi pieza favorita de la historia.

—Te la debería tocar coño vamos a la tienda de Steinway joder no me puedo creer que la conozcas tronco cómo mola has escuchado a Kissin tocarla joder tío dicen que a los rusos no se les da bien Bach pero es la leche te lo juro sabes que en principio era para violín pero madre mía suena muchísimo mejor en piano apuesto a que si Bach hubiera tenido un piano moderno lo habría hecho personalmente has escuchado cómo la toca Michelangeli ay DIOS...

Etcétera, etcétera.

Cerrad el pico. Estaba muy emocionado.

Resulta que él estaba matando el tiempo así que nos dirigimos a Marylebone Lane, mientras yo iba rajando como un descosido sobre la pieza y le contaba que Bach había perdido prácticamente a todos sus seres queridos y a casi todos sus hijos, que en el colegio había faltado en torno al cuarenta por ciento de las clases por culpa de la violencia que sufría en la escuela y en su casa, que el tío era una puta leyenda y que esta composición era una especie de homenaje a su mujer muerta, y que se lo imaginase, eso de expresar con música algo que las palabras no alcanzan a decir, que pensase en cómo Bach nos hace emprender un viaje de dolor hasta el mismo final, en el que le deja al intérprete la opción de terminar en un acorde mayor (¡viva!), o menor (pégame un tiro), y seguí así hasta que llegamos al *showroom* de Steinway y estuvimos al lado de uno de sus pianos de cola de 2,7 metros.

Él se sienta, yo me siento, musito que la pieza dura quince minutos, que espero que no le importe, que no he calentado, etcétera, luego empiezo a tocar y tras terminar, con la sensación de que han pasado catorce segundos me levanto de un respingo y digo: «¡Vamos a tomar un café! Me muero por fumar. Qué, vaya tema, ¿eh? ¿Te has fijado en esas voces internas que están escondidas? Me pregunto si para él serían reales», vuelvo a divagar (lo siento) y nos vamos tranquilamente por la calle (él va tranquilamente, yo dando saltos con gran entusiasmo), hasta otra franquicia que pretende ser una cafetería.

Finalmente, cuando me callo para coger aliento, veo que está superemocionado, conmovido, un poco lloroso, y me dice que ha sido increíble no, lo siguiente, que no tiene ni idea de lo que yo le estoy contando pero que conocer la historia de la pieza le ha añadido muchas cosas, y que dónde puede comprar mis discos. Entonces me echo a reír por lo del disco y porque tengo tantas posibilidades de sacar un álbum como de follarme a Alexa Chung. Y dice:

—Bueno, ¿y por qué no coges un papel, haces unos cálculos y me lo traes? A lo mejor yo puedo ayudarte a grabar uno.

Y todo cambió. Así. Zasca.

Llamé a un tío que llamó a otro tío que conocía a un tío que llamó a otro tío y encontré a un tío que podía producir un disco. Éste me ayudó a encontrar un ingeniero de sonido y un estudio. Me dieron los precios aproximados, los anoté en un sobre y fui corriendo al piso de Denis. No le conté absolutamente nada más de mi vida, solo le comenté de forma muy imprecisa que hacía cierto tiempo había pasado una época complicada; acordamos los términos y los porcentajes y cosas que no me podrían importar menos porque iba a grabar un disco y eso era literalmente lo único que tenía en la cabeza; él redactó un contrato, lo firmé y, dos semanas después, me dirigí con él a Suffolk a grabar mi propio CD, me cago en todo.

Durante el trayecto en coche charlamos un poco y le hablé del hospital y de mi mente y qué sé yo. Le dije que había salido a la calle hacía muy poco y que, aunque le había dado a entender que había sufrido problemas emocionales «hacía años», no había sido del todo sincero con respecto a la cronología ni a la gravedad, pero que ahora estaba bien, se lo prometía, no había de qué preocuparse, íbamos a hacer un disco, ya no me tenía que medicar, lo juraba.

Y él me contestó:

—¿Te importa que paremos para que mee?

Paramos, y en esa pausa que se me hizo eterna pensé: «Dios mío, se acabó, jamás lo volveré a ver porque estoy chalado y ahora sabe que llevo pocas semanas fuera del hospital, y lógicamente nadie en su sano juicio se asociaría con alguien como yo, mucho menos aún soltaría un montón de pasta por gozar de ese privilegio, y ahora mismo está volviendo a Londres a toda leche mientras yo espero aquí como un idiota, todo emocionado por grabar un disco».

Entonces volvió al coche y no sé cómo, milagrosamente, reanudamos el trayecto. Es posible que por el rabillo del ojo viese una fugaz y socarrona sonrisa en su bondadoso rostro.

Glenn Gould, mi héroe, habló de la santidad del estudio de grabación, de la «seguridad propia del vientre materno» que se siente en él. Y sí. Una sala gigantesca. En el cobertizo de un campo. Solo. Con un megapiano supergrande. Sin coches, ni trenes, ni aviones. Mucho café. Kit Kats. Partituras. Cigarrillos.

Al lado, en la sala de control: el tío de sonido, el ingeniero, el productor, el mánager.

Cuatro días reservados aunque sé que solo necesito dos, pero lo está pagando él y preciso tiempo extra para satisfacer mis locuras.

Empezamos con Bach. Cómo no. Su *Suite francesa n.º 5*. Comienzo a tocarla y continúo hasta el final. El productor les dice a los tipos de la cabina que aquello suena muy raro, muy lento, romántico o extraño. Pero poco a poco se va callando; luego deja de hablar del todo. Y veinte minutos después está supercontento y emocionado y feliz y conmovido y de todo. Continuamos. Chopin, Beethoven, Moszkowski, y a continuación la *Chacona*, porque es mi pieza y la de Denis y tiene que estar en el primer disco.

Muy pocas veces en mi vida me he sentido tan contento o tan realizado. Tazas de té y pitillos intercalados, en compañía de personas que me ayudaban a crear un álbum con la música que cambió de forma irreversible todo mi puto universo. También contaba, cómo no, con la ventaja adicional y la red de seguridad que supone poder repetir la grabación. Podía desaparecer, probar cosas nuevas, asumir riesgos estúpidos en lo referente a los ritmos, la estructura de los acordes y el sonido, volver a escucharlo, decidir qué funcionaba y qué no. Jamás olvidaré esos pocos días en los que todo el exterior desapareció, en que lo único que importaba era la música, el piano, tocar de un modo u otro notas que había escrito, doscientos o trescientos años antes, un compositor que era todo un cabronazo loco y genial, al que el dolor, el amor o las dos cosas habían dejado trastornado.

Volví a casa sabiendo que iba a tardar unas semanas en escuchar la primera versión. Me daba igual. Me dediqué a tocar, trabajar, soñar, estar con mi hijo, ver a mi psicólogo, ir a reuniones de Alcohólicos Anónimos. A volver a un camino en el que no interviniesen la destrucción ni el desprecio por mí mismo.

Y supongo que los dioses se sentían generosos por aquella época, porque no solo se me presentó una segunda oportunidad en la profesión de mis sueños, conocí al tío que me podía ayudar a hacerla realidad y encontré cierto grado de equilibrio emocional, sino que además conocí a una chica.

No era exactamente una chica, sino más bien una tremendísima mujer alta, delgada, resplandeciente, rubia. Una mañana de sol estaba tomando un café con mi amigo Luca (un italiano menudo, de rasgos marcados, superfeliz y de un entusiasmo desbordante, al que había conocido un par de años antes en uno de mis muchos grupos de terapia), y vi que esta chica se nos acercaba. Resultó que era amiga de Luca, que lo había visto por la ventana y había decidido entrar a saludar. Yo nunca había visto a nadie a quien iluminase una belleza tan abrumadora. Entonces mi amigo nos presentó, ella dejó escapar una sonrisa enorme y acercó una silla.

Habían pasado seis meses desde mi separación y estaba inmerso en el proceso de divorcio. Imaginad durante un momento lo que aquello tuvo que significar para mí. Pesaba cincuenta kilos. Tenía los brazos cubiertos de cicatrices autoinfligidas. Vivía en un semisótano bastante chungo y muy cerca de una exmujer furibunda. Solo podía ver a mi hijo los fines de semana y no tenía dinero. Hacía pocos meses que había salido de un hospital psiquiátrico, y después de la jodienda emocional de los años anteriores, me pasaba casi todo el día en un estado onírico de fuga disociativa. Y esa chica, Hattie, me sonreía y parecía interesarse por mí. Yo no andaba buscando a nadie, estaba convencido de que no podía manejar ni las habilidades sociales más básicas, solo podía concentrarme en la música; además, ofrecía un aspecto rancio, agotado y fantasmal. Pero no podía dejar de mirarla. Piel perfecta, ojos brillantes, esbeltísimo cuerpo de gimnasio, la boca más seductora que había visto en mi vida, un olor a esperanza y a belleza. Y, por mucho que odie la expresión, una de esas personas que molan. Las habréis visto en alguna fiesta: son ésas a las que todo el mundo se acerca porque molan tantísimo que ni siquiera son conscientes de ello, y todos se arremolinan en torno a ellas. Tenía veinticuatro años, yo treinta y dos.

Ya lo sé.

Me parecía tan inalcanzable que no había nada que temer. Creía que nunca iba a pasar nada. Así que sonreí, ligué, hice lo que me apetecía sin pensar que fuera a servir de nada. Del mismo modo en que compras un billete de lotería aunque sabes que nunca vas a ganar. Soñar es divertido.

Nos dimos los teléfonos y me fui a casa, odiándola un poquito por ser la clase de chica que otras mujeres desean ser y otros hombres desean y punto. Le mandé el obligatorio mensaje de texto de lo mucho que me había gustado conocerla, que igual podíamos ir a tomar algo, etcétera, etcétera, y luego volví al piano detestándome un poco por haber llamado a una puerta que sabía que me iban a cerrar en las narices, y, pese a eso, haber llamado.

Al cabo de una hora me escribió un mensaje. Poniendo «besos» y todo. (No esa abreviatura, levemente perezosa, de «bs»; os juro que esta diferencia es importante). En ese momento, aquel resonante pitido telefónico, esa sucesión de azarosos datos binarios que atravesaban el aire a toda velocidad, que Nokia descifraba y que aparecían en mi pantalla, fueron, junto al nacimiento de mi hijo, la primera nota de la *Chacona* de Bach y el encuentro con Denis, la última parte del cuarteto milagroso que me cambiaría la vida para siempre.

Tema 14

Chopin, *Fantasía en fa menor, Op. 49*

KRYSTIAN ZIMERMAN, PIANO

Chopin compuso su Fantasía en fa menor *mientras estaba de vacaciones en España con su novia, George Sand, con quien vivió una mierda de relación disfuncional y jodida que prácticamente lo mató. En el comienzo de esta pieza, al menos según cuenta la leyenda, se oye cómo Sand llama a la puerta y cómo Chopin la abre, y a continuación muestra todo el amor, la locura, el caos y la (ocasional) poesía que definieron su chunga relación.*

Uno de los primeros regalos de cumpleaños que me hizo Hattie fue un lienzo enorme en el que había transcrito, a mano, las dos primeras páginas de esta pieza, en torno a lo cual se veían preciosos dibujos de flores y adornos. Está enmarcado y colgado en una pared.

Podéis sentir toda la vergüenza ajena que queráis.

Nos va muchísimo mejor de lo que jamás les fue a Chopin y Sand.

Al día siguiente Hattie vino a mi piso. Yo le había propuesto vernos. Tenía que ir a un sitio e iba a pasar en coche justo por delante de mi casa, así que dijo que podía hacerme una visita de una hora. Yo parecía un puto adolescente de catorce años: ordené a toda prisa, comprobé el estado de mi pelo, mi aliento, mi ropa. Luego me detuve, decidí tranquilizarme y hacer una locura, es decir, ser yo mismo y ver qué pasaba. Una actitud que me duró tres minutos, porque enseguida volví a andar desesperado de un lado a otro como un imbécil inseguro que se moría de ganas de gustarle. Joder con el amor. Por su culpa todos nos comportamos como si fuéramos imbéciles.

Vino a mi casa, nos sentamos en el sofá, fumamos y hablamos, y hostia puta, fue lo mejor que me había pasado en la vida. Nunca me había impresionado tanto una persona, al menos no una que parecía querer pasar el rato conmigo y que no era un personaje de televisión. Nunca había estado tan cerca de alguien a quien rodeara tal halo de belleza. Entre nosotros había algo que era casi tangible, algo que en lo más profundo sabía que no era lujuria, ni obsesión, ni torpeza, ni dependencia, sino algo nuevo, desconocido y eléctrico. Ahora veo que había encontrado a alguien con quien yo encajaba perfectamente, y, lo que era aún más sorprendente, a quien yo también le encajaba. Su locura y mi locura se fundían en el éter que flotaba entre nosotros y creaban una forma sólida que era irrompible, una especie de chalada alquimia sexual y espiritual que ninguno de los dos podía entender ni identificar, pero ahí estaba, era potente y lo bastante profunda para que yo parezca un imbécil de tres pares de cojones cuando escribo sobre ella.

Empezamos a salir. Le compraba flores. Aquello era precioso, emocionante, aterrador, eléctrico, agotador. En las primeras semanas, la realidad de estar en una nueva relación sacó a la luz nuestras respectivas rarezas. Curiosamente, ella también tenía un pasado, como yo. En muchos sentidos era el ser más frágil que había conocido en mi vida, en otros el más fuerte. Aquello solo me hacía quererla más. Con nuestras peculiaridades y nuestros problemas previos, éramos como dos niños de desarrollo atrofiado que estaban creando un refugio para poder conocerse, en un mundo que todavía nos abrumaba un poco a ambos. Y era algo precioso.

Pero aun así... La idea de que yo pudiera ser capaz de funcionar de manera responsable en una relación era, viéndolo desde el presente, risible. Así que no quería cagarla, sabía lo importante que era aquello. Las mujeres como ella no aparecen con frecuencia. Rushdie dijo una frase brillante: que siempre eligen las mujeres y los hombres, si tienen suerte, son elegidos. Uf, cuánto quería yo ser elegido. Y ella lo hizo. Me eligió todos los días y en todos los sentidos y yo no me lo acababa de creer.

Me entraba una profunda inseguridad y se me iba la olla, pensaba que sus ansias de intimidad y de «hablar de sentimientos» eran emboscadas y me cerraba, desaparecía si no físicamente, al menos sí emocionalmente. Me alejaba, me daba cuenta de que la razón no tenía que ver con ella, que solo se debía a mis movidas, le suplicaba al cabo de una semana que volviera conmigo y todo el proceso volvía a empezar, hasta unos meses después, cuando yo repetía el ciclo. No sé si era porque me daba miedo tener una relación tan cercana con otra persona por primera vez en mi vida, o si todavía seguía de luto por la destrucción de mi familia y no me quedaba espacio para una relación íntima. Pero sí sé que la quería. Entre nosotros había un vínculo extraordinario que nunca se debilitó. La deseaba muchísimo, y supe, por primera vez en mi vida y a pesar de que sea un estereotipo de lo más tonto, que aquello era el amor verdadero.

Empezamos a construir una vida en común, aunque fuese de forma entrecortada. Jack venía todos los fines de semana; Hattie y él enseguida se entendieron de maravilla. Quizá porque ella también era capaz de asombrarse como una niña (le chiflan los colores vivos, demuestra una saludable afición por los chistes de pedos, le encanta poner caras raras y bailar como una loca), pero el caso es que él la adoró desde el minuto uno, y ella a él. Si alguna vez necesitáis una prueba infalible para saber cuánto va a durar una relación, observad cómo reacciona vuestra pareja cuando está con niños. Y fijaos en cómo reaccionan éstos al estar con él o ella: son listos de cojones y si no quieren acercarse a determinado adulto, suele haber un buen motivo. Jack enseguida estuvo unido a ella y se mostró cariñoso, feliz y seguro.

A medida que fueron pasando las semanas y que Jack iba repartiéndose entre la casa de su madre y la mía, me empezó a preocupar que nuestra ruptura y nuestra falta de comunicación afectaran al niño. Para mí era uno de los peores aspectos de la separación: que nuestra incapacidad para funcionar de forma operativa como exfamilia lo angustiase inevitablemente. Antes, al menos en teoría, habíamos ofrecido una imagen familiar ideal: dinero, un hijo precioso, una casa muy bonita, cosas estupendas. Luego me puse enfermo, me vine abajo, me lo cargué todo. Se había producido demasiada destrucción. ¿Tendríamos que haber seguido juntos pese a todo por el bien de Jack? Ni de coña, ¿qué clase de mensaje le habríamos transmitido?

Pensé con toda ingenuidad que íbamos a tener una de esas relaciones estupendas de pareja divorciada: seríamos amigos, nos hablaríamos de nuestras nuevas parejas, nos pondríamos al día tomando un café cada quince días. Deseaba con todas mis fuerzas que ella encontrara un tipo decente, que le fuera mejor en su profesión, que viviera feliz. Pero ella se negó. De forma comprensible y justificable, se había hartado. Había sufrido muchos destrozos, mucha incertidumbre y mucho dolor; era evidente que Jane había decidido que las necesidades de Jack eran lo primero. Ante todo era madre, no la santa patrona de las causas perdidas.

Poco después de que Hattie y yo empezáramos a salir, me llegó un correo electrónico de Jane en el que me contaba que se iba a instalar en Estados Unidos con Jack.

Hablé con mi abogado. Sobre el papel, yo no tenía ingresos, ni profesión, ni propiedades, ni acciones, ni efectivo, ni bienes. Mi pasado mental y emocional estaba lleno de altibajos, y mi hijo pasaba el ochenta por ciento del tiempo con su madre. No tenía la menor posibilidad de convencer a un tribunal para que me dictase una sentencia favorable. Como mucho, podía retrasar las cosas unos meses, obligarnos a todos a ir a juicio, endeudarme y posponer lo inevitable. No le vi el sentido.

De modo que se fueron a vivir a Pittsburgh, donde encontraron una casa y un colegio increíble en el que Jack encajaba de maravilla. Yo estuve bien una temporada. Me convencí de que aquello era lo mejor, sobre todo para él. Hice todo lo posible por recibir fotos, noticias, por participar en las decisiones sobre su escolarización y su salud, por hablar con él regularmente por Skype e ir a verlo. Ni se me pasó por la cabeza que después de que llegasen y se instalasen no fuese a recibir fotos, o apenas noticias. Se me permitía estar en contacto, pero sentí que se me estaba dejando al margen de los detalles de su vida y su educación. Había llevado a Jane al límite durante tanto tiempo que imagino que ella necesitaba empezar de cero, y que lo último que quería era estar pendiente de que yo estuviera al corriente de las cosas.

Agradezco muchísimo que me permitiese ver a Jack: muchas mujeres no lo habrían hecho. Hablábamos por Skype dos veces por semana, y yo hacía el viaje de veinticinco horas de puerta a puerta con la mayor frecuencia posible; en esas ocasiones me quedaba en un hotel e intentaba infundirle solidez en una situación muy poco sólida.

Me marchaba de casa, cogía un vuelo a Nueva York o Boston, esperaba cuatro horas hasta que salía la conexión a Pittsburgh, del aeropuerto iba directamente en taxi a su casa, lo recogía, nos dirigíamos al hotel y pasaba cuatro o cinco días con él. La primera vez que lo hice fue justo antes de Navidades.

Hattie y yo nos estábamos dando un respiro: a mí se me había ido la pinza y me había parecido, aunque me equivocaba, que no podía asumir lo de actuar como un adulto en nuestra relación. Me sentía asfixiado, abrumado, aterrado y tristísimo por que mi hijo estuviera a ocho mil kilómetros de distancia. Mi solución, evidentemente, fue cerciorarme de estar solo. Ésta es mi respuesta por defecto cuando algo me abruma: alejarme de quienes me quieren, no acercarme a ellos. Mi tristeza iba a ahogar a Hattie, a apartarla de mí, así que tenía que evitarlo haciéndolo yo primero. Qué arrogancia tan estúpida y qué gilipollez por mi parte.

Llegué a Pittsburgh, recogí a Jack y fuimos a mi hotel. Hacía un frío helador, nevaba, un tiempo espantoso. Mi hijo tenía entonces siete años.

¿Cómo se pueden encontrar las palabras para explicarle a un niño pequeño por qué vive en la otra punta del mundo, lejos de su padre, de sus amigos, de su antigua vida? ¿Cómo se le explica que el amor entre los adultos a veces puede disminuir con el paso del tiempo pero que el que inspira un hijo solo aumenta? ¿Cómo coño se responde a los razonamientos irrefutables y desolados de un niño de siete años, que no alcanza a entender por qué papá y mamá, aunque estén divorciados, no pueden vivir cerca el uno del otro, con una explicación apta para esas edades?

A las cuatro de la madrugada, con *jet lag*, viví un momento inolvidable y me di cuenta de que yo era el responsable de todo lo malo que había sucedido en el mundo de mi hijo.

Entonces me acordé de Hattie, que estaba en Londres, seguramente con amigos, rodeada de tíos que indudablemente estarían intentando ligar con ella. Quizá ella hacía lo mismo con ellos, y pensé que también la había perdido para siempre. Me hundí más en el abismo.

La llamé. No podía evitarlo: era la primera, la única mujer que me había visto de verdad. Me había conocido después de que yo destapara toda mi mierda y la procesara, así que había conocido a mi yo de verdad, no al conjunto de síntomas, ni la careta, ni la mentira cuidadosamente urdida. Creo que por eso la relación me planteaba un reto tan grande: para mí era totalmente nuevo vivir así, era un novato en eso de ser yo, me esforzaba por no recaer en una versión engañosa y errada de mí. Y ella me seguía queriendo, a pesar de haber visto lo que había por debajo.

De nuevo, encontré bondad. Su voz estaba llena de ánimos, amor, compasión. Me dijo que iría a esperarme a Heathrow cuando volviese. Que solo tenía que aguantar las cuarenta y ocho horas siguientes, coger unos cuantos taxis, visitar algunos museos y pizzerías, dejarle a Jack recuerdos preciosos. E hice todo eso. Cuando regresé a Inglaterra, ella estaba ahí, esperando en la puerta de llegadas a las seis de la mañana. Con la sonrisa más bondadosa y más amable que había visto en mi vida, joder.

Fuimos a casa, preparamos un té, hicimos el amor, ella olvidó el pasado y retomó nuestra relación, con el corazón un poco más agitado y un poco más frágil por culpa de mi inestabilidad.

Establecí cierta rutina con Jack. Iba a verlo dos veces al año, su madre me lo traía cuando venía por trabajo otras dos veces al año, hablábamos por Skype dos veces por semana, y yo hacía todo lo posible por concentrarme en otras cosas, como Hattie o tocar el piano, cuando el dolor de su ausencia me superaba.

Estar arruinado cada vez me frustraba más. En las épocas buenas ya se gana bastante poco con la música clásica, pero cuando empiezas de cero no se ingresa nada de nada. Y los aviones transatlánticos, los abogados del divorcio, los psicólogos y el alquiler acababan alcanzando una cifra que me daba ganas de vomitar. De la forma más casual, había conocido a un tío llamado David Tang algunos años antes, mientras me estaba planteando convertirme en agente. Es un multimillonario estridente, imponente, brillante, sorprendentemente bondadoso y nacido en Hong Kong. Nos habíamos conocido porque me había enterado de que era fan de Sokolov, y había pensado que me convenía conocerlo si quería fundar mi propia agencia. Encontré su dirección y le mandé unas cuantas grabaciones privadas del pianista que me había dado su mánager, y que sabía que Tang no tendría. Me llamó al día siguiente, me mandó su Bentley con un chófer para que me recogieran, fui a tomar el té a su casa y después, al cabo de unos días, me invitó a acompañarlo a Venecia para ver un recital de Sokolov en La Fenice en señal de agradecimiento.

La mayoría de la gente manda una tarjeta.

Lo llamé, quedamos para tomar un café, y, con mi habitual actitud manipuladora, le conté que no me iba demasiado bien, que todavía no quería tirar la toalla y volver a la City, y que si podía ayudarme. Y lo hizo. Sin entrar en más detalles, se limitó a llamar inmediatamente a su banquero personal y mandó que hicieran un ingreso todos los meses en mi cuenta. Como si estuviera pidiendo un café en un Starbucks.

No estaría aquí si no hubiera sido por él. Y si gracias a algún milagro lo hubiera estado de todas formas, no cabe duda de que no sería tocando el piano. Su dinero me pagó las facturas médicas, los honorarios de Billy y otros psiquiatras, un piano mejor, me procuró tiempo y espacio para ensayar, logró que en mi cabeza reinara cierta calma y me permitió centrarme en lo que me resultaba necesario. Fue increíble y extraordinario que hiciera eso por mí. Le parecía que yo tocaba bien, quería echarme una mano, no me pidió nada a cambio y, en esos primeros y complicados dieciocho meses después del divorcio, lo hizo todo posible. Hay cosas que nunca se pueden devolver, al menos no rápidamente. Llegará un momento en que pueda devolverle hasta el último céntimo. Llegará un momento, espero, en que yo actúe con la misma generosidad con otra persona. Ahora mismo solo puedo pensar en cómo se ha portado conmigo, con la boca abierta de incredulidad por lo generoso que ha sido, y trato por todos los medios de no defraudarlo. A veces me da la impresión de que soy el hombre más afortunado que conozco.

Tema 15

Ravel, *Concierto para piano en sol,* segundo movimiento

Krystian Zimerman, piano

Ravel compuso dos conciertos para piano. Uno de ellos lo escribió únicamente para la mano izquierda (se lo encargó Paul Wittgenstein, un pianista austríaco que había perdido el brazo derecho en la Primera Guerra Mundial), y el otro lo creó después de una gira por Estados Unidos, donde conoció el mundo del jazz: en toda esta obra se percibe la intensa influencia del swing y los clubes de jazz de Harlem infestados de humo.

Tardó dos años en terminarlo y se podría afirmar que contiene el movimiento lento más bonito de cualquier concierto para piano jamás creado. Recuerdo que de pequeño leí una entrevista a no sé quién (me frustra no recordar a la persona, solo que era cura o algo así), a quien le hicieron la siguiente pregunta: «Si se avecinara el fin del mundo y se lo avisaran con diez minutos de antelación, ¿qué haría usted?». *Él contestó que se pondría un vaso de un whisky escocés carísimo y escucharía esta pieza.*

Ravel sudó sangre para crear cada nota de este concierto. (A un amigo le escribió: «La verdad es que el Concierto en sol mayor *fueron dos años de trabajo. El tema inicial se me ocurrió en un tren entre Oxford y Londres. Pero esa primera idea nunca sirve de nada. Luego empezó la labor de esculpir. Ya se ha acabado la época en que se consideraba que al compositor le llegaba la inspiración y se*

ponía a anotar febrilmente en un papel lo que le venía a la cabeza.
La composición musical es una actividad intelectual en un setenta y
cinco por ciento». Y sobre el segundo movimiento añadió: «¡Esa frase
fluida! ¡Cómo fui trabajando en ella compás a compás! ¡Estuvo a
punto de matarme!».

En su concierto encontramos todo lo que sostiene la reputación de
Ravel de ser uno de los mayores genios musicales de Francia: melo-
días extraordinarias, una orquestación impecable, una profundidad
de sentimento que resulta inaudita.

Estaba construyendo algo emocionante, aunque todavía inde-
finible, con Hattie; aprendiendo de la manera más complicada
que vivir sin autodestruirse resulta difícil, que en la paternidad
a distancia no todo es de color de rosa; y, por primera vez en
mi vida, me atrevía a soñar que dedicarme de forma profesional a lo que siempre me había gustado sobre todas las cosas era
factible, al menos en potencia.

Me dediqué al piano con una intensidad aún mayor, aprendí piezas nuevas, perfeccioné mi técnica, me preparé de forma
exhaustiva. El primer disco ya estaba listo, tras haber pasado
el proceso de edición. Decidimos llamarlo *Razor Blades, Lit-*
tle Pills and Big Pianos ['Cuchillas, pastillas pequeñas y pianos
grandes']. Era lo bastante autobiográfico para poder definir
casi toda mi vida en siete palabras, y esperábamos que sonase
lo suficientemente distinto para que la prensa musical se fija-
se en él. Lo mismo sucedió con el diseño gráfico: si veo otra
puta acuarela francesa del siglo XVIII o una foto de un pianista torpe torciendo el gesto en la portada de un disco de música clásica, me como la cara. Logramos convencer a Dennis
Morris, que durante una época fue el fotógrafo oficial de Bob
Marley y que había colaborado con los Sex Pistols, de que se
encargara de las imágenes, y el álbum terminado se parecía tan

poco al típico disco del género que algunos críticos del sector pensaron que se lo habían mandado por error. Un periodista estadounidense llegó a decir que en él había tantas fotos mías con unas Ray-Ban que había creído que era ciego. Lo cual me enorgulleció mucho. ¿Y por qué coño no íbamos a hacer algo así? ¿Por qué no crear un diseño que destacara, que ofreciera un aspecto algo actual, que pudiera resultar más atractivo para los que no escuchan música clásica, y que no le quitara a una chica las ganas de enrollarse contigo si lo veía en tu mesita del salón?

El caso es que ya tenía mi propio CD en las tiendas. Y para crearlo no me había grabado en un reproductor MP3 de mierda para pasarlo luego a un disco, ni tampoco había impreso una cutrez de portada con el ordenador, como ya había hecho con anterioridad, de forma algo vergonzosa. Dejando a un lado el ego, para mí fue un momento muy importante y me pareció un primer paso enorme en una carrera con la que llevaba soñando desde pequeño.

En 2010, pocos meses después de que saliera *Razor Blades*, la BBC se puso en contacto con Denis y conmigo para hacer un documental sobre Chopin con motivo de su bicentenario. Fue mi primera experiencia televisiva, una vivencia de lo más emocionante. Fui a Polonia, vi el lugar de nacimiento de Chopin, la casa en la que pasó la adolescencia, la tumba en la que se guarda su corazón, el piano con el que componía. Nos trasladamos a París y grabamos de noche en la Plaza Vendôme, en la que improvisamos piezas ante la cámara. Entrevisté a los pianistas legendarios Emanuel Ax y Garrick Ohlsson *ante un teclado*, lo que me hizo mucha ilusión. Filmamos un par de conciertos míos en los que toqué a Chopin, y la verdad es que no me podría haber divertido más, a no ser que hubiera consumido narcóticos. Supe entonces que también quería dedicarme en serio a la televisión. Cómo no iba a quererlo. Gracias al montaje, podía parecer que me expresaba de forma medianamente correcta, me pagaban por hablar de cosas que me entusiasmaban, y lograba conocer a mis héroes y viajar por todo el mundo.

Para entonces Denis ya me había conseguido un programa de conciertos importantes: uno en el Queen Elizabeth Hall, en el que había visto tocar a la mayoría de los héroes de mi infancia, de Sokolov a Zimerman pasando por Brendel, y otro en el Roundhouse, en el que había tocado todo el mundo, desde Pink Floyd a Jimi Hendrix.

Una mañana, estábamos hablando de estos conciertos mientras tomábamos un café. Los recitales de piano siguen un protocolo sagrado y estricto. Frac y pajarita blanca para el intérprete (o, como poco, traje o esmoquin). No se habla. Subes al escenario, tocas, te marchas. Al público se le reparte un programa, las luces de la sala brillan bastante para que este libreto se pueda consultar durante la ejecución, no se permite beber, se considera de mal gusto aplaudir entre los movimientos de las piezas, se espera del público que sepa lo suficiente de la música para «comprenderla».

—¿Recuerdas la primera vez que me tocaste algo en el Steinway Hall, la *Chacona*? —me preguntó.

—Claro que sí. ¡Fue un momento único!

—Bueno, pues estaba pensando en eso. En cómo parloteabas sobre la pieza, sobre Bach, cómo contabas lo que significaba para ti; después te sentaste, la tocaste, te pusiste en pie de un respingo y propusiste tomar un café como si acabaras de hacer algo de lo más normal. Yo seguía recuperándome de una avalancha emocional bestial, y estaba pensando... ¿por qué no hacemos así el concierto?

»Presentas las piezas, hablas de los compositores, charlas con el público entre una y otra. Con tus propias palabras, no con esas que aparecen en el programa y que ha escrito un catedrático de Oxford, te pones lo que quieras, apagamos las luces, lo convertimos en una experiencia más informal, en una inmersión mayor. ¿Qué te parece?

Dicen que todas las buenas ideas empiezan siendo una blasfemia. La cosa es que aquello me pareció perfecto. Madre mía, ojalá los pianistas a los que vi de pequeño nos hubieran hablado a los miembros del público. La idea de que Kissin, Zimerman o Richter hubieran contado por qué habían decidido tocar determinada sonata de Beethoven en concreto, qué significaba para ellos, es tan guay que no me lo puedo ni imaginar. La industria de la música clásica solo se dirige a una parte pequeña de la población, sobre todo en el Reino Unido; la gestionan, en su mayor parte, gilipollas ampulosos y anticuados a los que parece procurar un placer perverso seguir garantizando que la música «de verdad» sea el privilegio de una escasa élite a la que consideran lo bastante rica (y, por tanto, lo bastante inteligente) para entenderla. Beethoven es suyo, coño, y los únicos a los que se permite escucharlo son los pijos que saben qué tenedor se utiliza con el pescado y que conocen la diferencia entre los números del catálogo Köchel y los que aparecen con el epígrafe «opus».

En la música clásica hay un montón de problemas, complicaciones y dificultades. Como género parece haberse convertido en el equivalente musical de hacerte una paja llorando por la vergüenza que te da aquello con lo que estás fantaseando. La música clásica debe dejar de pedir perdón por lo que es. Hay que identificar y aceptar los problemas, como en un proceso de desintoxicación, antes de que se pueda aspirar a un cambio permanente.

En primer lugar, el nombre. Clásica. ¿Por qué? Como he comentado al principio del libro, este término parece algo anticuado, irrelevante, pasado de moda, inaccesible y, sobre todo, aburrido. Cuando se hace un nuevo montaje de *El rey Lear*, ¿se le llama teatro clásico? ¿Vamos a visitar exposiciones en galerías de arte clásico? Y una mierda. Por algún motivo, la música se empeña en segregarse. Emisoras de radio clásicas, conciertos de música clásica, compositores clásicos, revistas de música clásica, secciones de CD de música clásica, músicos de clásica. No os cortéis y cambiad la palabra «clásica» por intelectual, inteligente, válida, más profunda. Casi todos los miembros del sector se comportan como si pudiera hacerse.

El otro gran problema que tiene este mundo extraño, ecléctico y cerrado son, evidentemente, sus integrantes, la mayor parte de los cuales son unos gilipollas redomados. Se los puede dividir en cuatro categorías claras: los intérpretes, los guardianes, los ejecutivos de las discográficas y los críticos. Como sucede con todas las generalizaciones, hay algunas excepciones en lo que se explica a continuación, gente de la industria que aprecia de verdad la música y que quiere darle un matiz vibrante y accesible. Pero cualquiera que observe el sector desde fuera verá a la mayoría de sus miembros del siguiente modo:

a) Los intérpretes. Normalmente, socialmente retrasados y supertorpes. Casi todos ellos situados en algún punto del espectro autista y del aspérger (ése es mi caso: no es una crítica, pero por culpa de eso puede costar relacionarse con nosotros). Un estilo en el vestir lamentable y aterrador (o jerséis de pederasta, o frac y pajarita de otra talla). Emocionalmente castrados, asexuales o superamanerados, raros en plan asesino en serie, lunáticos a los que no se entiende cuando hablan y que tienen un número de fetiches sexuales más alto que la media. Muy inteligentes, sin duda, pero verdaderamente incapaces de tener una interacción social normal. En los conciertos se presentan, tocan y se van. Casi nunca se mezclan con el público, y, cuando lo hacen, suele ser solo a petición de la discográfica (ver más adelante), que les exige una firma de discos después del concierto. Hablar con el público (al margen de algún título de un bis, dicho con voz monótona) es algo casi inaudito. Quizá estos tíos (y tías) solo pueden culparse a sí mismos por el estado actual de la música clásica. Con frecuencia, la ansiedad social es una careta para tapar un gran ego; se niegan a tocar en salas que no son lo bastante prestigiosas, también se niegan en redondo a relacionarse con los fans y el público, adoptan una actitud general de: «déjame a solas con mi genialidad porque no necesitáis nada más de mí». Bueno, pues esto ya no es así.

b) Los guardianes. Estos tipos (el noventa y nueve por ciento de los cuales son hombres blancos y viejos) son los que dirigen las salas de conciertos y las agencias. En fechas recientes, debido a lo menguado y lo agonizante del público y a los recortes en financiación pública, se han visto obligados a soltar el rollo de que le van a abrir las puertas a un público más joven y fresco, aunque en realidad no han hecho una mierda para conseguirlo, al margen de algunos gestos vacíos que, según consideran, podrían molar a los jóvenes, como algún concierto de madrugada y utilizar tipografías levemente distintas en los programas. En esencia se dedican a remolonear, a tomar champán y a comerles la oreja a miembros del público maduros y forrados de pasta. Parten de la idea de que todo cambio es monstruoso y malo, que introducir a un público más joven sería una catástrofe para el sector y que a su sala | orquesta | institución le va de maravilla tal y como está, muchas gracias. Igual que si la madre de Bernie Madoff fingiera que todo va bien y estuviera convencidísima de que todo el asunto es un horrible malentendido, de que su dinero está a salvo y que no va a pasar nada malo.

Para mí, la parte más despreciable de todo esto es que dan por sentado que un público nuevo y más joven degradaría de algún modo el ámbito de la música clásica. Qué horror, que apareciera alguien con unos vaqueros y se atreviera a aplaudir cuando «no toca». Creen que si no eres un oficial de la Orden del Imperio Británico, no eres licenciado en ciencias o humanidades, no te has educado en Oxford o Cambridge, no ganas más de ochenta mil libras al año, no llevas un nudo Windsor en la corbata y no te has convertido en una parodia de ti mismo, vas a devaluar el mundo inmaculado, refinado, megafrágil y culturalmente sagrado que es la música clásica. Si vais a cualquier sala de conciertos «consolidada» del Reino Unido, veréis a un público compuesto por un diez por ciento de estudiantes de música, un ochenta y cinco por ciento de personas de más de cincuenta años que cumplen uno o varios de los criterios de arriba, y un cinco por ciento de fans de la música normales y decentes que no fingen apreciar de veras la música clásica. (Este párrafo parece muy estereotipado porque lo anterior sigue siendo muy cierto).

c) Las discográficas. Las empresas (siempre) pequeñas, avergonzadas e ingenuas que dirigen unos tipos bienintencionados y sumisos sin el menor atisbo de perspicacia comercial y ningunas ganas de probar algo distinto. Proveedores de portadas de discos y de pósters promocionales aburridos y predecibles (artistas que parecen estreñidos | acuarelas francesas | escenas abstractas de tonos apagados | Lang Lang con los dedos pintados como si fueran teclas de un piano, me cago en todo); textos interiores redactados por intelectuales que han escrito libros sobre la forma de la sonata en el siglo XVIII; un presupuesto de *marketing* de treinta libras; una complaciente disposición a conformarse con que te coloquen el disco en medio de miles de productos semejantes en el sótano de

HMV, en el que necesitarás un casco con linterna y una absoluta falta de vergüenza; un presidente de discográfica (que también se encarga de fichar a nuevos artistas, del *marketing*, de las fotocopias y de hacerle pajas a quien las necesite) para el cual llamar a iTunes | HMV | Amazon y proponerles un acuerdo de promoción conjunto le parece tan raro como lo sería que Pol Pot adoptase a un perrito de un refugio. Estos tíos están matando lenta pero inexorablemente el negocio, y llevan años en ello. Hay un par de excepciones notables, por suerte, que están abriendo nuevos caminos y asumiendo riesgos por los que hace cinco años habrían sido lapidados.

De todas ellas, quizá las que más pena dan son las divisiones clásicas de las grandes discográficas (Sony Classical, DG, WCJ, etcétera). A la mayoría las han echado de la sede principal y las han desterrado a parques empresariales cutrísimos con tres empleados, un presupuesto congelado año tras año, la imposibilidad de fichar a alguien nuevo y la vergüenza de ser el hermano menor de la gran discográfica, que ha resultado ser un violador en serie de abuelitas. Ignorados y despreciados por los hermanos mayores del sector del rock, estos sellos sobreviven gracias a un fondo de catálogo que se remonta a la época dorada de las décadas de los cincuenta y sesenta.

Para ellos, la solución aparentemente fácil es hacer una mezcla de estilos. Coger a un grupo de jóvenes atractivos, disfrazarlos, pedirles que toquen una mezcla de pasajes breves y famosos de obras más largas, junto a transcripciones de la canción tradicional *Waltzing Matilda*, de *El fantasma de la Ópera*, etcétera, y creer a la desesperada que la gente va a aceptar la trola de que eso es «música clásica» y les va a soltar la pasta.

d) Los críticos. El gilipollas solitario, amargado, músico fracasado, cabroncete disfrazado de intelectual. El paradigma de todo lo que falla en la música clásica de la actualidad. El quejica esnob, despreciativo, mal informado y sádico al que nadie tomaría en serio en cualquier otra labor periodística y que con júbilo se degrada redactando sus textos de veinticinco céntimos por palabra que leen unas pocas personas dispuestas a escucharlos. A la mayoría de los críticos de música clásica habría que considerarlos unos chavales rabiosos y obesos que han logrado de un modo u otro sobrevivir a años de acoso escolar, que abandonaron hace mucho sus sueños de hacer algo creativo y valioso, y que ahora se empeñan en matar de aburrimiento a cualquier persona que los atienda (básicamente otros críticos, seniles oyentes, algún que otro estudiante y unos cuantos jueces del Tribunal Supremo).

Resulta evidente que hay problemas importantes en el mundo de la música. Una estrechez de miras por parte de casi todos los que ocupan posiciones influyentes, una negativa infantil, producto esencialmente del miedo y el conservadurismo, a tratar de llegar a un público más amplio, un desesperado aferrarse a lo conocido a pesar de las pruebas abrumadoras de que están en un barco que se hunde, la aversión y la crítica inmediata a cualquiera que se atreva a probar cosas nuevas con música antigua, y, lo que resulta más deprimente, el deseo avaricioso y codicioso de lograr que esa música increíble siga siendo solo suya y de una élite selecta que se ajuste a su criterio de lo que es un oyente válido.

Da la impresión de que a los que dirigen el sector se les ha olvidado que los compositores fueron, en realidad, las primeras estrellas de rock. Hoy en día, la expresión «estrella de rock» lleva a pensar en sesiones de fotos de la revista *Heat*, tatuajes, frases de mamarracho como «separación consciente» o salir de jurado en un concurso tipo *La voz*. En esa época implicaba llevar un peinado feísimo, padecer algún tipo de enfermedad venérea o mental y pobreza. En su mayor parte fueron cabrones geniales, chalados y depravados que se habrían meado de risa al conocer las ideas sobre la interpretación musical que los actuales guardianes de lo clásico observan con tanta rigidez. No tiraban televisores por las ventanas de los hoteles, se tiraban a sí mismos.

Beethoven se cambió de casa setenta veces. Era torpe, coordinaba fatal, no sabía bailar, se cortaba al afeitarse. Era un tipo taciturno, desconfiado, susceptible, desordenado y rabioso. Y logró cambiar el devenir de la historia de la música. En 1805 compuso la *Sinfonía «Heroica»* y, de un brusco tirón, la música entró en el siglo xix. Mientras que el resto de los compositores trataba de complacer a los miembros de su público, él derribaba puertas y les ponía bombas debajo de los asientos. La idea de obligarlos a estar en silencio, sin aplaudir durante las piezas, le habría hecho desternillarse de risa.

A Schubert, apodado «Setita» porque apenas llegaba al metro cincuenta y era más feo que un pecado, le iba escandalosamente mal con las chicas y, en una de las infrecuentísimas ocasiones en que consiguió ligar, pilló la sífilis. Un amigo suyo dijo: «Con qué potencia el ansia de placer arrastró a su alma al lodazal de la degradación moral». Él mismo reconoció que había venido al mundo «únicamente para componer», y ganó, en el equivalente monetario de hoy, unas siete mil libras (en total) en los últimos doce años de su vida, y menos del diez por ciento de sus obras se publicaron antes de su muerte. Era un hombre arruinado, hipersensible, calvo, vivía en casas abandonadas y tuvo una existencia de penalidades incesantes y sombrías. ¿Le importaría una mierda que al ejecutarse su música los intérpretes o el público fuesen vestidos de la manera considerada correcta?

De Schumann (que murió solo y desgraciado en un hospital mental) a Ravel (cuyas experiencias como conductor de camiones y ambulancias en la Primera Guerra Mundial lo cambiaron para siempre), los grandes compositores fueron genios chalados, y si hoy acudieran a un concierto típico y vieran los precios, al público, la presentación y la pretenciosidad que van asociados a su música, les daría un asco que te cagas.

No era de extrañar que yo tuviera tantísimas ganas de hacerlo de otro modo.

Tengo la inmensa suerte de haber encontrado un mánager que opina como yo. Después pasó a ser director, además de representante. Unos pocos días antes del concierto del Roundhouse fuimos a Steinway y toqué el programa entero, del principio al final, al tiempo que hablaba de Bach, Beethoven, Chopin, de las piezas, del por qué, el cuándo, el cómo. Esto complicaba un poco la concentración absoluta en las notas, pero no lo bastante para que aquello no fuese viable. Solo tenía que centrarme un pelín más, recordar algunos detalles adicionales y tratar de no decir nada demasiado incorrecto.

Llegó el día del recital y me presenté en la sala. Había ocho cámaras situadas en el perímetro del auditorio y otra que enfocaba al teclado, por si las otras no eran suficientes, además de dos pantallas gigantes en el escenario. La idea era retransmitir un vídeo en vivo desde distintos ángulos mientras yo tocaba. Así, la gente de los asientos baratos podría verlo todo con claridad, y en todos los pasajes verdaderamente complicados que había trabajado durante miles de horas, todos podrían verme las manos en primer plano, porque queda chachi y soy muy vanidoso.

Fue una experiencia de lo más intensa. Por las reacciones posteriores quedó claro que era la primera vez que la mayoría del público acudía a un concierto de música clásica, y la edad media era de entre veintitantos y veintimuchos años, nada que ver con los más de cincuenta de los que acuden a Wigmore Hall. Presenté todas las piezas, hablé de la vida de los compositores, toqué con toda mi pasión y después me entraron ganas de volver a hacerlo otra vez.

Recuerdo haber visto de pequeño vídeos en los que Glenn Gould charlaba con el público en Moscú, otros en los que Bernstein hablaba desde el escenario antes de dirigir obra maestra tras obra maestra, pero en fechas recientes creo que nadie había hablado con cierta extensión y después interpretado algo en un concierto clásico, sin contar a Daniel Barenboim, que dijo unas pocas palabras sobre Schönberg desde el podio del Festival Hall hace unos años (lo cual fue tan contrario a la tradición que salió en los periódicos). Y lo de soltar algún chiste que otro, contar anécdotas de cómo se peleaba y follaba Bach, que el padre borracho de Beethoven casi lo mató de una paliza, y comentar por qué yo quería tocar esas piezas en concreto pareció funcionar bien. Por otro lado, que el público aplaudiese las partes habladas, no solo la interpretación, y oír risas en un concierto de esa índole, también parecía confirmar que íbamos por el buen camino. Al fin estaba haciendo aquello con lo que siempre había soñado. No me había sentido tan realizado en toda mi vida.

Un par de semanas después repetimos el espectáculo, aunque sin las pantallas, en el Queen Elizabeth Hall. De nuevo, un público joven, gestos de perplejidad entre los técnicos del *backstage*, que nunca le habían tenido que poner micrófonos a un intérprete de música clásica, risas, música, luces tenues, un silencio absoluto entre el público mientras tocaba, después un rato en el bar junto a algunos de los que habían venido a escucharme. Fue, para mí, la forma perfecta de dar un concierto. Fuera las gilipolleces y los egos asociados a tantos detalles del sector, sin perder la fidelidad al verdadero motivo por el que nos dedicamos a esto: la música.

En este mundo se observan un montón de putas reglas: el código de vestimenta, la forma de interpretar, las notas del programa, la iluminación, la presentación, el formato del concierto, los aplausos, la elección del repertorio, los tiempos, la etiqueta del intérprete y la audiencia, la elección de la sala, etcétera.

Denis y yo solo instauramos dos normas: nada de mezclar géneros (no porque esté en contra de la idea, sino porque no le veo el sentido en mi caso, cuando ya existe tanta música clásica), y nada de simplificar las piezas (que viene a ser un poco lo mismo). Todo lo demás nos parecía bien, y nos pusimos manos a la obra. Si me enteraba de que en uno de mis conciertos no se habían vendido todas las entradas, le decía a Denis que regalase las que quedaban, ¿por qué coño no íbamos a darles a algunas personas la oportunidad de disfrutar de una velada gratis de música? Afortunadamente, para gran alegría de mis promotores, ahora me encuentro en una posición en la que ya no tengo que hacer eso. Pero la cuestión es, era y siempre será, llenar todos los asientos, elegir música que sea inmortal y accesible, tocar todo lo bien que pueda, hablar de las piezas, llevar ropa que sea cómoda y no siga las costumbres interpretativas de la década de 1930, dejar que el público entre con bebida, bajar las luces hasta que casi no se vea nada. Que la experiencia sea una inmersión, algo íntimo, excitante e informativo. Nos saltamos las reglas y hacemos lo que nos place.

Queríamos seguir avanzando, no cabía duda de que aquello no era más que el principio. Fue difícil y frustrante intentar dar con personas del sector que estuvieran dispuestas a contemplar y presentar la música clásica de una forma distinta. Sé que siempre habrá un público para los pianistas inmortales de este mundo como Kissin, Zimerman o Argerich, lo cual está muy bien, por otro lado. Pero hay algo mucho más importante: yo sabía que debía de haber al menos cuarenta y cinco millones de personas, solo en el Reino Unido, que hasta entonces nunca habían escuchado una sonata de Beethoven al completo, y eso era algo que me deprimía profundamente. No se trataba de predicar a los conversos, ni siquiera de predicar en absoluto. Lo importante era llegar al mayor número de personas posible, de llevarles algo que quizá no conocían aún, y hacerlo de una forma que fuese accesible y cómoda para todos. Aquello no era una misión que cumplir (son los asesinos en serie los que tienen una misión), pero parecía urgente, importante y verdadero, y, al margen de Hattie, no había gran cosa que estuviera pasando en mi vida.

La prensa empezó a hacernos bastante caso, en tono tanto positivo como negativo. Hubo un imbécil del *Daily Telegraph* que empezó su texto diciendo que nunca había oído hablar de mí, que nunca me había oído tocar, ni había estado en mis conciertos ni escuchado mi disco, pero que yo era un gilipollas y un arrogante que intentaba «salvar» la música clásica poniéndome zapatillas de deporte y vaqueros cuando a ésta, por cierto, le iba fenomenal tal como estaba, etcétera, etcétera. Sabíamos que esto iba a pasar, sobre todo entre la vieja guardia de lo clásico. Lo que resultó inesperado, y muy bonito, fue la cantidad de críticas superbuenas que me hicieron por el disco y los conciertos. Sé que es importante que ni las críticas ni las alabanzas te acaben haciendo mella, pero somos humanos y todas estas cosas afectan. Cualquiera que diga lo contrario miente como un bellaco. Sobre todo afectan a los que en el fondo nos sentimos grandes estafadores y nunca nos creemos los comentarios amables, al tiempo que sabemos a la perfección que los negativos son ciertos.

Si eres una persona a la que la idea de acudir a un recital de piano le parece tan apetecible como ir al dentista, igual puedes plantearte la posibilidad de acudir a uno de los míos. Ven acompañado, piensa que será algo desenfadado, incluyente, que la música será grandiosa. Si no te emociono especialmente, prueba con Wigmore Hall o Festival Hall. Ve a escuchar a Stephen Hough, Daniil Trifonov, o a cualquiera de los cien pianistas de primera fila que ahora mismo están en activo. Investiga algo nuevo, a ver adónde te lleva. Experimentar música en vivo de esta manera es algo extraordinario.

Me encontraba, por primera vez desde hacía mucho tiempo, en una situación estupenda en lo emocional y en lo físico. Una novia buena y guapa, un mánager entregado y genial, conciertos y música en el centro de mi vida, unas probabilidades cada vez mayores de que la carrera de mis sueños se hiciera realidad. Y una aceptación cada vez mayor del hecho de que Jack estuviera en otro país, unida a la esperanza de que pudiéramos seguir manteniendo cierto tipo de relación.

Tema 16

Schumann, *Variaciones Geister para piano*

Jean-Marc Luisada, piano

Los compositores y la enfermedad mental suelen ir de la mano, como los católicos y el sentimiento de culpa, o Estados Unidos y la obesidad. Schumann fue uno de tantos que padecieron depresión grave; se tiró al Rin y luego, como no había logrado suicidarse, se internó voluntariamente y murió solo y asustado en un manicomio.

Días antes de intentar suicidarse creó sus Variaciones Geister *['fantasma'], así llamadas porque declaró que los fantasmas le habían dictado el tema inicial.*

Sí. Estaba un poquito trastornado.

No me viene a la cabeza una composición de piano más íntima, cerrada en sí misma, intensa y concentrada. El tema, que apenas supera el forte en alguna ocasión, es una coral que lenta y suavemente se va convirtiendo en algo que no se puede expresar con palabras. En él se nos presenta en toda su amplitud el mundo esquizofrénico, deprimido y perdido de Schumann.

En medio de toda la atención periodística que empezamos a recibir en esa época, me hicieron una entrevista para el *Sunday Times*. En ella mencioné los abusos sexuales que había sufrido en el colegio: fue un párrafo corto de un reportaje de dos páginas. La directora de la escuela primaria en esa época lo vio y se puso en contacto conmigo (por lo visto, Facebook sirve para algo). Me dijo que había sabido que se estaba dando algún tipo de abuso (aunque, con toda ingenuidad, no se le había ocurrido que fuese de índole sexual), que me encontraba sollozando, con sangre en las piernas, rogándole no volver a la clase de gimnasia. Se lo había contado al director del colegio, que había contestado, muy en la línea de los años ochenta: «El pequeño Rhodes tiene que aprender a ser fuerte. No haga caso». Ella obedeció. Añadió que había dejado ese empleo y se había hecho capellana de prisiones. Había leído mi entrevista y decidido ponerse en contacto conmigo para ver si podía arreglar las cosas. Coño, con veinticinco años de retraso, pero bueno. Esto todavía me enfurece un poco.

Prestó declaración ante la policía (es el documento que he incluido al principio del libro). Cuando recibieron dicho documento, yo también volví a acudir a la policía, junto a mi mánager, y volvimos a intentarlo. Puede que Denis mencionara la cobertura mediática y a los abogados de las discográficas. Y, cómo no, encontraron al tipo. Rondaba los setenta y tantos, y trabajaba en Margate. De entrenador de boxeo a tiempo parcial con niños de menos de diez años.

Tras largas entrevistas, lo detuvieron y lo acusaron de diez delitos de sodomía y abuso sexual.

Por eso, cuando hay personas que me comunican que solo hablo de los abusos que viví para vender discos o despertar compasión (me pasa), siempre les cuento esto y les pregunto si preferirían que no hubiera dicho nada de las violaciones y que ese tío siguiera entrenando a su sobrino | hijo | nieto de ocho años. Menudos gilipollas.

Lo último que me contaron los de la policía metropolitana fue que el tipo había tenido un derrame cerebral y no lo habían considerado apto para someterse a juicio. Murió poco después de que me enterara de esta noticia. En muchos de los libros que he leído y en los grupos de apoyo en los que he estado se habla del perdón; sugieren que se escriban cartas a quienes nos han hecho daño, especialmente si ya no están vivos, y que en ellas expliquemos cuál ha sido el impacto de sus acciones en nosotros y en nuestros seres queridos. Y, en muchos sentidos, eso es precisamente este libro. Es la carta que te he escrito, Peter Lee, que te estás pudriendo en tu asquerosa tumba, para contarte que no has ganado. Nuestro secreto ya no es un secreto, un vínculo que compartimos, un lazo contigo, privado e íntimo, de ningún tipo. Nada de lo que me hiciste fue inofensivo, divertido o cariñoso, a pesar de lo que decías. No fue más que una aberrante y penetrante violación de la inocencia y la confianza.

Espero de veras que las personas como el señor Lee, quienes de forma activa desarrollan y llevan a la práctica el deseo sexual que les inspiran los niños, vean, vean realmente, el daño que eso causa. Que presentarlo o justificarlo como algo mutuo y aceptable, una expresión de amor, no podría estar más lejos de la verdad.

El perdón es un concepto maravilloso. Algo a lo que aspiro pese a que a veces no me parezca más que una fantasía, aunque deseable, imposible. En mi vida se han producido demasiados episodios de abusos, de los cuales me he comprometido a contar las partes que puedo aguantar sin derrumbarme del todo. Y eso me basta. Tiene que bastarme. Hay personas de mi pasado que saben más cosas y que tendrían que haberse dado cuenta, y que tendrán que reconciliarse con eso, tal como estoy intentando yo. Quizá algún día perdone al señor Lee. Hay muchas más probabilidades de que eso suceda si encuentro el modo de perdonarme yo. Pero la verdad, en mi caso al menos, es que el abuso sexual de niños casi nunca termina en perdón, si es que llega a hacerlo alguna vez. Solo lleva a la culpabilización, a una rabia y una vergüenza viscerales y autoinfligidas.

El abuso sexual de niños.

Hay personas que leen esa expresión y se horrorizan, otros se enfadan, otros se ponen cachondos. Es interesante observar que, solo por escribir estas palabras, me entran ganas de desaparecer un rato y hacer algo destructivo, que me distraiga, cualquier cosa con tal de evitar estos sentimientos. Treinta años después sigo en el mismo sitio, inmovilizado contra el suelo, dolorido y con la impresión de que todo ha sido culpa mía. Solo por escribir unas pocas palabras al respecto. El poder inherente de esta mierda para joderte con una mera sonrisita burlona es aterrador.

Cuando el espantoso caso de Jimmy Savile salió a la luz, me pidieron que escribiera un artículo para el *Daily Telegraph* sobre él. De un modo u otro, para entonces ya había logrado tener una voz y cierto estatus en los medios, lo que me permitía hablar de cosas como ésta con la esperanza de contribuir, con toda modestia, a los cambios que se están produciendo gracias a las personas que han comenzado a hablar de ello. El artículo al completo aparece en el apéndice del libro; escribirlo me dejó tocadísimo durante varias semanas porque..., bueno, porque supuso darle oxígeno a algo que solo quería ocultarse en la oscuridad y dedicarse a roerme las entrañas.

Pero sacar a la luz temas como éste es tremendamente importante. Recibir cientos de mensajes de apoyo y agradecimiento de personas que habían vivido experiencias similares me hizo comprender que hay que hablar de esto aún más.

Denis y yo habíamos logrado lanzar a pequeña escala mi carrera musical. Un disco, ciertas apariciones en prensa, algunos conciertos. Teníamos algunas ideas buenas y la suerte de contar desde el principio con GHP, la empresa de giras que se encargó del espectáculo *Stomp*, que colaboró con nosotros y nos ayudó a conseguir salas de música clásica y también otras dedicadas a géneros distintos. Todo aquello bastaba para tenerme ocupado, pero, a pesar de estar más equilibrado, todos los días seguía experimentando de forma regular momentos llenos de pánico, de miedo a una agenda de conciertos casi vacía, el horror de haberlo apostado todo al proyecto de convertirme en concertista de piano y la posibilidad de que todo se viniera abajo en cualquier momento, miedo de acabar convirtiéndome en un vil fracasado. La cuestión es que me había sentido exactamente igual cuando trabajaba en la City, cuando ponía hamburguesas en Burger King, cuando acudía a cualquier empleo. Estoy condicionado y mentalmente estructurado para temer lo peor, creer a todas las voces negativas de mi cabeza y esperar que sucedan episodios horribles. Así son las cosas. El lado positivo es que eso me lleva a estar siempre alerta, con ambición, esforzándome. El negativo..., bueno, pues que estoy chalado, estresado, que el éxito de los demás me inspira una envidia horrorosa.

También volvimos al estudio con mi variopinto grupito de ingenieros y productores para grabar el segundo disco, *Now Would All Freudians Please Stand Aside* ['Ahora, por favor, que los freudianos se aparten'], una frase sacada de una de mis citas preferidas de Glenn Gould, ese genio musical que no se podía haber pasado más por el forro de los cojones lo que la gente pensaba de él o de su forma de tocar. Interpretó a Bach de un modo que nadie, ni antes ni después, puede aspirar a igualar, apareció en la portada de *Time*, metieron interpretaciones suyas en la nave espacial *Voyager* como ejemplo, dirigido a las formas de vida extraterrestre, de lo genial que la raza humana puede llegar a ser. Murió de un derrame cerebral masivo en 1982, al que sin duda contribuyó su épica adicción a los medicamentos con receta. Dejó de tocar en público a una edad absurdamente temprana porque le parecía que los espectadores siempre eran hostiles, que estaban esperando a que la cagase. Dedicó el resto de su vida al estudio de grabación, pues creía (con razón, por lo que se vio) que había un gran futuro en los discos y en los tremendos avances que se estaban logrando en la tecnología asociada. Adoraba la seguridad de los estudios y lo a salvo que se sentía en ellos. Tras haber grabado cinco álbumes, estoy completamente de acuerdo con él; en ellos he pasado algunas de las horas más satisfactorias, concentradas y entretenidas de mi vida.

Gould también estaba como una regadera. Llevaba abrigos gordos, sombreros y bufandas en pleno verano, se echaba agua hirviendo en las manos y en los antebrazos antes de tocar, tomaba pastillas como si fueran caramelos, llamaba a sus amigos (y a desconocidos) a las tres de la mañana y hablaba con ellos aunque se durmieran, invertía en bolsa, odiaba la compañía, fue lo más parecido que ha habido en la música clásica a una estrella de rock. De joven también estaba tan bueno como una estrella de cine. Y tocaba el piano como un dios. Estoy segurísimo de que uno de sus dos influyentes álbumes de las *Variaciones Goldberg* ha aparecido en esas listas de «discos para llevarse a una isla desierta» más veces que ninguna otra grabación clásica.

En *Freudians* decidí volver a incluir temas de diversa procedencia. Nunca he sido muy fan de dedicarle todo un disco a un único compositor, sobre todo cuando se intenta llegar a un público nuevo. Poder elegir siempre es bueno, y Bach, Beethoven y Chopin son mi santísima trinidad. Al tener a Mike Hatch aportando su toque mágico con el sonido y los micrófonos, y al genial productor John West (que desafortunadamente ya no está entre nosotros por culpa de esa puta mierda que es el cáncer), lo tuve todo mucho más fácil de lo que merecía. Los tíos que no tocan el instrumento nunca reciben el reconocimiento que merecen, y estos muchachos fueron grandes expertos a la hora de pulir mis chapucillas para convertirlas en algo decente.

Freudians sigue siendo mi disco preferido, del que más orgulloso estoy, quizá porque en él se incluyen dos de las grandes obras maestras de la música, la *Sonata Op. 109* de Beethoven y la *Sexta partita* de Bach. También decidimos incluir algunas entrevistas en las que yo hablaba de las piezas y del proceso creativo, espero que sin las chorradas indulgentes en las que es tan fácil caer cuando uno habla de (con acento de Los Ángeles) «mi proceso creativo».

Pasa una cosa con las carreras profesionales. Nos hemos enamorado tanto del rollo del «éxito inmediato» que promueven los programas del tipo de *Factor X* o *La voz*, nos hemos acostumbrado tanto a él, que es fácil sentir que el éxito no está llegando con la rapidez suficiente. Desde luego, hubo momentos (todavía los hay) en que me gustaría que las cosas avanzaran más deprisa en mi carrera. Luego me fijo en amigos míos a los que admiro y que han triunfado: Benedict Cumberbatch se tiró una década haciendo papelitos en la serie *Heartbeat* y en demasiadas producciones teatrales que pasaron desapercibidas antes de *Sherlock*; Derren Brown estuvo muchísimo más tiempo ganándose la vida a duras penas con espectáculos de micromagia en clubes nocturnos de Bristol antes de despegar profesionalmente.

Hay un terror incorporado en mi interior que me dice que todo lo bueno va a desaparecer. Que si no controlo las cosas, si no las dirijo, me ocupo del menor detalle, me obsesiono, me angustio, insisto y persigo, no se harán realidad. Y en una carrera no hay nada tan destructivo como eso. Puede que brinde alguna recompensa a corto plazo, pero no es sostenible: te acaban considerando un gilipollas integral y nadie quiere colaborar contigo.

Lo más difícil que he tenido que aprender ha sido a relajarme y disfrutar sin más de lo que está pasando ahora, confiar en que, si hago lo correcto, entonces las cosas correctas sucederán a su debido tiempo. Hasta el punto de que ahora desconfío del éxito inmediato. Creo que no dura y, al igual que sucede en las relaciones, puede que sea una aventura muy intensa y apasionada en la que se dan unos encuentros sexuales de escándalo, en la que aparecen unas dosis demenciales de compuestos químicos cerebrales, pero lo más probable es que no se sostenga. Sin embargo, tomarse las cosas con calma, ir relajándose al hacerlas, aprender sobre la marcha, disfrutar el viaje..., todo eso va dejando unos cimientos que pueden durar una vida entera.

Esto lo intuí cuando firmé un contrato con Warner Bros Records. *Freudians* había salido y había tenido buenas críticas, yo había estado tocando por Londres y en los festivales importantes (Cheltenham, Hay, Latitude), escribiendo para el *The Telegraph* sobre un sinfín de temas, desde la Fórmula 1 (el mejor deporte del mundo) a Twitter o Beethoven y, en general, currándomelo todo mucho. Más o menos en esa época también me presentaron a Stephen Fry.

Nos conocimos gracias a mi benefactor, patrocinador y seguidor sir David Tang, que me llamó para invitarme a un concierto y me propuso que quedáramos antes en el bar del hotel Claridge's para tomar una copa. Me dijo que Stephen Fry también iba a venir y que estaría en el bar. Salí de casa con mi garbo característico y, lógicamente, llegué una hora antes, como siempre. Delante de la barra estaba Fry tomándose un martini. Pareció sobresaltarse cuando me presenté, hasta que le conté que era amigo de sir David, que iba a ir al concierto con ellos; entonces se relajó un poco y me invitó a sentarme a su lado. Le pregunté en qué andaba metido, lo cual no es propio de mí porque lo que suelo hacer es ponerme a hablar de mí mismo, y me contó que acababa de terminar una serie sobre especies en peligro de extinción y que había estado en Nueva Zelanda o Zanzíbar o no sé dónde. Y yo, como estaba nervioso, soy un poco gilipollas y quería llamar su atención, le dije:

—Tronco, ¿a quién coño le importa un puto ornitorrinco palmípedo que vive en el culo del mundo? ¿Por qué no te centras en ayudar a lo que queda más cerca, o a seres humanos de verdad que pasan hambre, que están jodidos, solos y tristes? Me cago en todo, lo que hay que oír.

Él me miró, algo desconcertado, e intentó responderme. Un

minuto después de conocernos ya nos habíamos enzarzado en una pelea tremenda; yo me negaba a dar mi brazo a torcer, me puse superpetulante y engreído; él estuvo todo lo civilizado que le fue posible dadas las circunstancias. Durante el resto de la velada nos estuvimos evitando, y yo, con una sensación de incomodidad y de cierta vergüenza, opté por lo más fácil, que era pensar que el otro era un poquito gilipollas. Así se lo dije, e hice todo lo posible por pasar de él.

Luego llegué a casa y, mientras cruzaba la puerta, me llegó un mensaje de texto: «James, ha sido un placer conocerte, eres un hombre estupendo. Quítate ese cinismo de encima; no te pega y tu vida será mucho más fácil sin él. Con mucho cariño, besos, Stephen».

Menudo tío. Hay poquísimas personas en mi vida que sean siempre capaces de reaccionar a mi locura con bondad. Él es una de ellas.

Así que nos hicimos colegas y empezamos a hacer planes juntos. Vino a uno de mis conciertos en las Proud Galleries de Camden. Un rollo muy *chic* del norte de Londres con cuadros chachis, ladrillo a la vista, gafas de Cutler and Gross y barbas requetecuidadas. Habían llevado un Steinway precioso y no toqué mal del todo. Como un imbécil, también elegí una pieza de Alkan porque sabía que era uno de los compositores preferidos de Fry y quería ganarme su aprobación (y lo sigo queriendo). Alkan fue un cabronazo de la leche. El tío creó música de una dificultad casi imposible. Pero conseguí acabar, más gracias a la adrenalina que al talento, y la cosa no salió nada mal. Entonces, Stephen tuiteó que yo había dado un «conciertazo de morirse», y en algún sitio del oeste de Londres, sin que yo me enterara, Conrad Withey, uno de los peces gordos de Warner Bros en Reino Unido, vio su tuit y se puso a escuchar mis discos.

Pocos meses después, a Denis y a mí nos habían propuesto que firmásemos un contrato con el sello de rock de Warner. En su momento, eso era algo insólito. Ya tienen un sello de clásica muy importante y prestigioso, Warner Classics & Jazz, pero la idea de estar en el de rock, sin abandonar la música clásica más pura, me pareció extraordinaria. Por fin podíamos empezar a eliminar esa marginación de lo clásico, conseguir que nos respaldase un *marketing* digno de ese nombre (joder, que era el mismo sello de Muse y Metallica), y empezar a progresar de verdad.

Entramos en el estudio para grabar el tercer álbum, *Bullets and Lullabies* ['Balas y canciones de cuna']. El concepto consistía en hacer dos discos, uno rápido y uno lento; uno para despertarte y otro para perder la consciencia. Denis había trabajado de DJ varios años y le encantaba la idea de hacer una especie de lista de reproducción que crease un hilo narrativo compuesto por distintas piezas. Para mí la pasada fue grabar a compositores poco conocidos y absolutamente extraordinarios como Alkan, Blumenfeld y Moszkowski junto a Chopin y Beethoven. Me pareció que lo habíamos logrado, que aquello era el gran salto del que todo el mundo habla. El álbum sonaba de maravilla, el diseño gráfico era brillante (gracias al tremendo talento de Dave Brown, conocido por la serie *The Mighty Boosh*), me llegaban invitaciones para los premios de la revista *Q* y ropa gratis, y no tardé en caer en la trampa de convertirme en un mamarracho ansioso de fama, en creerme todas esas chorradas egocéntricas de que uno es especial.

Pocos meses después del lanzamiento del disco nos llamaron de la cadena Sky Arts, que quería hacer una serie de música clásica pero sin el engolamiento habitual. El presidente de Warner colaboraba con ellos, y parecía una gran oportunidad de introducirme más en el ámbito de la televisión. De aquello salieron siete episodios de un programa llamado *Piano Man*, cada uno de los cuales se centraba en un tema en concreto, ya fuera una obra musical importante o un grupo de piezas más breves y relacionadas entre sí; también había presentaciones en las que yo hablaba de dichas piezas, unos gráficos de pantalla que recordaban a la MTV y que molaban mucho, todo ello sin salirse de un repertorio estrictamente clásico, sin voces en *off* durante la interpretación, con protagonismo absoluto de la música. La productora que lo creó fue Fresh One, la empresa de Jamie Oliver; aquello marcó el inicio de una relación superproductiva y agradable con un equipo de personas espectacular. Como ya tenía algo más de experiencia, desde el principio me di cuenta de la suerte que tenía de trabajar con una empresa tan resolutiva y tan comprensiva. Los quiero un montón.

Desgraciadamente, los jefes de Warner Bros y de Sky Arts creían, por lo visto, que era el otro quien iba a responsabilizarse de la promoción del formato (nadie quiere gastar dinero a no ser que se vea obligado a ello), así que ninguno de los dos dio el primer paso. Denis estuvo en esa primera reunión y les suplicó que colaboraran para lograr que el programa destacase. Les repitió que aquello era música clásica, no rock, y que por eso iban a tener que darlo todo para que funcionase. Era pedir demasiado, sobre todo a los de Warner, que estaban más acostumbrados a trabajar con grupos de mucho éxito y en un género musical que necesitaba menos ser resucitado que el clásico.

Fue divertidísimo filmarlo, aunque solo acabara viéndolo una de cada sesenta y tres personas, y gracias a él atisbé lo que podía lograrse con este tipo de música, un gran director y un presupuesto decente. El equipo consiguió tomar un estilo que interesaba a poca gente y mostrarlo de una forma en que se prescindía de las gilipolleces y quedaba lo importante: la música en sí. Y la verdad es que parece que a *Piano Man* no le ha ido nada mal a nivel global: me siguen llegando amabilísimos mensajes en diversos idiomas exóticos que hablan de él. Si sentís curiosidad, está disponible en Amazon a un precio bajísimo.

Entonces Warner nos reunió a Denis y a mí y nos dijo que me habían incluido en el Royal Variety Show, en el que quince millones de personas me iban a ver tocar en directo delante de la reina, y me estalló la cabeza. No era de extrañar que no hubieran estado muy dispuestos a gastarse mucho dinero para promocionar el programa de Sky Arts: lo iban a conseguir con esto, y de qué manera.

Todo el mundo se ilusionó mucho, hablamos de las giras posteriores, de las enormes ventas de discos, del estadio O2 Arena y de las portadas de las revistas. Mientras tanto, Denis, siempre estupendo, siempre cuidadoso, siempre realista, no dejaba de decir (no solo a mí, también a la discográfica): «¿Y si al final no sucede?», «¿Cuál es el plan B?», y, a mí: «Si esto llega a hacerse, ¿seguro que estás preparado?». Tanto ellos como yo le aseguramos que sí, y que ya estaba todo decidido. Hasta el punto de que ellos lo anunciaron en su página web. Yo se lo conté a todos mis amigos y familiares, y no podía pensar en otra cosa.

Como era de esperar, el director y el productor del espectáculo vinieron a vernos a Steinway unos días antes de la fecha prevista y nos comunicaron que habían decidido darle menos importancia ese año a la música clásica y potenciar otro género.

Mi ego se puso furioso. Y a mí me dio muchísima vergüenza, porque se lo había anunciado a un montón de amigos (a ninguno de los cuales les había importado un pimiento). Pero menos mal. La idea de haber tenido que gestionar ese nivel de exposición mediática en 2010 me aterra. No lo habría conseguido, y seguramente habría terminado desmoronándome, hablando solo y lleno de tics.

Denis y yo nos reorganizamos y continuamos con lo que estábamos haciendo. Yo me sentaba delante del piano todos los días, como siempre, tras haber aprendido a hacer caso omiso de todas las supuestas buenas noticias, a no prestar atención a las exageraciones promocionales ni a las conjeturas, a centrarme únicamente en lo que tengo delante y en hacerlo lo mejor posible.

El equipo lo seguíamos formando únicamente él y yo, a pesar de la extraña calumnia de que trabajaba con nosotros un enorme grupo de relaciones públicas. La verdad era mucho más divertida: Denis y yo, tabaco, cafés infinitos y la mesa de mi cocina. Claro que en ciertos momentos nos ayudaron personas increíbles: Glynis Henderson de GHP, Simon Millward de Albion Media (la empresa de relaciones públicas de la discográfica Signum), John Kelleher y Conrad Withey de Warner. Pero en última instancia aquello lo hacíamos, y lo seguimos haciendo, Denis y yo juntos: soltamos chorradas, se nos ocurren ideas nuevas, decidimos por dónde queremos avanzar y rezamos por que las cosas salgan bien. Lo pequeño es bello.

Vimos que toda la industria musical llevaba cierto tiempo de capa caída, que los jóvenes ya no pagaban por las cosas y que la época de relajarse y empezar a contar los beneficios descomunales obtenidos con un esfuerzo mínimo había terminado. Estábamos completamente comprometidos con la idea de probar cosas nuevas, de hacerlas de forma distinta.

Algo teníamos que estar haciendo bien, porque el director de la British Phonographic Industry solicitó una reunión con nosotros para pedirme que les hiciera de portavoz para denunciar la piratería musical. Que es la tontería más grande que he oído en mi vida. Y se lo dije. ¿Por qué coño no iba la gente a piratear música si toda la industria se había dedicado durante décadas a dar por culo y era demasiado perezosa para llevar a cabo su trabajo? ¿Porque las discográficas les estaban pidiendo muy amablemente que no lo hicieran? Les contesté que en cuanto encontraran la forma de dar a los fans un motivo para pagar por la música, éstos lo harían. Voluntariamente y encantados. Las empresas tenían que mejorar considerablemente lo que ofrecían y dejar de sentir que tenían derecho porque sí a salir ganando siempre, que ni de coña iba a salir en público a decir que merecían ser tratados con respeto cuando estaban cobrando quince libras por CD y llevaban décadas jodiendo a los artistas y al público.

Esto me llevó a percatarme de algo: todo el rollo del Variety Show, junto a ciertos miembros de la prensa más agresiva, me confirmaron que yo no encajaba en el mundo establecido de la música clásica, ni tampoco en el de la mezcla de estilos musicales, sino que había ido abriendo poco a poco un pequeño espacio, convencido de estar haciendo algo bueno, que valía la pena, aunque debía aceptar que construir algo sólido y que se fuera desarrollando iba a tardar un poco.

Aquí también se ve la importancia de una buena gestión. Muchas veces, Denis me hace más de enfermero | psicólogo | hermano mayor que de mánager. Hay ciertas cosas que me dan miedo, y siento que si las tuiteara, hablara de ellas en las entrevistas o las hiciera públicas, lo más probable sería que mi carrera se hundiera y desapareciera. Hay cosas que no le puedo decir a mi pareja, a mi familia, a mis amigos, ni siquiera a mi psicólogo. Pero Denis las sabe todas. Nuestra relación ha llegado a un punto en el que lleva mucho tiempo, en que siento y actúo como si él no fuera más que una extensión de mí, así que no hace falta ocultar nada: él siempre está ahí, siempre puedo contar con él, lo doy por hecho.

También se encarga de detalles profesionales, lo que supongo que constituye la labor principal de un mánager. Si repaso mis proyectos pianísticos, veo una serie inminente en Channel 4; conciertos por todo el mundo, desde la Ópera de Sídney a Estados Unidos, de Londres a las Barbados, un DVD en directo, cinco discos, mi propia línea de zapatos (ni se os ocurra decir nada. Se llaman Jimmy Shoes, al menos hasta que nos demanden, y molan mucho: los ha diseñado Tracey Neuls, una fan que quería que yo llevase algo cómodo y de gran calidad sobre el escenario. No defraudan, y ya estarán en Internet y en las tiendas cuando leáis esto); unos ingresos que muchos graduados de conservatorio no podrían soñar con ganar y un porcentaje de *royalties* que es de los más altos que conozco del sector. Todo esto se lo debo a él. Él se ocupa de los contratos, llama infatigablemente por teléfono, presiona con educación pero determinación en las reuniones, nunca pierde de vista la perspectiva general, tiene un plan y una visión y no se aparta de ellos, pase lo que pase. Para los negocios es como un Donald Trump simpático y con más talento. Si tuviera que apañármelas solo, lo haría casi todo gratis porque así podría tocar.

Pero gracias a lo anterior sobrevivo, muchas veces con una sonrisa, y puedo dormir tranquilo casi todas las noches. Denis ha sufrido toda clase de putadas a lo largo de su vida. Una educación de espanto, violencia, traumas, dolor, desilusión y otros problemas gordos. Y lo ha superado de una pieza, con sabiduría y esa vertiente particular de la bondad que solo puede surgir del dolor compartido. Para él no existe el horario de oficina. Tenemos una relación de veinticuatro horas al día y siete días a la semana, gracias a la que puedo aparecer llorando en su casa a las cuatro de la madrugada, puedo fumar con él en el *backstage* antes de los conciertos importantes, mandarle un torrente de mensajes de texto inseguros y preocupados sobre dinero, recitales, críticas, chicas, salud mental y física, y sé que me dará un momento de gracia, de tranquilidad y sosiego que logrará tranquilizarme.

Hay un motivo por el que el equipo de Lang Lang invitó a comer a mi promotora de conciertos y la acribillaron a preguntas sobre lo que hacíamos y cómo lo hacíamos. Esto también explica por qué, justo cuando salió *Razor Blades*, Michael Lang, director de Deutsche Grammophon (en su momento el sello de clásica más prestigioso del mundo) llamó a Denis para pedirnos que todavía no firmáramos ningún contrato, que adquiriéramos más experiencia y entonces quizá se plantearían la posibilidad de ficharme, al cabo de unos meses o de un par de años.

—¿Años? —respondió Denis con una carcajada—. Michael, ¿has estado leyendo la prensa? No sé para qué íbamos a esperarte tanto; es probable que el año que viene te hayas quedado sin empleo.

Si Michael nos hubiera dado un único motivo válido, igual nos lo habríamos pensado. Pero Denis sabía, igual que yo, que la única forma de avanzar, la única posibilidad realista que teníamos de alcanzar nuestro objetivo, era tratar de hacer las cosas de una forma nueva y evitar a la industria clásica ya establecida en la medida de lo posible.

Tiene gracia, porque en el fondo él y yo no somos más que dos imbéciles algo perturbados que, por lo visto, han encontrado una manera genial de interpretar y presentar la música más increíble jamás compuesta. Y esto también mola porque, cuando nos conocimos, Denis no tenía ni idea de música clásica. Ahora la escucha continuamente, trata las piezas colosales que yo le he enseñado como si fueran sus hijos y se ha enamorado de todo un mundo nuevo. Él es mi público objetivo: personas que tienen ciertas ganas de conocer mejor la música clásica, que tampoco saben muy bien por dónde empezar, y que no quieren pasar el rato con chalados y viejos para descubrirlo.

Denis me ha llevado a salas y situaciones con las que yo no habría podido ni soñar. El equipo de GHP y él le han conseguido unos honorarios decentes a un tatuado fracasado que va en vaqueros, suelta demasiadas palabrotas y toca el piano quizá igual de bien que unos cuantos alumnos de conservatorio, pero desde luego no mejor; y han invertido dinero, fe y energía en él cuando parecía que la cosa no iba a ningún sitio.

A veces da la impresión de que la situación es más complicada en el Reino Unido, parece que hay menos ganas de intentar cosas que a primera vista parecen inaccesibles, o que requieren de tiempo y esfuerzo. Sin embargo, en 2011 hice una gira por Australia que me confirmó del todo que estábamos haciendo algo que podía causar un impacto. Agotamos las entradas en los dos conciertos de Melbourne y tuvimos que añadir un tercero, salí en el telediario (por un buen motivo), toqué en Canberra, Sídney, Adelaida, Brisbane, logré que *Bullets and Lullabies* entrara en el *top* veinte de los discos de rock, tuve siempre a un público de veintipocos años cuyos miembros nunca habían ido a un recital de piano, pasé un par de semanas comiendo pan de plátano, recibiendo unos masajes sorprendentes (ni preguntéis qué pasa por ahí abajo) y advirtiendo que se producía una enorme reacción positiva a la música clásica en personas a las que habitualmente les habría sudado la polla.

Geoffrey Rush vino a uno de mis conciertos de Melbourne. Mientras fumábamos un pitillo me pregunté qué coño había hecho yo para tener tanta suerte. Sobre todo porque el día después grabé unas imágenes para el telediario de la ABC junto a David Helfgott, a quien Rush había interpretado con tanta brillantez en la película *Shine*. Helfgott había escuchado por la radio la retransmisión en vivo de uno de los recitales y le había encantado. Era y es un hombre extraordinario. Angustiado, trastornado, brillante y único. Y un gran aviso de dónde puedo acabar desde el punto de vista emocional si no me controlo.

Denis también había estado escuchando ese concierto de Melbourne desde Londres, momento en que le habían entrado ganas de que se lo tragase la tierra al oírme contar chistes sobre el Holocausto, el sida y el porno con enanos delante de un simpatiquísimo público australiano, en directo, en la radio ABC. La culpa fue del *jet lag*. Los habitantes de ese país me caen ahora aún mejor por ser tan acogedores y abiertos de espíritu.

Cuando volví, me di cuenta de que quizá estar con Warner Bros no era la mejor manera de progresar. Después de no conseguirme el concierto del Royal Variety, descubrí que no había plan B, y más o menos me abandonaron. Respeto mucho a quienes trabajan allí, me dedicaron mucho tiempo y esfuerzo, pero aquello no acababa de encajar para ninguno de los dos. Había estado contratado por el mayor sello de rock del mundo, pero no podía sacarle provecho porque no se puede hacer zumo de naranja con limones, por mucho tiempo y dinero que emplees para intentarlo. Si hubiéramos encontrado la forma de que funcionase, me habría quedado con ellos sin dudarlo, pero, por algún motivo, tocar a Beethoven cuando estaban acostumbrados a promocionar y vender a Green Day y Linkin Park, era forzar demasiado las cosas, por nobles y sinceras que fuesen sus intenciones. De modo que nos separamos amistosamente.

Yo quería hacer un disco en directo, para lo cual volví a Signum. Steve Long, el presidente de esta discográfica, no podría haberse mostrado más comprensivo ni haberme apoyado más. Organizamos dos recitales en un teatro de Brighton, que se convirtieron en el cuarto disco: *Jimmy* (el nombre con el que me llaman mis amigos).

Algo estupendo: en vez de recoger solo la música, quise conservar en el disco todas las presentaciones y las charlas. Fue, en la práctica, una réplica exacta del concierto que di, sin que faltara algún fallo ocasional en una nota, mucha conversación, muchas risas, ni, espero, la energía singular de una interpretación en vivo que tanto cuesta captar en un estudio de grabación. Madre mía, qué pretencioso suena esto. Pero os hacéis una idea. Con la charla incluida creo que es un disco en directo auténticamente real y sincero y, al menos para la música clásica, el primero de su género. Y que también sea el primer álbum clásico en el que aparece la pegatina de Parental Advisory: Explicit Content ['advertencia para padres: contenido explícito'] me causa, de un modo algo pueril, cierto orgullo.

Se lanzó muy a finales de 2011. 2012 y 2013 fueron dos de los años más importantes de mi vida, tanto en lo personal como en lo profesional.

Tema 17

Schubert, *Sonata n.º 20, D959,* segundo movimiento

ALEXANDER LONQUICH, PIANO
(Si es que podéis encontrar su versión.
Si no, Severin von Eckardstein logra una
ejecución perfecta, con la locura pertinente)

En 1994, EMI lanzó el que para mí era el mejor disco jamás crea-
do con la música de Schubert. Al teclado estaba un joven pianista
llamado Alexander Lonquich. Nacido en Trier, Alemania, aunque
residente en Italia, Lonquich era la gran estrella de EMI.

No olvidéis que hablamos de una época en la que había pasta de
verdad en la música clásica. Hablamos también de la época álgida
de EMI, con enormes presupuestos de marketing *y una base de fans*
leal y extensa. La obra principal del disco era la inmensa Sonata
en la mayor, D959 *de Schubert. Al igual que le sucede a Beethoven,*
las últimas tres sonatas de Schubert (de las cuales ésta es la segun-
da) constituyen la cima de su producción. Son etéreas, cautivadoras,
asombrosas e inmortales. La locura del compositor nunca se ha visto
tan clara como en el bipolar movimiento lento, en el que se renuncia
por completo a observar la tonalidad o la estructura. La genialidad
del último movimiento es tan grande que puedo escucharlo cientos
de veces (algo que ha sucedido), sin que en ninguna de ellas mi reac-
ción sea inferior al embeleso. Se trata, en mi opinión, de lo mejor
que compuso en su vida.

Cientos de pianistas han grabado esta obra, pero Lonquich está en otra categoría. Consigue lo imposible: que dé la impresión de que incluso en los momentos más desquiciados hay espacio entre todas las notas. La música se te mete por los oídos y se adueña de tu mente. Sé que esto es pretencioso y muy poco británico, pero la escuché por primera vez después de una clase de piano en Verona, sentado en una cafetería, al sol, tomando el mejor café que conoce la humanidad, y me eché a llorar en público por la genialidad de que era testigo. Me recordó todo lo maravilloso que hay en el mundo.

El sonido de Lonquich, su asombrosa técnica, su capacidad de lograr que la sonata entera se te cuele hasta en la última célula del cuerpo, de dejarte inmóvil y con la boca abierta del pasmo, constituyen una hazaña sin igual. Es un disco al que vuelvo una y otra vez.

Un comentario que me resulta interesante: en una época de dinero, marketing, *fans leales, y con el peso impresionante de EMI apoyándolo, según un buen amigo y ex compañero de piso que también trabaja en el sector, el álbum de Lonquich, su reinvención de Schubert, de grabación impecable y que subió el listón, ha vendido, hasta este momento, poco más de setenta ejemplares. Setenta.*

Las emociones fuertes de 2012 empezaron con Channel 4. Nos contactaron a través de la productora que había hecho la serie de Sky Arts y nos propusieron un documental individual centrado en la música y la salud mental. Lo cual era algo perfecto. Es muy frecuente que a alguien en mi posición le pidan que presente un programa para una de las cadenas de televisión importantes, pero que acabe haciendo algo que va totalmente en contra de sus ideas e ideales. Aunque accede a ello, bueno..., porque se lo ha pedido Channel 4, o la BBC o ITV o quien sea. En este caso tuve la suerte de encontrar a la pareja ideal en mi primer proyecto. Ya había hecho la serie de Sky Arts y el documental de la BBC4 sobre Chopin, de modo que estaba acostumbrado a rodar, me encantaba el proceso, y Denis y yo siempre habíamos soñado con salir en una de las cadenas tradicionales. Cuando trabajaba en la City, utilizábamos todo el tiempo la espantosa expresión «*marketing* de canal». Y en el ámbito de lo clásico, los canales en los que más promoción había que hacer eran las cadenas de televisión de toda la vida, la forma más rápida y efectiva de llevar la música clásica pura a la vida y los salones de la gente. Las grandes discográficas siempre se quejaban y afirmaban que eso era lo que querían, porque se trataba de un medio muy potente, pero parecía que nunca encontraban a la gente adecuada para llevarlo a cabo.

Íbamos a empezar a grabar en julio de 2012. La idea era que yo entrase en un pabellón psiquiátrico cerrado y de seguridad (ahora como invitado), que conociera a algunos de sus pacientes más vulnerables y que hablara con ellos de sus vidas; después tenía que encontrar una pieza de piano con la que me pareciese que podían identificarse y tocársela en un gigantesco Steinway de cola para conciertos. Para mí era una demostración del poder de la música y de su capacidad de traspasar incluso la medicación más fuerte, y quizá proyectar un leve destello de luz sobre una situación por lo demás jodida.

Ahora sé que la música cura. Sé que me salvó la vida, que me mantuvo a salvo, que me dio esperanza cuando no la había en ningún otro sitio. Y la idea de retratar todo eso, con modestia, en televisión, suponía una oportunidad increíble para mí. Desgraciadamente, pocos días antes de que la grabación empezara, mi relación de pareja se desmoronó, y esta vez parecía que de forma definitiva.

La cosa llevaba cierto tiempo gestándose. Hattie y yo, a pesar de compartir un caudal aparentemente infinito de amor, atravesábamos momentos distintos. Ella quería casarse y tener hijos, yo no me sentía con la valentía necesaria para volver a pasar por eso después de lo que me había ocurrido la primera vez. Ella sufría ciertos traumas del pasado que le habían producido tal fragilidad que le costaba sentirse segura, confiada, y yo no le puse las cosas nada fáciles con mi actitud controladora y mi comportamiento de gilipollas. Acabamos decidiendo que lo mejor era ponerle fin a la historia, y a principios de junio se marchó de casa.

Lo trágico es que, en cuanto lo hizo, supe que era un tremendo error. La verdad es que lo más fácil del mundo es cortar y salir corriendo. De todo, no solo de las relaciones. Así se evita cómodamente asumir la responsabilidad de las cosas, aprender lecciones que son imprescindibles en determinado momento; también se refuerza el sentimiento de culpa y asimismo garantiza, al menos en mi caso, que se repetirán las mismas movidas con otra persona.

Fui al hospital, situado a un par de horas de Londres, y empecé a grabar mientras ella recogía sus cosas y vaciaba nuestro piso. Lo que implicaba que yo estaba atrapado en un hospital mental, con un equipo de filmación, con ganas de morirme, solo, asustado y triste. Aquello, por lo menos, quedaba muy bien en la tele. Pasé allí un par de semanas, reuniéndome con esos asombrosos pacientes, escuchando historias que costaba creer, muchas de las cuales no pudieron aparecer en el montaje final por cuestiones legales. Había costado bastante entrar en el hospital: vivimos en una cultura tal que muchos de los empleados pensaban que éramos un equipo infiltrado del programa de reportajes *Panorama* o algo así, que en teoría íbamos a hacer un documental sobre los pacientes y la música, pero que en realidad queríamos denunciar sus espantosas prácticas y mostrarle al mundo lo fatal que se trataba a los internos y lo bajo que era el nivel de cuidados.

Lo cual era una locura, porque esos empleados, del primero al último, eran increíbles. Todos los pacientes vivían allí de forma permanente, y llevaban un montón de años en el hospital, muchos de ellos décadas. Procedían de entornos violentos, tenían graves problemas de autolesiones, historias y síntomas de lo más espantosos. A medida que fueron pasando los días empecé a sentirme más inestable. Los olores del hospital, los horarios de la medicación en los tablones, las moquetas, el ambiente de desesperación, de tristeza y todo lo demás que conforma esas instituciones me recordaron todos mis problemas, y la única persona a la que quería llamar se había ido y había pasado página.

El equipo era estupendo, hizo todo lo que necesitábamos, los pacientes fueron aleccionadores e inspiradores; el tiempo que pasé allí pareció darle al director material suficiente para crear un documental de cuarenta y siete minutos.

Me fui y cogí el tren de vuelta a Londres a última hora de una noche de domingo. Llovía a cántaros. Crucé mi puerta de entrada y llegué a un piso vacío, con las llaves de Hattie cuidadosamente puestas en la mesa, todo ordenado, limpio, frío y callado. Me senté y me eché a llorar al tiempo que sentía una gran lástima por mí mismo. Y noté que ese escalofrío espantoso, insidioso y demasiado conocido de la destrucción y la depresión llamaba a mi puerta.

La depresión detesta el vacío. A pesar de una serie de conciertos, de la grabación, el rodaje y la escritura de repente me encontré muy desocupado. En mi agenda casi no había nada, estaba agotado tras el final de la relación y un período de intenso trabajo en el documental; estaba solo en casa, mi hijo en la otra punta del mundo, mis amigos ocupados con sus vidas. Denis andaba cerca, como siempre; sin embargo, cuando las personas como yo estamos varadas en un sitio tendemos a hundirnos en él, en vez de salir de él. Somos tan tontos y tan incapaces de aprender como las polillas que dan vueltas alrededor de una bombilla.

Los doce meses siguientes fueron lo más cerca que he es-

tado de desaparecer para siempre después de mi hospitaliza-
ción. Todo ese mantra cósmico, propio de la autoayuda, de que
se te da lo que necesitas cuando lo necesitas, de que es necesario que toques fondo, que tienes que vivir las cosas desde dentro en vez de evitarlas, es, desgraciadamente, cierto. Al menos
para mí. Si hubiera pesado unos kilos más, si mi constitución
hubiera podido aguantar el alcohol, la heroína y el *crack*, si hubiera tenido un montón de pasta y acostarme con prostitutas
no me hubiera supuesto el menor problema, quizá podría haber superado la situación de forma distinta, algo más entrete-
nida. Pero al fin tenía un tiempo, un espacio y una soledad que
me habían sido impuestos por una fuerza más grande que yo y,
al final, salí de todo aquello preparado, por primera vez en mi
vida, para vivir bien.

No hay siete etapas en el dolor. No según mi experiencia. ¿Por qué todo tiene que reducirse a fragmentos manejables, reducidos y comprensibles? Joder, ¿tan imbéciles somos,
tan incapaces de vivir sin certezas ni esquinas ni bordes? Todo
aquello solo fue una temporada muy larga en el infierno. Pasaba en un abrir y cerrar de ojos de la rabia absoluta a una tristeza
inconsolable, a la desesperación, al pesimismo, a una sensación
de vacío imposible de llenar. Tuve esporádicos momentos de
paz, normalmente por haber dormido solo dos horas y estar
demasiado cansado para sentir algo. Tuve también alguna re-
caída ocasional en las autolesiones y los cortes, un par de citas
desastrosas, un romance breve y loco, y un impersonal rollo de
una noche, pero sobre todo tuve mogollón de tiempo para estar
solo, pensando, sin moverme, sintiendo. Sin medicación. Era la
primera vez que hacía eso, y se trataba de algo inevitable, esencial, y, más por pura chiripa que otra cosa, acabó redimiéndome
y reconstituyéndome.

Sin darme cuenta empecé a seguir una triste rutina. Levantarme a las tres o las cuatro de la madrugada tras dormir unas

pocas horas, una cafetera gigante, un par de horas de piano en mi cuartito de invitados, más café, un sinfín de pitillos, programas radiofónicos de entrevistas para que me hicieran compañía, más piano, arrastrarme hasta el Starbucks cuando abría y observar, con abierta hostilidad, a las parejas que iban a trabajar de la mano. Mirada vidriosa, un «que os den» tatuado de forma invisible en la frente, cada día más delgado. Mi vida solo se centraba en estar descentrado. Lo cual es algo aterrador para alguien que se ha planteado el suicidio o las autolesiones. Lo más doloroso no era haber perdido al único amor verdadero de mi vida, sino que ella estuviera, o eso me imaginaba yo como siempre, viviendo su vida superanimada, manteniendo espectaculares relaciones sexuales con una serie de hombres guapos, cachas y ricos, yéndose de fiesta hasta la madrugada y sin dejar de reír de lo contenta que estaba.

Sé que nada de esto es nuevo. Nada que no le suceda a un millón de imbéciles desgraciados todos los putos días. No obstante, mientras nos pasa, a todos nos da la impresión de que somos los únicos. El dolor y la tristeza siempre son algo espantosamente singular.

Denis y varios amigos hicieron todo lo posible por ayudar, pero supongo que yo no quería que me ayudasen. Se hizo obvio que aquello no solo era el dolor producido por la ruptura de una relación, sino que se trataba de algo más gordo. Evidentemente, al cabo de varias semanas casi todo el mundo habría salido del hoyo, conocería a otra persona, pasaría a considerar aquello una experiencia vital. Hattie y yo habíamos estado juntos cinco años, lo cual era mucho, pero lo nuestro tampoco había sido superduradero. No habíamos tenido hijos, no nos habíamos casado, solo habíamos convivido un par de años. Pero a mí me resultaba imposible superarlo.

Después de seis meses seguía hecho polvo. Todo lo que veía me recordaba a ella, todo lo que hacía estaba vacío porque ella no estaba. Incluso ahora me odio un poco por la gran lástima que sentía por mí mismo entonces. Fui la peor pesadilla para cualquier amigo. El plasta de tomo y lomo obsesionado con su dolor y que no le presta atención a nada más.

Nada funcionaba, el tiempo apremiaba. Parecía que iba a ser incapaz de sobrevivir si las cosas seguían así mucho tiempo. Hice un nuevo testamento, les dejé notas de despedida a unos pocos, volví a plantearme la idea de terminarlo todo de forma definitiva. De nuevo, Jack me impidió hacerlo con su mera existencia. Le grabé un vídeo de despedida, volví a verlo y entonces supe que aquello no era una solución viable. No podía abandonarlo, era imposible. Daba igual que solo nos viéramos unas pocas veces al año.

Di algún que otro concierto con el piloto automático (interpretaciones tristes y afectadas por el *jet lag* en Chicago, Hong Kong, unas cuantas en Londres); ensayaba todos los días y hacía todo lo posible por funcionar con el mínimo esfuerzo.

Había algo estupendo: pese a mi estado de ánimo, a pesar de dar algunos conciertos que no estuvieron mal y otros que me parecieron un poco chungos, el público siempre fue abrumadoramente comprensivo y extraordinario. Con independencia de mis altibajos, de mis pensamientos brutalmente críticos conmigo mismo, siempre fueron de lo más bondadosos y reconfortantes.

Algo sucedió cuando viajé a Austria para dar dos conciertos en un día. Al llegar, nos dirigimos a la residencia del embajador británico, en la que estuve tocando noventa minutos para un público variopinto compuesto por opulentos vieneses y *socialites* e *influencers* ingleses (aunque no sé muy bien qué coño es esto último). Inmediatamente después me llevaron al Konzerthaus a ofrecer un recital vespertino. Esta sala de conciertos tiene una tradición y una historia muy ricas y es el equivalente austríaco al Wigmore Hall británico.

En el *backstage* tenían una nevera llena de chocolate, una máquina de Nespresso, plátanos y gominolas Haribo (que los del Southbank Centre tomen nota). Y, lo que era aún mejor: una sala para fumar en la que me tomé el café y estuve charlando con algunos violinistas y violoncelistas, que resultaron ser miembros de la Filarmónica de Viena. Con cierta sensación de ser un forofo del fútbol en la cafetería de los jugadores de Stamford Bridge, me pasé cinco minutos sonrojado y babeando mientras hablábamos de música (resulta que Sakari Oramo es todo un caballero), y luego volví a toda prisa al piano, al darme cuenta supertarde de que estaba a punto de tocar piezas de Beethoven, Schubert y Chopin en un Konzerthaus con todo vendido en Viena, nada menos.

La cosa fue bien. No del todo mal, por lo menos. Que es lo máximo a lo que puedo aspirar. Cinco bises y el maravilloso descubrimiento de que los vieneses pueden tomarse con sentido del humor incluso lo que es más sagrado para ellos: cuando comparé a Schubert con Franck Ribéry (bajito, físicamente nada agraciado, un genio), se rieron de verdad, y no solo lo hizo mi madre, que me había acompañado y que ni siquiera sabe quién es Franck Ribéry.

Siempre me inspirará una gratitud inmensa aquella sala llena de desconocidos cuya amabilidad, apoyo y aplausos lograron que la vida tuviera algo más de color y fuera un poco menos amenazadora.

En Año Nuevo empecé a cruzar la línea que separa lo sombrío de lo peligroso. Jamás se os ocurra empezar a buscar en Facebook pruebas de que vuestra ex se lo está pasando mejor ahora que no estáis juntos. En la vida. Resultó que el Año Nuevo de Hattie fue todo lo que debería ser para una chica soltera y guapísima en Londres: tíos, fiestas, bailes, minifaldas, más fiestas, más tíos (cachas, guapos, tirando a gilipollas). Quizá mi imaginación tóxica no se inventaba tanto las cosas, después de todo. A las nueve y media de la noche yo ya estaba en la cama, con unas ganas locas de dormirme y desaparecer. Algo se rompió en mí.

A las seis de la madrugada todavía no me había dormido y llamé a Denis. Me cogió el teléfono (siempre lo hace), fui a su casa y me dediqué a llorar delante de la mesa de su cocina. Sé que tengo treinta y muchos años. Sé que mi reacción a todo es la de un niño de siete. Pero soy incapaz de cambiarla, de procesarla, de vencerla. Y si me dejo llevar por esa emoción me da la impresión de que me voy a morir.

Entonces Denis me dio un par de libros y me propuso que me los leyera.

Me dijo:

—James, tengo que decirte que me he hecho a la idea de que quizás no sobrevivas. Estoy preparado para que me llamen diciéndome que te han encontrado muerto y, por mucho que duela, estoy listo. Haz lo que tengas que hacer, pero, por favor, que sepas que ahora la cuestión es responsabilidad tuya.

Aquello me impactó lo bastante para reaccionar, aunque fuera un poquito, y empezar a leer. No quería hacerlo, me resistí, pero resultaba evidente que era necesario si quería seguir con vida.

Me está costando escribir sobre esto. Qué fácil es poner negro sobre blanco las cosas negativas: las violaciones, los traumas, el divorcio, las autolesiones. Qué difícil contar las cosas buenas y las soluciones por miedo a parecer un *hippie* porrero lleno de rastas que solo come tofu. Los dos libros que Denis me dio ese día hablaban de la reacción del cuerpo y la mente frente al trauma (*Curar el trauma*) y sobre el niño interior (*Volver a casa*). Lo sé. Para potar.

En la más británica de las maneras, me avergüenza tener que reconocer que llegué a estar tan hundido que necesité libros como estos para sobrevivir. Estar internado una temporada en un hospital mental se parece un poco a tener una enorme cicatriz que al menos suscita cierto respeto. ¿Libros de autoayuda? Como ya he dicho: qué vergüenza.

La cosa es que no solo me ayudaron a sobrevivir, sino que hicieron algo mucho, mucho más importante: retomaron ese nuevo inicio que yo había vivido en el hospital de Phoenix y ayudaron a fortalecerlo, para que creciera y se convirtiera en unos cimientos profundos y duraderos sobre los que construir el resto de mi vida de forma fiable, poco brusca y sólida. Me ayudaron a superar esa extraña perversión de mi carácter que me permite dedicarle tiempo, dinero, esfuerzos y energía a otra persona que sufre, pero que rechaza por completo la idea de hacer todo eso por mí. Finalmente me había quedado sin opciones; empecé a sopesar de verdad las cosas, y a arreglarlas.

Era evidente que, teniendo las reacciones emocionales y fisiológicas de un niño, no era capaz de mantener una relación de ningún tipo. Era una persona intrínsecamente dañada, egoísta, egocéntrica y excesivamente centrada en sí misma, y la única forma de salir de aquello era volver, experimentarlo todo de nuevo como adulto y tratar de solucionar las cosas. Y fue lo que hice. Medité todos los días durante varias semanas, incluso dos veces diarias. Leí los libros, hice los ejercicios que se proponían, escribí, incluso recé, estudié mis emociones sin distraerme y llegué mucho más al fondo de mí mismo de lo que había logrado jamás.

De todo lo que aprendí, lo que más me ayudó fue experimentar esos sentimientos de dolor y vergüenza pero olvidarme de las historias vinculadas a ellos. Antes, sentía esa vergüenza, asco o desprecio por mí mismo, y al notar aquellas emociones me las iba narrando mentalmente, les ponía imágenes y palabras, exploraba los motivos que había tras ellas, me permitía alimentarlas, juzgarlas, multiplicarlas. Entonces aprendí, lentamente, a quedarme quieto y fijarme en ellas con curiosidad, sin etiquetas, narraciones ni juicios. Advertía en qué parte del cuerpo se alojaban (siempre en el corazón o en el estómago), las observaba, experimentaba el dolor, me quedaba a su lado. Y os prometo que cuando haces eso, todo empieza a curarse. De forma lenta pero segura, empieza a curarse, disminuir, mitigarse.

Y al cabo de no mucho tiempo pasó algo maravilloso: de un modo u otro logré conectar con el yo que existía antes de que el profesor de gimnasia me pusiera las sucias manos encima, me di cuenta de que yo no era una persona mala ni tóxica, empecé a permitirme arreglar las cosas, a perdonarme y aceptarlo todo por primera vez.

Asombroso, ¿verdad? Una declaración tan importante en una sola frase. Como si hubiera vivido décadas de traumas, reflexiones íntimas, medicación, terapia, esfuerzos, y de repente algo hubiera aparecido de la nada y así hubiera logrado sentirme entero de nuevo. *De nuevo*. No por primera vez. Sino entero como cuando tenía tres años y era megafeliz.

Todo cambió. La música cobró aún mayor vida e importancia. Dormir empezó a ser algo natural y reparador. Las tripas comenzaron a no estallarme cinco veces al día. Mis diversos tics, graznidos y movimientos incontrolados, que habían reaparecido, perdieron fuerza. No tenía que pulsar los interruptores de manera compulsiva, ni dar determinado número de golpecitos cada pocas horas para que no sucedieran cosas malas. Me perdoné algo que nadie en su sano juicio habría considerado culpa mía pero que yo había creído, desde los cinco años, que sí lo era.

Y, aunque a lo largo de los años había vivido varios comienzos en falso (psicólogos, hospitales, grupos de doce pasos, medicación, psiquiatras, talleres, un sinfín de remedios de salud mental), fueron esos dos libros que me dio mi mánager en un tristísimo y lluvioso día de Año Nuevo, sumados a los

meses de trabajo en Phoenix, los que al fin propiciaron mi re-
nacimiento.

Todos vivimos agobiados por los traumas. El abandono, el
divorcio, la violencia, los abusos de toda índole, la falta de cuidados, el alcoholismo, la rabia, la censura, la religión, el acoso: mil formas distintas de infierno nos rodean desde nuestros
primeros días en este mundo. A veces de manera intencionada,
muchas otras de un modo completamente inconsciente, el daño
llega a una edad muy temprana. Hay personas que por lo visto se adaptan a pesar de eso, otras no. Y, aunque hice todo lo
posible por desviar la atención de ese dolor, no pude escapar
de él.

Aunque el perdón y la meditación, leer y escribir, hablar y
compartir, todo eso ayuda, para mí la creatividad es una de las
herramientas más profundas para superar el trauma. Más aún
ahora que todo ese rollo *new age* de abrazar los árboles ha li-
berado al fin suficiente espacio en mi cabeza para poder ser lo
bastante libre y explorar la creatividad de una forma nueva y
algo más manejable.

Llevaba ya tres meses de este nuevo capítulo de mi vida y
nunca había estado tan enamorado del piano, de la interpretación, la escritura, la lectura, de devorar todo lo relacionado
con la creación. Escribí un artículo para el *The Guardian* que,
por lo visto, conectó con la gente. Lo compartieron más de cien
mil veces, me llegaron correos donde me contaban que lo leían
en asambleas escolares de Texas y oficinas de Australia, recibí
cientos de mensajes que me decían lo mucho que había ayudado a la gente a descubrir nuevas capacidades de asombro. Lo
redacté una mañana, a las seis; nunca me he sentido tan cerca
de haber trazado una declaración de objetivos.

Ahí va:

«Encontrad lo que os encanta y dejad que os mate»

Blog de Cultura de *The Guardian*, 26 de abril de 2013

Después del inevitable «¿Cuántas horas ensayas al día?» y del «Enséñame las manos», el comentario más habitual que me suele hacer la gente cuando se entera de que soy pianista es el siguiente: «Yo tocaba el piano de pequeño, lamento mucho haberlo dejado». Supongo que los escritores han perdido la cuenta de la cantidad de personas que les han dicho que «siempre han llevado un libro en su interior». Parece que nos hemos convertido en una sociedad de creatividad perdida y añorada. Un mundo en el que la gente se ha rendido (o los han forzado a rendirse) a una vida sonámbula compuesta por el trabajo, las obligaciones domésticas, los pagos de la hipoteca, la comida basura, la tele basura, el todo basura, exmujeres enfadadas, hijos con déficit de atención y el gran atractivo de comer pollo en un cubo mientras se mandan e-mails a clientes a las ocho de la tarde de un fin de semana.

Hagamos el cálculo. Podemos funcionar (a veces de maravilla) con seis horas de sueño por la noche. Durante siglos, ocho horas de trabajo han sido más que suficientes (no deja de ser irónico que trabajemos más horas desde que se han inventado Internet y los *smartphones*). Con cuatro horas sobra para recoger a los niños, adecentar el piso, comer, limpiar y el resto de etcéteras. Nos quedan seis. Trescientos sesenta minutos para hacer lo que queremos. ¿Lo que queremos es limitarnos a atontarnos y hacer aún más rico al directivo discográfico Simon Cowell? ¿Pasar el rato en Twitter y Facebook buscando un romance, un *bromance*, gatos, partes meteorológicos, necrológicas y cotilleos? ¿Emborracharnos nostálgica y desastrosamente en un *pub* en el que ni siquiera se puede fumar?

¿Y si pudieras aprender todo lo que hay que saber para tocar el piano en menos de una hora (algo que sostenía, de forma correcta desde mi punto de vista, el fallecido y genial Glenn Gould)? Las nociones básicas de cómo ensayar y cómo leer partituras, la mecánica física del movimiento de los dedos y la postura, todas las herramientas necesarias para llegar a interpretar una pieza, se pueden escribir y transmitir como si fuera el manual para montar un mueble en casa; luego ya solo depende de ti dedicarte a gritar y chillar y clavarte clavos en los dedos con la esperanza de poder descifrar algo indeciblemente incomprensible, hasta que, si tienes mucha suerte, acabas algo que se parece a medias al producto original.

¿Y si por doscientas libras pudieras comprarte un viejo piano vertical por eBay y que te lo llevaran a casa? ¿Y si luego te dijeran que con el profesor adecuado y cuarenta minutos diarios de ensayo bien hecho puedes aprender en pocas semanas una pieza que siempre has querido tocar? ¿No merece la pena explorar esta posibilidad?

¿Y si en vez de un club de lectura te unieras a un club de escritura? En el que todas las semanas tuvieras la obligación (de verdad) de llevar tres páginas de tu novela, novela corta, obra de teatro, para leerlas en voz alta.

¿Y si en vez de pagar las setenta libras mensuales que te cuesta un gimnasio al que le encanta hacerte sentir gordo, culpable y a años luz del hombre con el que tu mujer se casó, te compras unos lienzos en blanco, pinturas, y pasas un rato todos los días creando tu versión del «te quiero» hasta darte cuenta de que cualquier mujer al lado de la cual valga la pena estar querría acostarse contigo en ese mismo momento justo por eso, a pesar de que no tengas unos abdominales perfectos?

Yo estuve diez años sin tocar el piano. Una década de muerte lenta en la que trabajé en la City llevado por la codicia, en pos de algo que nunca llegó a existir (seguridad, autoestima, ser Don Draper aunque un poco más bajito y sin tantas mujeres alrededor). Solo cuando el dolor de no estar tocando se hizo mayor que el dolor imaginado de sí estar haciéndolo, tuve los cojones suficientes para dedicarme a lo que realmente quería, a lo que me había obsesionado desde los siete años: ser concertista de piano.

Es verdad que fui un poco extremista: cinco años sin ingresos, seis horas diarias de ensayo intenso, clases mensuales de cuatro días con un profesor brillante y de rasgos psicópatas en Verona, el ansia de algo que era tan necesario que me costó el matrimonio, nueve meses en un hospital mental, casi toda mi dignidad y unos quince kilos de peso. Y puede que el resultado no sea el final feliz que me había imaginado mientras, con diez años, escuchaba cómo Horowitz se zampaba a Rajmáninov en el Carnegie Hall.

Mi vida comprende infinitas horas de ensayos repetitivos y frustrantes, habitaciones de hotel solitarias, pianos chungos, críticas escritas con toda la mala leche del mundo, aislamiento, programas de puntos de líneas aéreas que no hay quien entienda, fisioterapia, momentos de aburrimiento nervioso (contar los azulejos del techo mientras la sala se va llenando lentamente) interrumpidos por breves fases de presión extrema (tocar ciento veinte mil notas de memoria en el orden correcto con los dedos correctos, el sonido correcto, los pedales correctos, mientras hablo de los compositores y las piezas, sabiendo que están presentes críticos, aparatos de grabación, mi madre, los fantasmas del pasado, y que todos me observan) y, quizá lo más descorazonador de todo, también debo lidiar con la certeza de que jamás daré un recital perfecto. Con suerte, grandes esfuerzos, y siendo muy generoso conmigo mismo, solo puedo llegar a un «nivel aceptable».

Y, sin embargo... La recompensa de coger un montón de papeles llenos de tinta de una estantería de la tienda Chappell de Bond Street es indescriptible. Llevártelos a casa en metro, colocar la partitura, un lápiz, café y un cenicero en el piano y acabar, al cabo de unos días, semanas o meses, siendo capaz de interpretar algo que un compositor loco, genial, chalado, de hace trescientos años, escuchó en su cabeza mientras el dolor o la sífilis lo volvían loco. Una pieza musical que siempre dejará perplejas a las grandes mentes del mundo, que no puede explicarse, que sigue viva, flotando en éter, y que lo seguirá haciendo durante varios siglos. Eso es algo extraordinario. Yo lo hice. Y lo hago continuamente, cosa que no deja de sorprenderme.

El Gobierno está llevando a cabo recortes en los estudios musicales de los colegios, cargándose las becas artísticas con el mismo júbilo que siente un niño estadounidense y obeso en la heladería Baskin Robbins. De modo que, aunque solo sea por joder, ¿no merece la pena luchar contra eso con algún gesto pequeño? Escribe tu puto libro. Apréndete un preludio de Chopin, ponte en plan Jackson Pollock con los niños, pasa unas horas redactando un haiku. Hazlo porque importa, incluso sin la fanfarria, el dinero, la fama y las sesiones de fotos para la revista *Heat* a las que todos nuestros hijos creen hoy que tienen derecho porque Harry Styles ha salido en ella.

Charles Bukowski, héroe de los adolescentes angustiados de todo el planeta, nos pide que «encontremos lo que nos encanta y dejemos que nos mate». Quizá el suicidio por creatividad sea algo a lo que aspirar en una época en la que la mayoría de la gente conoce mejor a Katie Price que el *Concierto «Emperador»*.

Las reacciones a este artículo me llevaron a darme cuenta de que hay una forma de hacer las cosas que puede marcar la diferencia. Que todos podemos estar un poco menos separados y un poco más unidos. Cuando me propusieron que escribiera este libro, sugerí por Twitter a la gente que hiciera lo mismo, que redactáramos todos mil palabras por día. Saber que dentro de un par de meses existirán unos cuantos relatos nuevos, más novelas, obras de teatro y novelas cortas, que unos cuantos de nosotros estamos haciendo algo modesto pero gigantesco todos los días, es algo muy especial para mí.

Lo cual está completamente relacionado con lo que hago todos los días. Aprender una pieza nueva requiere del mismo proceso. Ratos de tiempo manejables, concentración, disciplina, trabajo serio. Decido qué composición voy a aprender, me voy a la tienda de música, vuelvo con la partitura, pongo café, un cenicero, un lápiz y un metrónomo encima del piano y empiezo por la primera página. Avanzo página a página, línea a línea, decidiendo cuál es la mejor digitación que se puede emplear. Divido en partes los pasajes técnicamente difíciles y recurro a truquitos de ensayo para aprendérmelas. Las repito y las repito, prestando una atención consciente a cada nota y, con el paso del tiempo, después de una hora o dos o cuatro todos los días, aquello coge cuerpo hasta que unas semanas después salgo a un escenario y toco la pieza de memoria. Para mí eso es la vida. Algo estimulante, inspirador, satisfactorio y digno. Esto no solo se aplica a la música y la escritura, sino también a las relaciones, el amor, la amistad, el cuidado de otros. Lo importante, en último término, es la forma en que nos expresamos y nos valoramos. Y en mi mundo diminuto, esto supone una revolución; me permite sustituir toda la energía negativa, pesada y prescindible de mi vida por algo liberador y valioso. Me permite dejar de ser una víctima y aportar algo más profundo al mundo. Se trata, resumiendo, de una conversión de energía negativa en positiva. Es algo que puede crecer gracias a la atracción, no a la promoción, porque funciona. No es necesario recurrir a una venta agresiva. No hay nada que vender. Y, milagrosa y felizmente, lo estoy viviendo.

Tema 18

Beethoven, *Concierto para piano n.º 5 «Emperador»*, segundo movimiento

RADU LUPU, PIANO

Ésta es una pieza musical que me gustaría que tocaran en mi fu-
neral. Como es debido: en directo, con una orquesta y un pianista
decente, no a través de unos altavoces bajo la llovizna, mientras la
gente aguanta el tipo y piensa en tomarse un piscolabis.

Es una de las primeras piezas que me hicieron llorar. Beetho-
ven compuso cinco conciertos para piano; el último recibe el sobre-
nombre de «Emperador» porque es típicamente grandioso, heroico y
audaz (muy parecido a Napoleón, a pesar de lo enano que era). El
primer movimiento y el último son de lo más estimulantes: torrentes
de notas, cascadas de fuegos artificiales, emociones fuertes, eléctricas,
tempestuosas. Y ambos flanquean un segundo movimiento de una
belleza y serenidad arrebatadoras. Era más de lo que mi mente jo-
ven podía asimilar, pero ahora, de adulto, me demuestra todo lo que
la música es y hace.

El puto Beethoven...

Siempre he pensado que el problema más grande de mi industria es que deja de centrarse en la creatividad para hacerlo en el
ego. Lo importante han pasado a ser las apariencias (sagradas
o sacrílegas, se puede elegir), ganar dinero, ponerse elegante,

la pompa y el prestigio, en vez de estar al servicio de la música. Y no solo los músicos son cómplices de esto, sino también la industria que los rodea. Estas actitudes abundan en las ceremonias de premios del sector. Horrores absolutos, nocivos y despreciables que no tienen absolutamente nada que ver con la música.

Los Classic BRIT Awards representan el mejor ejemplo de todo lo que falla en la industria. En 2012 ya no podía contenerme más y escribí un artículo para el *The Telegraph* sobre lo monstruosos que eran esos galardones y las personas que los organizaban. El texto al completo se encuentra en el apéndice del libro, pero la versión resumida es la siguiente: si la música clásica os inspira curiosidad, aprenderíais más, os sería más útil y lo pasaríais mejor si estuvierais treinta minutos escuchando a Leonard Bernstein hablar de Beethoven en YouTube que aguantando esa asquerosa puta mierda de tres horas.

Irónicamente, durante muchos años pensé que los Gramophone Awards (más serios, con mayor glamour, en los que ganaban premios intérpretes auténticos de clásica) eran el no va más. Hasta que fui a una gala por primera vez, esperando un poco de ese glamour y esa profundidad. Fue un tremendo error que me dejó particularmente abatido: hasta esos tíos, que supuestamente representaban la música clásica de forma más «verdadera», estaban tan pagados de sí mismos que era alucinante. En aquella ocasión escribí sobre ellos para el *The Guardian* (de nuevo, artículo incluido en el apéndice) y conté lo que había visto. Pidieron al director de la revista *Gramophone* que redactara una respuesta para explicar en qué me equivocaba, aunque sigo convencido de que no es el caso. Esos tipos son cien por cien responsables de las mismas cosas de las que se quejan.

Cuando escribí todo esto en los periódicos, me llegaron muchos y preciosos mensajes de apoyo, sobre todo de personas del sector que no podían secundarme en público sin perder el empleo. En mucho de lo que se escribió en los hilos de comentarios se pedían soluciones. Con toda la razón: es mucho más fácil ponerlo todo a parir que ofrecer soluciones que puedan producir cambios. Lo que pasa es que no es nada difícil.

¿Mi solución? Que les den a todos por culo. Toca lo que quieras, donde quieras, como quieras y para quien quieras. Hazlo en pelotas, con vaqueros, travestido. De madrugada o a las tres de la tarde. En bares y *pubs*, salas y teatros. Hazlo gratis. Hazlo para organizaciones benéficas. Hazlo en colegios. Hazlo incluyente, accesible, respetuoso, auténtico. Devuélveselo a quien le pertenece. No dejes que unos pocos imbéciles vetustos y endogámicos impongan cómo debe presentarse esta música inmortal, increíblemente maravillosa, divina. Nosotros somos mejores que eso. Y la música también, qué duda cabe.

Hay miles de alumnos de conservatorio a los que les encantaría la experiencia de tocar para un público que no estuviera únicamente compuesto por otros estudiantes de música, y, si no aspiran a vivir esa experiencia o no les encanta, no van a durar mucho. Hazlo en colegios locales a cambio de que te paguen el viaje, salas, clubes, y considéralo un calentamiento para los conciertos pagados. Yo tocaría gratis sin ningún problema (y lo hago), varias veces al año, en colegios u hospitales: esto me ayuda a prepararme para los compromisos profesionales, me permite compartir algo que me encanta, y es superútil para ampliar el repertorio y adquirir resistencia. Ponte en contacto conmigo y pídemelo si quieres que lo haga para ti.

Al margen de los típicos recitales de las siete y media u ocho de la tarde, da conciertos de una hora a las seis y media, de modo que a la gente le dé tiempo a ir directamente después del trabajo, escucharlo y todavía llegar a tiempo a cenar con alguien que está como un tren o a volver a casa para acostar a los niños. O hazlo a las diez de la noche, cuando la gente haya cenado y quiera culminar la velada con música.

Regala música. No discos enteros, necesariamente, sino temas indivuales. Súbelos a SoundCloud y permite su descarga. Mándalos por correo electrónico a una lista de fans, por escasa que sea. Lleva la música al dominio público, que es su sitio, en vez de meterla en salas de ensayo llenas de sudor o de enterrarla bajo otro millón de discos en Amazon.

Toca en locales distintos, desde los tradicionales para la música clásica a locales nocturnos. En Limelight at the 100 Club, Classical Revolution, Yellow Lounge y en muchos otros se están organizando veladas de clásica. Y si quieres llegar a un público nuevo en vez de a uno ya consolidado, no programes chorradas superlargas, complejísimas y contemporáneas para demostrar lo vanguardista que eres. Si es lo que te va, toca quince minutos de eso junto a Brahms o Chopin porque..., bueno, porque son Brahms y Chopin, y por mucho que te apasionen de verdad Stockhausen y Birtwistle, los dos sabemos que en ese ámbito no hay mucha competición que digamos.

Dedica los conciertos a varios artistas, como hacía Beethoven. Incluye música de cámara, piezas para solista, canciones. La variedad siempre es buena.

Permite que el público pueda entrar con bebidas, relaciónate con ellos, charla con ellos desde el escenario y en las redes sociales. Esto es superimportante. Hace poco comí con el presidente de una de las grandes discográficas y estuvimos hablando de cómo podían vender más discos. Él me comentó que casi todos sus artistas se ponen de lo más difíciles: se niegan a tocar en ciertas salas que no consideran lo bastante prestigiosas, no quieren conceder entrevistas, no se sienten cómodos relacionándose con el público. Lo cual está muy bien hasta que te das cuenta de que ya se ha acabado la época en que podías limitarte a esperar que los sellos se ocuparan del negocio y vendieran álbumes y entradas. Los músicos tenemos que establecer un vínculo y formar una relación con nuestro público que vaya más allá de los pocos cazadores de autógrafos de después de los conciertos. Sé asequible, responde a los tuits y los mensajes de Facebook, cuenta chistes, sé humano, déjate del rollo ese de «artista envuelto en su misteriosa genialidad». Porque si no lo haces o te niegas a ello, si no eres uno de esos talentos de los que surge uno en cada generación, lo vas a pasar mal. Ya no basta con destacar tocando música. Cerciórate de que tu mánager y tu sello comparten opinión.

Si no, cámbialos. Yo he tenido una suerte increíble con mi mánager. También con mi discográfica, Signum, cuyo presidente, Steve, sigue siendo el puto amo. Sin embargo, quiero hacer más cosas. Tengo tantas ganas de salir de la trinchera en la que la música clásica se ha metido ella solita, que me encuentro en el proceso de crear mi propia discográfica, Instrumental Records. Quiero fundar mi propio centro de creación.

¿Y si la mayoría de las mujeres que se dedican a la música clásica no fueran promocionadas en función de su aspecto? ¿Y si no hiciera falta grabar versiones de *Los Miserables* en violonchelo y piano para vender discos? ¿Y si las discográficas no te dijeran qué disco grabar, no eligieran las fotos de la portada, no le pidieran a un académico de la vieja escuela que escribiera los textos del interior, no trataran de publicitarlo sin la menor repercusión entre sus mil seguidores en Twitter, para después venderlo en Amazon por catorce libras, más de un mes después de su fecha de lanzamiento?

Instrumental es un sello en el que podré dar a los músicos la oportunidad de grabar lo que quieran. Diseñaremos álbumes preciosos, haremos giras como discográfica, organizaremos conciertos que respetarán la música, a los músicos y al público, apoyaremos a los nuevos talentos con independencia de la edad y el aspecto, pagaremos a los músicos los *royalties* que merecen, les daremos un control mayor y más completo de lo que quieran hacer, alimentaremos y cuidaremos a una base de seguidores tanto en Internet como en la vida real, que nutran toda esta revolución musical de la que formamos parte.

Podríamos organizar una ceremonia de premios en la que de verdad se celebrase lo mejor que la música clásica ofrece, no una chorrada vulgar y para idiotas. Nada de palmaditas en la espalda, nada de onanismo pagado de sí mismo. Solo músicos brillantes, presentadores simpáticos y abiertos, risas, música, inspiración y disfrute de un sector de las artes que siempre ha apuntado demasiado alto o demasiado bajo, y al que siempre le ha dado pavor todo lo que había en medio.

Y lo mejor de todo es que parece que voy a recibir todo el apoyo de una de la cadenas de televisión más poderosas del país gracias al trabajo que estoy haciendo con Channel 4. En muchos sentidos, al margen de lo de Savile, admiro y aprecio a la BBC. Pero da la impresión de que predican para los conversos; sus programas de clásica, tal como están, no parece que intenten atraer a un público nuevo, sino que se dan por satisfechos con el existente. Con el apoyo de Channel 4 y la creación de mi sello, los artistas y el público formarán parte del mismo equipo, lo más importante será la música y al fin nos podremos acercar al sueño que he tenido desde que puedo recordar.

Si estás leyendo esto y tienes algo que aportar, únete a mí. Si estás en una de las discográficas grandes y harto de que te traten como a una mierda, o si nunca has grabado nada pero te mueres de ganas de hacerlo, cuéntamelo. Si te horroriza que, en vez de buscar otra pieza más breve, Lang Lang no tuviera el menor problema en cortar más de la mitad de una polonesa de Chopin en los premios Classic BRIT sin explicar el motivo, solo porque iban a sacarlo por la tele y tenía que durar menos de los mágicos tres minutos en que pueden concentrarse los que sufren déficit de atención, si estás dispuesto a hablar con tu público y sabes hacerlo, si quieres difundir algo puro y precioso, mandar a tomar por culo al veinte por ciento del público que preferiría que te callaras y te limitaras a tocar las notas, hagamos discos, hagamos giras, hagamos algo espléndido y brillante y que valga la pena y que les sirva a la música, al público y al intérprete.

En el centro Barbican celebré un encuentro con Stephen Fry en el que hablamos de los problemas a los que se enfrenta la música clásica. Toqué, me hicieron preguntas y debatimos. Cobramos cinco libras, se llenó hasta la bandera y se vivió un ansia genuina de música, discusión e interpretaciones. Imaginad lo que sería organizar una gira con un grupo de músicos de gran talento, capaces y con ganas de participar en turnos de preguntas con los asistentes, que hablen con ellos y presenten las piezas, que den clases magistrales y charlas gratis, que expresen sus opiniones con sinceridad, que hagan todo lo posible por desarrollar la educación musical en el país.

Vale, ya sé que parece un poco una visión utópica que se me ha ocurrido mientras pasaba un rato demasiado largo cagando, pero os prometo que lo haré realidad.

Hace poco fui a una escuela de secundaria en el frondoso condado de Staffordshire, en un viaje de preproducción para una nueva serie de Channel 4. Quería ver en qué estado se encuentra la educación musical en los colegios. Me encontré con una clase de treinta niños atentos, entusiasmados, llenos de pasión y con verdaderas ganas de conocer la música a fondo. Su (brillante) profesor cuenta con un presupuesto anual total de cuatrocientas libras para ciento sesenta niños.

Como la necesidad aguza el puto ingenio, lo que presencié fue una especie de *Stomp* en miniatura: cubos de basura, tarrinas de margarina y cajas de galletas como instrumentos, un violonchelo que parecía haberse utilizado como leña en una chimenea y un par de trompetas retorcidas que no se podían tocar. Algo espantoso falla en un sistema educativo en el que están presentes todos los elementos necesarios para el aprendizaje (pasión, curiosidad, profesores que trabajan de lo lindo haciendo gala de gran inventiva), y que recompensa todo esto con mopas y cubos de basura en vez de instrumentos y subsidios para clases privadas.

¿A cuántos Ashkenazys, Adeles, Rattles o Elton Johns del futuro nos estamos perdiendo porque no se les ha dado la oportunidad de explorar la creación de música? Lo que quizá es más importante, al margen del posible éxito comercial: ¿cuántas mentes creativas y jóvenes está ahogando el Gobierno por pereza, búsqueda de votos y prioridades mal establecidas? Otra de las artes que muerde el polvo. En una época de fama automática y de creerse con derecho a todo, algo que fomentan e idealizan la revista *Heat* y similares, en un momento en que las discográficas no te dan ni los buenos días si no tienes veinte mil seguidores en Twitter, un millón de visitas en YouTube y un disco ya compuesto y producido, a alguien le ha parecido una buena idea tratar la educación musical como un lujo, no como un derecho básico. Si esto no cambia, los efectos serán de largo alcance. Así pues, cambiémoslo.

Fijaos en lo que sir Nick Serota ha hecho en el Tate, un museo que antes era el privilegio de una escasa minoría, y que ahora recibe siete millones de visitantes al año que van a explorar un mundo que a la mayoría le habría resultado ajeno hace un par de décadas. De un modo u otro, su equipo y él han conseguido quitarle el corsé a la cultura del arte moderno y han abierto sus puertas de par en par a todo el mundo, y no se han visto obligados a cambiar o simplificar las obras en sí para lograrlo. ¿Por qué no hacer lo mismo con la música clásica pero sin numeritos chorras, mezclas de géneros horribles y tetas? En muchos sentidos, la música clásica es la última forma de expresión artística que aún debe abrirse a todos. Y ya es hora, me cago en todo. Lo más vergonzoso es que esto no es solo culpa de los sellos, de la industria en su conjunto y de los mánagers, sino que los artistas y músicos también han tenido mucho que ver.

Parece que hace cierto tiempo que es necesario salvar la música clásica. La desaparición de la industria lleva vaticinándose una década y se producen repetidos llamamientos para que haya una renovación urgente, junto a los obligatorios alaridos de pánico que piden cambios en la promoción, en la imagen de marca y en la presentación.

Estoy de acuerdo con que algo tiene que cambiar. No para «salvar la industria». No para garantizar que los directores puedan seguir cobrando cincuenta mil libras por una noche de trabajo. Ni siquiera para garantizar que el mogollón de orquestas londinenses famosas en todo el mundo puedan sobrevivir (aunque espero con todas mis fuerzas que lo hagan). Lo que yo no puedo aceptar es el hecho de que se ofrezca como una opción válida tan solo para unos pocos elegidos.

Los Proms llevan mucho tiempo avanzando en la dirección adecuada y eso debería inspirarnos un orgullo tremendo. Este año, cuando se abrieron las líneas de reservas, se vendieron más de ochenta mil entradas en las primeras horas. Deberíamos enorgullecernos de organizar el mayor festival del mundo, que atrae al mejor y más destacado talento que existe. Los conciertos se difunden por la radio, por Internet y muchas veces por la tele. La música llega a millones de personas. ¿Qué hacen bien los Proms para desafiar todos los pronósticos, cuando en todas partes hay quejas de cómo bajan las audiencias? ¿Quizá el hecho de que a nadie le importa una mierda cómo van vestidos los miembros del público? ¿La variedad de la programación? ¿Horas de inicio que incluyen la de la comida, la primera (o última) hora de la tarde y la noche?

Sin duda, todo lo anterior. No obstante, en mi opinión el mayor motivo del éxito de los Proms es el hecho de que en ellos no se observa una actitud engreída; no se habla al público con condescendencia; se logra transmitir que, sea cual sea tu conocimiento sobre música clásica, tu experiencia, tus filias y tus fobias, tu estilo en el vestir, tu procedencia o tu inteligencia, se te acogerá con los brazos abiertos. Si quieres aplaudir entre movimientos, no te cortes un pelo. ¿No sabes cómo se pronuncia el apellido del compositor? ¿A quién le importa? ¿No eres de los que se mueren de ganas de anunciar en voz muy fuerte y con suficiencia cómo se llama el bis que el solista ha decidido tocar? Aún mejor. Y esto se hace de una forma en que muy pocas salas de conciertos logran llevar a cabo, si es que lo consiguen.

Evidentemente, los Proms también sirven para exhibir la obscena cantidad de talento que alberga el Reino Unido: en ellos desempeñan un importante papel Stephen Hough, Paul Lewis, Nicola Benedetti, Benjamin Grosvenor, etcétera. Si logramos trasladar esa idea de los Proms al conjunto de la música clásica en el Reino Unido, el futuro será de lo más halagüeño. Esto ya está empezando a suceder: el año pasado hubo más asistentes a conciertos de clásica que a partidos de fútbol americano. No debemos permitir que este impulso se diluya.

Tema 19

Rajmáninov, *Rapsodia sobre un tema de Paganini*

Zoltán Kocsis, piano

Serguéi Rajmáninov. *Un compositor que me gusta tantísimo que me tatué su nombre en cirílico en el antebrazo. Un gigante de 1,95 metros, un pianista y compositor trastornado, desgraciado, bipolar, millonario y un virtuoso. En una época en que Stravinski, Schönberg y otros despotricaban contra la «tiranía de la barra del compás» y celebraban la «emancipación de la disonancia» forzando los límites de la tonalidad hasta romperlos, Serguéi se mantuvo firme, disparando como un loco con sus ametralladoras propias del Romanticismo, y fue produciendo una pieza tras otra de una profundidad, poesía y brillantez extraordinarias.*

Fumaba compulsivamente, se sometió a hipnosis para tratar de superar la depresión, se casó con una prima hermana, tenía unas manos tan descomunalmente grandes que con una de ellas abarcaba doce teclas del piano.

Muchísimos compositores han creado piezas basadas en el famoso tema de Paganini, de Brahms a Liszt pasando por Lutoslawski. Pero Rajmáninov los supera a todos. Lo cual tiene más mérito si pensamos que la pieza la compuso un tío a quien describieron como «un gesto de malhumor de más de un metro ochenta».

En marzo de 2013, después de haber estado nueve meses separados, Hattie y yo empezamos, muy lentamente, a hablar de las cosas. Yo era consciente de hasta qué punto tenía que demostrarle que ya no era el inconstante y aterrado obseso del control que había sido durante los cinco años en que habíamos estado juntos la vez anterior. Sigo siendo consciente de ello. Y ella era consciente de que me había echado de menos como una loca, de que solo había conocido a chungos y tarados, pese al encanto y la libertad de la soltería. Al cabo de unos meses de ser generoso, de escuchar, de tratar de veras de ser la mejor versión de mí mismo pese a no conseguirlo en muchas ocasiones, quedé con ella en el jardín secreto de Regent's Park y le pedí que se casara conmigo.

Me dijo que sí.

Puede que cambie de idea. Puede que decida que la cosa no le interesa. Hay bastantes motivos por los que podría no funcionar. Pero sé de forma rotunda y categórica, por primera vez, que estoy dándolo todo y que lo voy a seguir haciendo mientras ella quiera seguir a mi lado.

Me fueron necesarios cinco años de relación con Hattie para descubrir lo que pasaba, lo que estaba haciendo mal y, aún más importante, cuál era la solución.

Hay un montón de libros de autoayuda sobre el amor y las relaciones. En ellos se emplean expresiones como «codependencia», «límites» y «contagio emocional». Como lectura están bien, pero a mí casi nunca me han funcionado. En mi opinión, se parecen a esos reportajes de portada del *Men's Health* o el *Cosmopolitan* sobre unos abdominales perfectos: válidos y emocionantes durante unos cuatro minutos hasta que te das cuenta de que para lograrlos es necesario un cambio de ciento ochenta grados en cuestiones de dieta, ejercicio, disciplina y rutinas. Me parece gracioso estar a punto de dar consejos sobre cómo llevar una relación. Pero hacedme caso: si le preguntáis a un tío que consumió heroína durante años y luego lo dejó cómo lo consiguió, os dará mucha más información que un médico de cabecera que ni siquiera sabría pincharse bien.

Yo había tenido un matrimonio desastroso y había estado a punto de perder al único gran amor de mi vida por intentar gestionar toda esa movida yo solo. Y al fin, aunque he tardado quince años, he logrado dar con una guía para las relaciones que, por lo visto, me funciona. Si puedes olvidarte de tu ego, es fácil. Si no, jamás te servirá. Pero hay una cosa que está más clara que el agua: el problema siempre eres tú, no la otra persona.

Podéis darme todos los argumentos que queráis para demostrar que me equivoco; no me la podría sudar más. Os garantizo que, si hay algo que «falla» en tu relación, si no eres feliz y empiezas todas las frases con un «ojalá él | ella hiciera | dejase de hacer...», estás jodido, esa relación no durará y serás desgraciado. Lo cual tampoco está mal para algunas personas, sobre todo para las que son como yo, porque a mí me encantaba sentirme desgraciado. Me daba energía, reafirmaba mi convicción de que el mundo era una mierda y de que conspiraba contra mí. Me permitía seguir tranquila y cómodamente en mi cueva de autocompasión.

Me deja a cuadros la cantidad de gente a la que le encanta ser desgraciada, no estar contenta con su cuerpo, su vida sexual, su trabajo, su carrera profesional, su familia, su casa, sus vacaciones, su peinado, yo qué sé. Toda nuestra identidad cultural se basa en no ser lo bastante buenos, en necesitar continuamente cosas que sean más brillantes, más rápidas, más pequeñas, más grandes, mejores. El sector publicitario gana una fortuna gracias a esto, las industrias farmacéutica, del tabaco y del alcohol también hacen caja. Antes la gente era más feliz. Mucho, mucho más. En épocas de racionamiento, tremendas dificultades económicas y guerra, la sociedad vivía una situación emocional mejor, estaba más unida y sus miembros más realizados que nosotros con nuestros iPhones de los cojones y nuestros paquetes de fibra óptica y banda ancha.

Y proyectamos todas esas expectativas en nuestras parejas. Cuando se termina la primera fase de compuestos químicos que te alteran el pensamiento (seis meses con suerte, normalmente unas semanas), los hombres desean mujeres más jóvenes, más prietas, más guarras, más guapas, más atractivas y más delgadas. Las mujeres desean mayor seguridad: hombres más ricos, más emotivos, más fuertes, empáticos, comunicativos y seguros de sí mismos. Es una mierda, pero esto forma parte de la base de nuestra sociedad. Si en este momento estás con alguien a quien quieres y ambos aspiráis a durar, hay unas cosas sencillas que debéis hacer y que os garantizarán en buena medida una relación feliz y prolongada.

En primer lugar, te equivocas. Da igual respecto a qué; si sabes que tienes razón, si todos tus amigos te dicen que la tienes, te equivocas. ¿A él se le ha olvidado vuestro aniversario y te has enfadado? Te equivocas al enfadarte. Cierra el pico. ¿Ella no deja de quejarse de todo el tiempo que le dedicas al trabajo y te atosiga con este tema hasta que te cabreas con ella? Te equivocas. Deja de ser un imbécil. Lo que más deteriora una relación es tratar de salir ganando. Rumi, un gran poeta persa, escribió: «En algún lugar del exterior, más allá de las ideas del acierto y del error, hay un jardín. Nos vemos en él». Tengo un amigo que iba a terapia de pareja con su novia y se guardaba cosas para soltárselas en plan emboscada en las sesiones. Una semana les habían mandado unos deberes y ella no los había hecho. Se le había olvidado completamente. Él sí, claro. ¿Se lo recordó a la chica amablemente, con la esperanza de que si ambos los hacían, habría posibilidades de que pudieran avanzar y unirse más? Y una mierda. Le encantó que lo hubiera olvidado, esperó a que estuvieran en la sesión y entonces se abalanzó sobre ella como un niñato engreído que al final había hecho algo bien en clase y que quería que todo el mundo se enterase. Hay que joderse.

Alégrate de equivocarte. Adopta la siguiente postura: «Tengo que currármelo mogollón para compensar que siempre me estoy equivocando, a ver si así ella me perdona», y te irá de maravilla. Vive cada comida | excursión | conversación | paseo juntos como si fuera la primera cita con una persona a la que te mueres de ganas de impresionar. Preocúpate de la ropa que llevas, ponte nervioso al pensar si se te va a quedar algo entre los dientes en la cena, lávate los bajos a fondo por si se da la remota posibilidad de que pilles cacho, lleva flores, pide la mesa más romántica del restaurante, presta atención y escucha todas las palabras que pronuncie como si tu vida dependiera de ellas.

Sé generoso. Sé generoso todo el rato. Hasta que estés agotado, y luego sigue siéndolo un poco más. Cuando ella te esté sacando de quicio y te quieras tirar por la ventana, ve a prepararle un té, hazle un masaje, hazle un cunnilingus, cómprale un puto diamante. Es el más asombroso de los ejercicios. Hazlo durante un mes y ya verás la diferencia. Y que ni se te pase por la cabeza ponerlo en práctica esperando una recompensa o las gracias. Hazlo porque quieres a esa persona, porque es espectacular, porque la adoras y la deseas. Si todo eso no fuera cierto, no estaríais juntos. Hazlo porque en el fondo sabes que para ti es una puta suerte tener la oportunidad de salir a la calle cuando hace un frío que pela y llueve a mares para comprarle sus flores preferidas.

Asume el compromiso (a menos que se produzcan infidelidades o abusos graves) de que ni os planteáis dejarlo. No hace falta ni debatirlo. Parte de la base de que estáis juntos, de que formáis un equipo y punto, tema zanjado. Si hay problemas, por serios que sean, se tratan en equipo. Nada de marcharse. Y asume el compromiso del mismo modo en que lo hacen los fumadores que consiguen dejar el tabaco. Pase lo que pase, no encienden ni un pitillo. En el caso del matrimonio o las relaciones, es diez veces más fácil, porque los pitillos no te hacen felaciones y te acaban matando. Simplemente te comprometes a estar con la otra persona con independencia de lo que pase, a seguir juntos, a luchar uno al lado del otro, a formar un frente unido, a ser algo más que la suma de las partes. Es lo que le dijiste cientos de veces en la primera época, lo que le has escrito en cientos de mensajes de texto, lo que le has susurrado al oído cada vez que folláis. Sé valiente, cumple con tu palabra, hazla realidad.

No os hagáis preguntas sobre el pasado del otro. Bajo ninguna circunstancia preguntéis por exparejas, por cuántos amantes ha tenido la otra persona, si ha practicado sexo anal con alguien, si se lo tragaban, si han estado en no sé qué país | hotel | restaurante con otra persona, etcétera, etcétera. No analicéis la relación entre vosotros, no examinéis dónde estáis o hacia dónde vais. Esto no procura ni una sola ventaja.

Adelántate a lo que necesita la otra persona, haz cosas que la hagan sentir bien, aunque te parezcan una estupidez, algo indulgente o que está mal. Reserva diez minutos al final de cada día para comprobar cómo está el otro. Cinco minutos para que cada persona hable, sin ser interrumpida, de su jornada, que comente algunas cosas que le inspiran gratitud, detalles que ha tenido el otro y que le han conmovido, cosas que le hacen ilusión, que le preocupan. Y terminad siempre con un «te quiero» y un beso. Siempre.

Todo esto es especialmente importante si tenéis hijos. Estos deben saber absolutamente, sin cuestionárselo, que papá y mamá son lo más importante; la vuestra es la relación fundamental y merece la mayor de las atenciones. Quered a vuestros hijos, mimadlos hasta decir basta, estad disponibles para ellos y dadles todo lo que vuestros padres no os dieron. Pero nunca, jamás, interrumpáis una conversación con vuestra pareja solo porque han entrado como un torbellino en la habitación pidiendo un puto helado. No cambiéis vuestros planes por ellos. No los convirtáis en el centro de vuestro universo. Os lo acabarán echando en cara y, lo que es peor, crecerán con la idea de que tienen derecho a todo, y tardarán décadas en quitársela de encima, con suerte.

Tampoco estamos hablando de física cuántica. Lo único que puede estropear la situación eres tú, o, más concretamente, tu ego. Claro que a los dos os entrarán ganas de follar con otras personas. Claro que os molestará que el otro haya engordado un poco y ya no tenga un aspecto tan atractivo. Claro que pensarás que todo sería más fácil con una persona nueva, flamante y excitante. Pero no es el caso. Echarás a perder otros diez años, acabarás exactamente en el mismo sitio y te odiarás un poquito más. Déjalo. Date cuenta de que puedes ser feliz del todo con la persona con la que estás ahora, ponte a ello y dirige la energía que pierdes en chorradas del tipo «y si | ojalá esto y lo otro» a otras cosas más constructivas.

Lo mejor es que todo se puede resumir en dos palabras: sé bueno. No hay que confundir la bondad con la debilidad. La bondad es algo que se practica cada vez menos, la cualidad más importante de este mundo, en el que brilla por su ausencia.

Cuando todo lo demás falle, piensa en cómo sería tu vida sin tu pareja; no en la fantasía de tirarte a todo lo que se mueve, tener un pastizal a tu disposición, dormir hasta la hora que quieras y cagar con la puerta del baño abierta, sino en la realidad desgarradora, solitaria y fría de un día tras otro sin esa persona. Imagínate esa situación durante un buen rato y después vuélvelo a hacer. Pasa unas cuantas horas en ese contexto y estúdialo desde todos los ángulos. Siéntelo. Y luego deja de actuar como un gilipollas y vuelve a la tarea que tenías entre manos.

Curiosamente, desde que me he dado cuenta de esto, nunca

había sido tan feliz en pareja. Hattie y yo compartimos algo que antes no entendía pero que siempre envidiaba en los otros. Encajamos. Soy más fuerte si ella está en mi vida, más abierto, más amable, más capaz de sobrellevarlo todo. La cago una y otra vez pero después lo reconozco, lo arreglo, me esfuerzo más, nos doy la prioridad a nosotros. Es la única manera, la mejor, la más gratificante. Yo la veo, ella me ve y todo va bien. Me planteo un futuro lleno de conciertos, filmando, escribiendo, viajando, viviendo bien, y mi vida sin ella sería inconcebible. Lo mejor es que le gusto de verdad. Sorprendentemente, cree que estoy bueno, que tengo talento y, a veces, cierta gracia. Me demuestra generosidad de formas que resultan inesperadas, maravillosas, consideradas y estupendas. Es fiel y un desastre y rara y una escritora y música brillante. Mi versión de ganar la lotería es la siguiente: ella y yo nos estamos dando la mano en la parada del autobús con setenta y tantos años, y somos una de esas parejas que arranca sonrisas a la gente.

Tema 20

Bach, *Variaciones Goldberg, aria da capo*

GLENN GOULD, PIANO

Bach inició y concluyó sus Variaciones Goldberg *con la misma aria de treinta y dos compases. Treinta y dos, por cierto, es también el número total de variaciones de toda la obra. La pieza completa un círculo y termina donde empezó, porque los treinta y dos compases del principio y del final son idénticos nota a nota. Aunque, evidentemente, al escucharla nos encontramos en un lugar muy distinto de aquél en el que estábamos sesenta minutos antes (siempre que el o la pianista haya hecho bien su trabajo). Gracias a Bach hemos emprendido un viaje que interpretamos y experimentamos a través de nuestros recuerdos, sentimientos y condicionantes. Tú reaccionarás de forma distinta a como lo hago yo, y viceversa. Eso es lo glorioso de la música, sobre todo en piezas tan inmortales como ésta.*

Me ha parecido pertinente terminar este libro tal como lo empezamos, con el aria de las *Goldberg*. Porque es lo que tiene la música: escuchamos una composición y sentimos una cosa. Escuchamos exactamente la misma en otro momento y, aunque la obra no ha cambiado, nuestra respuesta es levemente distinta.

Yo inicié mis *Variaciones Goldberg* particulares siendo un bebé de tres kilos que chillaba como un poseso, y hasta ahora en mi vida ha habido muchas variaciones: algunas de ellas maravillosas, otras brutales, algunas llenas de esperanza y otras teñidas de dolor y rabia. Perdí la infancia pero gané un niño. Perdí un matrimonio pero gané un alma gemela. Perdí el rumbo pero gané una carrera y una cuarta o quinta oportunidad de llevar una existencia que ahora es incomparable.

Pocas semanas después de proponerle a Hattie que nos casáramos, estábamos todos sentados en mi salón viendo mi primer proyecto para Channel 4, que es el punto en el que empezó este libro, el final de muchos capítulos de mi extrañísima vida, y el comienzo de otro que espero que incluya algo menos de dolor, algo más de música y muchísima más bondad.

En el futuro, cuando me toque interpretar estas variaciones, voy a ejecutar esta aria final más lenta, más sosegada, más suave que la primera, porque al final, ése es el sitio en el que se encuentra mi cabeza tras vivir este viaje, variación tras variación.

Y menos mal, coño.

Epílogo

No tengo ni idea de si voy a sobrevivir a los próximos años. Ya he estado en situaciones en las que me sentía sólido, responsable, bien, fuerte, y todo se ha ido a la mierda. Desgraciadamente, siempre estoy a dos malas semanas de distancia de un pabellón cerrado.

Tampoco sé si las ideas de este libro referentes a mí mismo y a la música van a desarrollarse, crecer y evolucionar hasta convertirse en algo duradero y que merezca la pena.

Pero tengo la potente impresión de que se está dando una especie de revolución en mí, tanto en lo personal como en lo profesional.

La revolución de mi interior me ha llevado a reevaluar todo lo que creía conocer, a abrirme a ideas que antes me parecían ajenas, falsas e imposibles. He tardado mucho en lograrlo y he pagado un precio tremendo, casi inasumible.

La revolución del exterior, en la industria a la que le estoy dedicando mi vida, apenas ha echado a andar. Y tengo la suerte de desempeñar un pequeño papel en ella, junto a otros que comparten el mismo objetivo de liberar la música de la tiranía de los imbéciles.

Vosotros podéis ayudar escuchándola. O compartiéndola

con un amigo, o con vuestros hijos. Es algo que os honra. Un gesto bueno.

La música puede llevar luz a sitios a los que nada más llega. El gran genio musical y lunático Schumann nos dijo: «Mandar luz a la oscuridad del corazón de los hombres: ése es el deber del artista». Creo que todos tenemos ese deber, hagamos lo que hagamos para pasar el rato.

Y mientras yo esté siguiendo este precepto, aunque no triunfe, me iré a dormir feliz por las noches.

Agradecimientos

Hay muchísimas personas sin las que sé a ciencia cierta que no estaría aquí. Han estado en mi vida a veces durante unas horas o días, a veces muchos años. Algunas son hilos que han formado parte de todo el tejido de mi existencia, o desde el principio o desde la mitad. Mi experiencia ha sido la siguiente: al ir solucionando mis movidas, centrándome, descubriendo en qué me había equivocado y en qué podía mejorar, en qué podía madurar, se ha producido una reacción en cadena. Muchísimas de mis relaciones, tanto antiguas como nuevas, han florecido y crecido hasta llegar a ser algo que jamás habría podido imaginar hace unos años. La verdad es que, a medida que yo maduro, también lo hacen mis relaciones.

He elegido un trabajo (o quizá él me ha elegido a mí) que requiere la aterradora y peligrosa realidad de pasar incontables horas solo en un cuartito o en un gran escenario, concentrándome, pensando y sintiendo. Casi todas esas cosas no son buenas para una persona de cabeza algo chalada y toda una serie de extrañas y maravillosas neurosis. Tengo una profesión que me transmite de forma alternativa seguridad, pavor, presión y vigor. A veces, curiosamente, todo eso a la vez.

Y entre toda la gente que me rodea hay un pequeño núcleo

de personas que impide que me desmorone y que me mantiene a salvo, de una pieza, de manera continuada.

Mi madre, que no me ha dado la espalda ni una sola vez, que nunca ha dejado de estar a mi lado de todas las formas posibles cuando se lo he pedido, que sigue apoyándome y animándome y queriéndome.

Mi mejor amigo, padrino de boda y el mejor de los hombres, Matthew, cuya mujer me ha cosido, que me ha llevado al hospital más de una vez, que ha colaborado con la policía y los médicos, que ha cuidado a mi exmujer y a mi hijo, que ha asumido cargas y responsabilidades que nadie tendría que asumir, y que lo ha hecho sin quejarse, con elegancia, con amor.

Sir David Tang, que me ha apoyado, financiado, ayudado e incitado en mi viaje de modos que jamás podría explicar y hacerle justicia a la vez. Es el hombre más generoso que conozco, y uno de los más admirables.

Benedict Cumberbatch, enemigo de todos los correctores ortográficos, que me ha brindado consejo, amistad, películas, cenas, compañía, asesoramiento estilístico poco recomendable, tiempo y energía, muchísimas veces mientras estaba en medio de la filmación de otra maldita película épica de Hollywood de cien millones de dólares de presupuesto. Cuando lo conocí en el colegio era bajito, un gran lector, un poco empollón, tranquilo, de voz suave y bueno. Menos bajito, sigue siendo todo eso. Es un gigante entre los hombres y el actor de mayor talento de su generación.

Billy Shanahan es mi sufrido y paciente psiquiatra. Cuando lo conocí (el último de una lista de médicos demasiado larga), tuve claro que podía confiar en él porque sabía lo mismo que yo: que la vida es temporal e indeciblemente frágil, y que hay mucha, mucha gente, demasiada, joder, para la cual el suicidio es una salida válida. Pertenece a esa infrecuente estirpe de médicos que poseen empatía y comprensión verdaderas, y esos dos atributos valen más que un millón de pastillas de Trankimazin.

No quiero que esto suene raro, pero Derren Brown es la persona más adorable que he conocido en mi vida. Lleva muchos años estando a mi lado tanto en lo personal como en lo profesional. Tiene un corazón enorme, es abrumadora y tremendamente bueno, comprensivo y fiable en todos los sentidos. Si en algún momento logro un éxito profesional levemente parecido al suyo, espero poder ser al menos la mitad de lo auténtico y humilde que es él. Me inspira más de lo que puedo expresar con palabras.

Stephen Fry no solo va a oficiar nuestra boda, sino que además siempre ha sido un firme defensor de la bondad. No deja de denunciar cuestiones que son incómodas, complejas, importantes y que no se entienden bien. Es una de las poquísimas personas que conozco que actúa exactamente de la misma forma mientras toma un té en su casa que cuando está delante de una cámara hablando del trastorno maníaco-depresivo o de las injusticias que sufren los homosexuales. Su bondad, consejo, apoyo y tremendísima inteligencia han logrado muchas veces que mis brotes de inestabilidad no se hayan convertido en desmoronamientos en toda regla. Es una puta leyenda y el único hombre por el que me cambiaría de acera.

Mis editores de Canongate, junto a los cuales recibí la noticia de que se iban a emprender acciones legales contra nosotros por el contenido de este libro en marzo de 2014. Pese a haber hecho todo lo posible por resolver esta cuestión de forma amistosa, finalmente nos vimos obligados a acudir a los tribunales para luchar por el derecho a publicar *Instrumental*. Siempre estaré agradecido a Canongate por haber estado a mi lado a lo largo de los catorce meses de agresivos pleitos que se desarrollaron a continuación, y me alegra enormemente que el libro que habéis leído no haya sufrido ningún tipo de censura por parte de los tribunales británicos.

Denis Blais. Gracias a ti he pasado de ser un don nadie a ser un don nadie algo más conocido que tiene en su haber un montón de conciertos, cinco discos, programas de televisión, miles de apariciones en prensa, un libro, un DVD, giras mundiales y un gestor bancario muy feliz. Lo has hecho con cautela, con sensatez, con cuidado y con cariño. Lo has hecho mientras yo te azuzaba, te presionaba, lloraba, gritaba, chillaba y me quejaba. No me has dejado tirado ni una sola vez. Eres responsable de todo lo bueno que hay en mi carrera y de todo lo valioso que hay en mi vida personal. Eres mánager, abogado, agente, psicólogo, enfermero, fotógrafo, cineasta, escritor, banquero, chef, guía, sacerdote, limpiador, asesor, productor, amigo, camarada y sustituto de padre. Sigamos avanzando y desempeñando el papel que decidimos cumplir hace cinco años.

Jack. Hijo mío. Siempre has sido y siempre serás la mejor parte de mi vida. Puede que algún día tú también seas padre, y entonces lo entenderás. Hasta que llegue ese día solo te puedo jurar, por todo lo que más quiero, que no hay nada que pueda siquiera acercarse al amor y el orgullo que me inspiras tú. Eres mi cachorrito, la cosita que sostuve en brazos, que alimenté y que abracé, que ha crecido, ha explorado y se ha convertido en una persona espléndida e independiente. Siempre estaré a tu lado, siempre tendrás un hogar al que volver, nunca tendrás que preocuparte por hacer algo que odias solo para pagar la hipoteca. Quiero que hagas todo lo que te lleve a sentirte pleno y que te haga sonreír, lo que sea. Sé quien quieras ser, y ten la certeza de que no podría estar más orgulloso de quien eres. Tú eres la persona que más me inspira en la vida. Mi alegría absoluta.

Y, finalmente, Hattie. He aquí una verdad que solo he descubierto hace poco: el amor de una buena mujer puede salvar a un hombre. Y tú eres mucho más que una buena mujer. Eres valiente, abierta, obstinada y vivaz. Desprendes una energía que revoluciona mi mundo y mi corazón y que les da la vuelta. Pese a tu deliciosa excentricidad, hay una belleza absoluta que mana de todos los poros, de todas las células de tu cuerpo. Y espero que nunca, jamás, llegue a creerme la suerte que tengo de que estés a mi lado. No quiero dejar de sentir que no acabo de estar a la altura, para así esforzarme más. Quiero ganarme continuamente el privilegio que supone ser tu pareja, demostrarte que mi compromiso contigo, con nosotros, es mi prioridad inamovible. Porque te quiero. Joder, cuánto te quiero.

Érase una vez un hombre frágil. Y conoció a una mujer frágil. Fueron lo bastante afortunados para darse cuenta de que dos fragilidades equivalían a una fortaleza, y esos dos excéntricos se casaron. Porque era incuestionable, verdadera, auténtica y absolutamente lo que había que hacer. Y, entonces, un día, tuvieron sus propios cachorros excéntricos. Y les jodieron completamente la vida, que es lo que hacen todos los padres.

Apéndice

«La indignación por el caso de Jimmy Savile oculta el hecho de que en nuestra cultura se fomenta la pedofilia. Creedme, sé de qué hablo.»

Daily Telegraph, Blog de Cultura, 1 de noviembre de 2012

Cada vez leemos más detalles sobre los horrores que sucedieron y sobre el hecho, ahora indiscutible, de que otros sabían qué estaba pasando, y todos empezamos a gritar y a indignarnos. Esto saca a la luz el lado molesto e irritante de Twitter, de los tabloides, de los blogs personales y del típico tío parlanchín y estridente del *pub*. La superioridad moral. Los furiosos chillidos y la santurronería del decentísimo populacho.

Este clamor no va a servir absolutamente para nada. ¿Cuántas veces desde el «nunca más» ha vuelto a pasar? Utilizar términos como «acoso sexual» o «abuso sexual» no solucionan en absoluto los horrores de una violación infantil. Lo mismo sucede con las penas de cárcel que se imponen cuando hay una condena. Se puede pasar más tiempo en la cárcel por decir: «Te voy a matar» (pena máxima de diez años) que por mantener relaciones sexuales con tu hija de tres años (pena máxima de siete años). Los periódicos publican sin ningún pudor imágenes de niñas de catorce años tomando el sol y las describen empleando lenguaje sexual, al tiempo que parecen indignarse y horrorizarse por los delitos de personajes como Savile o Glitter.

La cultura de las celebridades se envuelve en el mismo manto de silencio, poder y autoridad que la Iglesia. ¿Se puede saber por qué nos sorprende que en esos círculos se cometan abusos sexuales? A mí lo único que me sorprende es que a la gente le sorprenda. En todo entorno en el que hay poder, se acaba dando un abuso de ese poder.

En el colegio abusaron de mí durante cinco años, al menos otra profesora supo lo que sucedía y, pese a transmitirles su inquietud a las autoridades pertinentes del centro, no se hizo nada y los horrores prosiguieron.

Leemos cosas como éstas, pensamos: «Qué espanto», y luego seguimos tomándonos los cereales del desayuno, pero nadie quiere mirar por debajo de la superficie. El acto físico de la violación solo es el principio: cada vez que me hacía aquello, parecía que él se quedaba con una pequeña parte de mí, hasta que me dio la impresión de que no me quedaba nada mío que fuese real. Y esas partes que él se quedaba yo no las recuperaba pasado un tiempo. Lo que demasiadas veces nadie denuncia, nadie examina y nadie reconoce, es el legado que le queda a la víctima.

He hablado mucho de esto. Pero hay partes que conviene repetir, hasta que se entere el número de personas que sea necesario para que se hagan mayores esfuerzos para frenarlo.

Los efectos secundarios a los que me refería antes: autolesiones, depresión, adicción al alcohol y a las drogas, cirugía reparadora, trastorno obsesivo-compulsivo, disociación, incapacidad de mantener relaciones funcionales, rupturas maritales, ingresos forzosos en instituciones mentales, alucinaciones (auditivas y visuales), hipervigilancia, síndrome de estrés postraumático, confusión y vergüenza asociadas al sexo, anorexia y otros trastornos de la alimentación. Esos fueron únicamente algunos de mis síntomas (a falta de un término mejor) causados por los abusos sexuales crónicos. Todos han formado parte de mi vida hasta hace muy poco, algunos no los he superado, y los abusos que viví ocurrieron hace treinta años. No estoy diciendo que estas cosas fueran resultados inevitables de mi experiencia; imagino que hay personas que pueden atravesar vivencias similares y salir en gran parte ilesos. Lo que estoy diciendo es que si comparásemos vivir la vida con correr un maratón, los abusos sexuales en la infancia tendrían el efecto neto de quitarte una de las piernas y cargarte con una mochila llena de ladrillos en la línea de salida.

No quiero escribir sobre estas cosas. No quiero enfrentarme a las inevitables sensaciones de vergüenza y de haber quedado expuesto que vendrán a continuación. Y tampoco quiero lidiar con las acusaciones de que utilizo mi pasado para vender discos, para sentir lástima de mí mismo, para llamar la atención o cualquier otro disparate que me puedan atribuir, que de hecho ya me han atribuido y que sin duda continuarán atribuyéndome. Pero tampoco quiero verme obligado a callar o, aún peor, sentir que debo quedarme callado, cuando hay tantos elementos de nuestra cultura (tan evolucionadísima en tantos aspectos) que permiten, fomentan, apoyan y celebran el abuso sexual a los niños. La pedofilia se ha revestido de esa fascinación sombría y algo excitante de un accidente de coche, sobre la cual la prensa se ha abalanzado.

Resulta imposible tener, por un lado, imágenes sexualizadas de niños en revistas y vallas publicitarias, ropa interior para niñas de seis años en las que aparecen cerezas, noches temáticas en «discotecas para menores», condenas a servicios comunitarios por bajar de Internet imágenes «indecentes» (¿Indecentes? La indecencia es decir «mierda» en una iglesia, esto es una aberración), y, por otro lado, contemplar el caso Savile con horror y espanto. Una cosa no encaja con la otra. No se trata de censurar lo que la prensa puede escribir (ejemplo típico de un tabloide: «Aún tiene solo quince años, pero Chloë Moretz... La pelirroja salió con un amigo llevando una monísima camisa de estilo años cincuenta, sin mangas y de color celeste perlado, que se anudó en la cintura, dejando así al descubierto un destello de su vientre»), ni las fotografías que pueden publicar. Se trata de proteger a los menores que no tienen voz, que no pueden comprender ciertos asuntos y que no pueden protegerse.

Todo esto ya se ha dicho antes. Y no ha cambiado nada. Olvidamos (¿quién querría acordarse de estos temas?), creemos que gritar muy fuerte va a absolvernos de nuestra culpa colectiva y que va a cambiar las cosas para mejor, señalamos con el dedo y organizamos linchamientos. Escribimos con espray CERDO PEDÓFILO en las casas de pederastas condenados (o sospechosos de serlo). Sin embargo, lo que tenemos que hacer es abrir del todo los ojos y no tolerar estas cosas, igual que hemos hecho y seguimos haciendo con tanta eficacia con la homofobia y el racismo. Tenemos que buscar la manera de ofrecer terapias más visibles a las víctimas, a los agresores y a aquellos cuyos impulsos amenazan con convertirlos en agresores. Tenemos que revisar las condenas que se aplican en la actualidad y empezar a abordar estos temas con una claridad e integridad mayores. En esta cuestión, el principio rector debe ser el de hacer todo lo necesario, el tiempo que haga falta, porque de otro modo no estaremos más que perpetuando el ciclo de abusos, por recurrir a una expresión gastada pero pertinente.

«Por fin: los Classic BRIT Awards se revelan como un horrendo delito contra la música clásica.»

Blog de Cultura del *Daily Telegraph*, 8 de octubre de 2012

Paul Morley merece una medalla. Uno de los grandes críticos musicales de la historia. Morley ha logrado de una sola tacada sacar a la luz lo que los Classic BRIT Awards son verdaderamente: un fraude ofensivo, innecesario, manipulador y peligroso.

Presente en la ceremonia de la semana pasada, organizada en el Royal Albert Hall, en calidad de invitado de Sinfini (la nueva página web de música clásica que ha financiado Universal, lo que no deja de resultar irónico), Morley describe el espectáculo de horror que se desarrolla ante él. Dice lo que muchos de los que formamos parte del sector llevamos largo tiempo pensando: «A los que se han aproximado a la música a través del pop o del rock, la forma en que presentaron "música clásica", recurriendo a un tono *kitsch* lleno de candelabros y de gastadísima cursilería, no les convencería de que allí había algo que pudiera interesarles».

A continuación explica los trucos que emplean los organizadores para abortar el tipo de perspectiva crítica que podría llevar a cuestionar los motivos del evento y su débil relación con la música clásica, o con cualquier tipo de música.

Aquí las palabras clave son «cualquier tipo de música». La gente que se ocupa del acto (una variopinta camarilla compuesta por directores de radio, presidentes de discográficas, relaciones públicas, agentes, promotores y periodistas) lleva muchos años degradando y destrozando la música clásica, metiéndola en una trituradora junto a esas cursilerías en que se mezclan varios géneros musicales, bandas sonoras de películas, ópera pop y avaricia, y han intentado convencernos de que el sentimentaloide y vomitivo resultado es «música clásica».

Les ruego y les imploro que busquen el blog de Morley, que lean y relean esa entrada, que la impriman, la plastifiquen y se la envíen a los presidentes de todas las empresas asociadas con este lodazal asqueroso que son los Classic Brit Awards, junto a una tarjeta en la que se lea: «PERO ¿QUÉ ESTÁN HACIENDO?».

Aplaudo a Sinfini por tener las agallas de encargar este artículo; no creo que sea un accidente que se lo hayan pedido a un periodista de rock. A casi todos los miembros del sector clásico les daría demasiado miedo ir contra la opinión generalizada, dado lo pequeña que es la industria, porque saben que seguramente acabarían en una lista negra si se atrevieran a criticar estos premios.

Hacía mucho que quería escribir un texto del mismo tipo, pero pensaba (o al menos, lo creía mi mánager) que me habría convertido en un blanco demasiado fácil al que dirigir acusaciones de envidia y amargura: soy concertista de piano, por tanto, cabría pensar, estoy deseando que me nominen a un premio BRIT. Este año me invitaron a la ceremonia, y respondí que preferiría hacerme caca en las manos y luego aplaudir antes que aguantarla entera. Con toda ingenuidad acudí hace cuatro años, y juré no repetirlo. Lo cierto es que la experiencia me ha dejado unos *flashbacks* ocasionales parecidos a los del síndrome de estrés postraumático. Hasta ahora no le había contado a casi nadie mis opiniones, pero el magnífico gesto de Morley me ha servido de ejemplo para poner también las cartas sobre la mesa.

Los premios los fundó la British Phonographic Industry, y de los votos se encarga «una academia formada por ejecutivos de la industria, los medios de comunicación, la British Association of Record Dealers (BARD), miembros de la Musician's Union, abogados, promotores y directores de orquesta», menos en la categoría de Disco del Año, que lo votan los oyentes de Classic FM. ¿Cómo es posible que cualquiera de esas personas decidiera en 2011 que lo que más le convenía a la música clásica era nombrar a Il Divo (otro cuarteto de «ópera» que se dedica a mezclar estilos y que forma parte del sello de Simon Cowell) «artista de la década»? *De la década.* ¡El artista clásico más destacado de los ÚLTIMOS DIEZ AÑOS es un grupo de pop vocal y operístico creado, fichado y gestionado por Cowell! No Claudio Abbado, ni Martha Argerich, ni Stephen Hough, ni Gustavo Dudamel, ni sir Simon Rattle, ni ninguno de los miles de músicos que se dedican puramente a lo clásico, aclamados internacionalmente, que han ensayado, sudado, trabajado, perfeccionado, pulido, refinado y currado durante horas al día y varias décadas para que su talento alcanzara el nivel necesario para tocar en Salzburgo, Verbier, los Proms, el Carnegie Hall. No. Un Frankenstein falsamente clásico, de dientes relucientes, bronceado y pasado por el Photoshop.

¿Quiénes son esas personas que tratan por todos los medios de convencer al público general de que Katherine Jenkins es una cantante de ópera de verdad, de que Russell Watson podría aguantar una semana en Covent Garden, de que Ludovico Einaudi pertenece al mismo mundo que Benjamin Britten, que André Rieu, Andrew Lloyd Webber y Andrea Bocelli se cuentan entre los mejores músicos clásicos vivos de la actualidad? ¿Cuándo ha dado MasterCard el visto bueno para patrocinar, año tras año, a un grupo de personas que nos está obligando a tragarnos el equivalente musical del Kentucky Fried Chicken?

Yo podría, con un cubo de Trankimazines y un psicólogo dispuesto a ello, olvidarme de este asunto si solo se debiera a la ingenuidad por parte de los organizadores, incluso si hubiera buenas intenciones. Pero no es el caso. Al contrario: estoy convencido de que nos encontramos ante un plan intencionado, bien pensado y estructurado para ir convenciendo poco a poco al público, año tras año, tema tras tema, álbum tras álbum, de que en la música clásica verdaderamente no se distingue entre Russell Watson y Caruso. Que Howard Shore y Beethoven pueden meterse en el mismo saco con toda tranquilidad. Que tanto Mylene Klass como Vladimir Horowitz son pianistas.

Esto me da ganas de vomitar. Me invade una rabia que amenaza con adueñarse de mí cuando escucho a esas personas que no dejan de quejarse de los problemas de la industria. VOSOTROS SOIS EL P*** PROBLEMA. Antes, la música clásica siempre fue la del pueblo. Es barata (hay por ahí algunas cajas de varios discos que son auténticos chollos), accesible (Spotify lleva cantidades casi infinitas de piezas clásicas a todos los ordenadores conectados a Internet), y puede cambiarles la vida a quienes la escuchan de un modo apabullante, brillante, bestial. A *El fantasma de la ópera* (que se tocó con gran entusiasmo en la gala) no le falta cierto encanto, pero está claro que no es *Fígaro*. Y cuando invitáis a Gary Barlow, Andrew Lloyd Webber y André Rieu a subir al escenario en que los Proms ofrecen la versión auténtica de este arte, y los presentáis como músicos clásicos, no solo degradáis esta forma artística, sino también a todos nosotros. A todos.

Entiendo que éste es vuestro momento de luciros. Que creéis que se trata de la única oportunidad que tenéis de estar cerca de los Brit Awards de verdad. Lográis salir por la tele (por una cadena generalista, aunque a las once de la noche de un domingo), recorrer la alfombra roja y sonreír a los *paparazzi* (que no tienen ni idea de quiénes sois ni de a qué os dedicáis), podéis fingir durante una única y torpe noche que sois importantes. Que sois intérpretes. Pero no lo sois.

Es una verdad irrefutable que seguiremos escuchando a Bach, Beethoven, Chopin y similares dentro de trescientos años, y hablando de ellos. Celebradlo. Glorificadlo. Es algo magnífico, profundo, iluminador y maravilloso. No lo degradéis con vuestra necesidad de subiros la autoestima. Id a odiaros y hacedles perder el tiempo a otros. Los demás queremos música de verdad. Fijaos bien en los Gramophone Awards o en los BBC Music Magazine Awards, los verdaderos premios Oscar y Emmy de lo clásico, en los que se rinde homenaje a músicos de verdad, para ver cómo hay que hacer las cosas.

La verdad es que no hace ninguna falta cumplir el propósito que pretenden llevar a cabo los Classic BRIT. Lo que estáis diciendo en la práctica con este espectáculo monstruoso es que la gente de la calle es demasiado inculta, demasiado palurda, demasiado estúpida para enfrentarse a una mazurca de Chopin tocada con gran belleza y sin cortes, a un concierto de Mendelssohn o a una sonata de Beethoven. Que lo que hay que hacer es darle muy masticadita la música que sale en los anuncios, con luces chulas, un escenario brillante y la pompa de un vodevil, y decirle que eso es música clásica. Y esa mentalidad es sencillamente imperdonable, más aún al proceder precisamente de las personas que deberíais ser los embajadores de la música clásica, que continuáis degradándola y corrompiéndola hasta que dentro de poco estará tan desfigurada que no se reconocerá. Ése, a pesar de todas vuestras mentiras huecas y vuestras afirmaciones de que queréis acercar la música clásica a un público más amplio, es el legado que nos dejáis.

Blog de Cultura de *The Guardian*, 18 de septiembre de 2013

La música clásica no es una industria con glamour. Te suelen pagar de culo, y casi siempre después de insistir sin cesar. Los que la dirigen se han quedado en su mayor parte estancados en la década de 1930 y son intrínsecamente incapaces de conectar de alguna manera con cualquier persona nacida después de 1960. El sector se ha dividido, por un lado, en los tiburones (cualquier cosa con tal de ganar un céntimo, aunque eso implique degradar la música hasta que quede irreconocible) y, por otro, los «purasangres», la raza aria del mundo musical, para los cuales este arte se reserva únicamente a los que son lo bastante inteligentes y exclusivos para entenderlo.

Además, la presentación y la pompa con que se organizan ha quedado anticuada, resulta ofensiva, está revestida de prepotencia y es de lo más banal. Sin embargo, en vez de tratar de cambiar las cosas, como un niño regordete y engreído con el que se han metido, el sector busca todos los medios equivocados para subirse la autoestima. Las ceremonias de premios para la industria clásica (la industria, no los oyentes), debió de parecer una idea buenísima sobre el papel. Desgraciadamente, la masturbatoria adulación y la sensación de superioridad que tanto abundan entre los que afirman disfrutar de Varèse y Xenakis solo sirven para brindar el método perfecto para alejar todavía más lo verdaderamente importante de la música del balón de oxígeno que, según sus responsables, necesita.

Los Gramophone Awards son un ejemplo pertinente. En primer lugar, hay que felicitarlos, y mucho, por ofrecer un contrapunto a los

Classic BRIT. No voy siquiera a dedicar a estos últimos espacio en mi columna; únicamente diré que preferiría dedicarme profesionalmente al porno con payasos antes que apoyarlos, y también os comunico que este año, junto a Alfie Boe y Katherine Jenkins, el disco *Romantique* de Richard Clayderman (en serio) ha recibido una nominación a mejor disco del año. En ese disco se incluyen un popurrí de *Los Miserables* y una inimitable transcripción de «You Raise Me Up». Si alguien de entre vosotros quiere conocer mejor la música clásica, aprendería más hincándose clavos en los oídos y metiéndose anfetamina.

Volvamos a los Gramophone Awards. Me encanta la revista *Gramophone*. Estoy suscrito a ella y todos los meses me acabo gastando al menos cincuenta libras en discos tras leer sus recomendaciones. Del mismo modo en que alguien muy aficionado a los trenes se volvería loco en una tienda Hornby mientras agarra su (inmaculado) ejemplar de la revista *Heritage Railway*, yo me excito al leer sobre la última grabación de Rajmáninov que ha hecho otro genial pianista ruso (el enésimo). Es el equivalente a la revista *Heat* para fans de la música clásica con escasas habilidades sociales y nada más. En el escalafón de cosas importantes en el mundo, ocupa un lugar entre la mantequilla de cacahuete y las toallitas húmedas Andrex: está muy bien pero no es en absoluto esencial.

A diferencia de los infames premios BRIT, en los Gramophone se rinde homenaje a auténticos intérpretes de música clásica pura: este año sir John Eliot Gardiner, Steven Osborne, Antonio Pappano y otros se llevaron premios muy merecidos. Lo cual es estupendo. Si Osborne, Pappano y compañía fueran futbolistas, todo el mundo los conocería. Pero no lo son. Y a pesar de tanta ceremonia y tanto rollo, la industria está haciendo menos que nada por darles el estatus y el reconocimiento que merecen. No hubo risas en los rígidos discursos de agradecimiento, al margen de algún que otro chiste para entendidos mal redactado, ni el menor gesto de integración hacia aquellos que existen fuera del ámbito clásico. Fue otra gala dedicada a mirarse el ombligo propio, a felicitarse a uno mismo, a la prepotencia, una gala concebida para que la música siga siendo propiedad de unos pocos individuos y se levante otro muro entre ella y el público. Sería más emocionante dedicarse a ver la webcam en directo de la Cámara de los Comunes que la gala de premios de anoche, si por algún milagro la hubieran retransmitido por televisión.

El problema de la música clásica es que toda la industria se avergüenza tanto de sí misma, pide tantísimas disculpas por estar relacionada con una forma artística que se considera irrelevante, para gente privilegiada y estirada, que ha llegado a extremos muy desafortunados y exagerados para compensar esta percepción. Lo clásico, en tanto que género, se ha convertido en el equivalente musical de masturbarse y llorar al mismo tiempo. Si esto no me partiera tanto el corazón, me limitaría a soltar una carcajada y a seguir ensayando en mi pequeño piano vertical. Pero el legado que esto nos está dejando y el precio que pagaremos es demasiado inquietante para obviarlo.

E. M. Forster escribió que una sinfonía de Beethoven era «el ruido más sublime que jamás había entrado en los oídos del hombre». Goethe aseguró que la arquitectura es «música congelada». La música clásica lleva siglos existiendo porque posee una incesante, infalible y conmovedora capacidad para llevarnos a un viaje de descubrimiento y de mejora personal. Todo ello en un mundo en el que los medios para lograrlo tienen que incluir, por lo visto, a Simon Cowell o Deepak Chopra. Se trata de un derecho, no un lujo y aunque vaya a parecer una altiva madre de clase media en una fiesta infantil de cumpleaños, la industria que la organiza nos la está estropeando al resto.

Esos llantos de impotencia sobre la necesidad de llegar a un público más joven, el orgullo evidente que le produce a Classic FM poner una pieza de música de doce minutos («nuestro tema más importante después de las seis de la tarde»), los inagotables programas de radio de tema cinematográfico que se consideran «clásicos», la segregación total y absoluta de este tipo de música en la televisión, la radio y la prensa, los inevitables Salones de la Fama, las cajas de compilaciones de grandes éxitos, las *Obertura 1812* de Chaikovski con cañones y efectos de mortero (veteranos de guerra, ni os acerquéis). Todo esto va erosionando de forma incesante el tejido subyacente que hace que la música clásica sea tan infinita y grande.

Anoche, a pesar de una interpretación irritantemente brillante de Benjamin Grosvenor (en efecto, es tan bueno como dicen), y un discurso de agradecimiento al premio a toda una vida que demostró que Julian Bream es un tío genial y de una humanidad estimulante, en un páramo por lo demás embrutecedor, lo que se vio fue más pompa y falta de sentido. Todo el mundo era blanco (menos los camareros), había licor de ortigas y cordero en las mesas para los invitados adictos a sus *smartphones*, música ambiental pregrabada (en serio: si a los Gramophone Awards no les importa poner esas cosas a niveles insoportables, ¿qué esperanza nos queda?), y un ambiente de tedio tan denso que te podías asfixiar en él.

Si nuestros políticos van a seguir llevando a cabo recortes en los presupuestos para las artes sin rendirle cuentas a nadie, entonces tendrá que ser la industria la que dé un puñetazo en la mesa y luche por el cambio. Por Dios, si a Beethoven le horrorizaba tanto cómo se trataba a los músicos y compositores clásicos que enseguida impidió que siguieran tratándolo como a un criado: derribó puertas, puso bombas debajo de los asientos del público y asumió sin dudarlo su lugar como responsable de dar paso a la época romántica. Hoy nos dedicamos a gastar algo de dinero para que miembros de la industria se emborrachen con vino peleón durante largas horas en una sala fría y oscura.

Por mucho que adore a Steven Osborne, Zoltán Kocsis y los otros prestigiosos ganadores de los premios Gramophone de 2013, nada, absolutamente nada ha cambiado a mejor en la percepción de la música clásica ni en su diagnóstico tras la ceremonia de anoche. Ojalá me hubiera quedado en casa escuchando a Glenn Gould.